CULTIVER LA DIFFÉRENCE

Cultiver la différence
Prescription pour une vie réussie

Morris Goodman
avec la collaboration de Joel Yanofsky

Traduit de l'anglais par
Michel Buttiens, Marie-Françoise Lalande et Marie-José Raymond

Publié pour Pharmascience inc.
par
McGill-Queen's University Press
Montreal & Kingston • London • Ithaca

© McGill-Queen's University Press 2015

ISBN 978-0-7735-4547-2 (relié toile)
ISBN 978-0-7735-8231-6 (ePDF)
ISBN 978-0-7735-8239-2 (ePUB)

Dépôt légal, deuxième trimestre 2015
Bibliothèque nationale du Québec

Imprimé au Canada sur papier non acide qui ne provient pas de forêts anciennes (100 % matériel post-consommation), non blanchi au chlore.

Nous reconnaissons l'aide financière du gouvernement du Canada par l'entremise du Fonds du livre du Canada pour nos activités d'édition. Nous remercions le Conseil des arts du Canada de l'aide accordée à notre programme de publication.

Catalogage avant publication de Bibliothèque et Archives Canada

Goodman, Morris, 1931–
   [To make a difference. Français]
   Cultiver la différence : prescription pour une vie réussie/Morris Goodman avec la collaboration de Joel Yanofsky ; traduit de l'anglais par Michel Buttiens, Marie-Françoise Lalande et Marie-José Raymond.

   Traduction de : To make a difference.
   Publié en formats imprimé(s) et électronique(s).
   ISBN 978-0-7735-4547-2 (relié). – ISBN 978-0-7735-8231-6 (ePDF). – ISBN 978-0-7735-8239-2 (ePUB)

   1. Goodman, Morris, 1931–. 2. Gens d'affaires – Québec (Province) – Montréal – Biographies. 3. Pharmaciens – Québec (Province) – Montréal – Biographies. 4. Philanthropes – Québec (Province) – Montréal – Biographies. 5. Canadiens d'origine ukrainienne – Québec (Province) – Montréal – Biographies. 6. Juifs – Québec (Province) – Montréal – Biographies. 7. Industrie pharmaceutique – Québec (Province) – Montréal – Histoire. 8. Succès dans les affaires – Québec (Province) – Montréal – Biographies. 9. Succès – Québec (Province) – Montréal – Biographies. 10. Montréal (Québec) – Biographies. I. Yanofsky, Joel, 1955–, auteur II. Titre. III. Titre : To make a difference. Français

HD9670.C32G6514 2015   338.7'61615092   C2015-900505-1
                                              C2015-900506-X

Mis en pages par Interscript en 10.5/13 Sabon.

En reconnaissance des sacrifices qu'ont faits mes parents
pour moi et mes sœurs, Luba et Jenny.

Et à la mémoire de mon épouse, Roz, avec amour.

Table des matières

CULTIVER LA DIFFÉRENCE

Le but de la vie ... c'est avant tout d'avoir une importance, de compter,
de représenter quelque chose, d'avoir fait quelque chose de différent
et que vous avez complètement vécu.
Leo Rosten

Prologue

Chacun de nous est un auteur qui écrit par ses actes.
Mahzor Hadash

Pourquoi rédiger mes mémoires ? Pour de nombreuses raisons, bien sûr, mais surtout pour pouvoir laisser un témoignage à ma famille et aux générations futures, qui seront ainsi en mesure de comprendre un peu mieux ce qu'était la vie à cet endroit particulier et à cette époque particulière. Ma volonté de vouloir laisser ce témoignage est motivée, je présume, par le fait que ma connaissance de mon histoire familiale remonte à peine à deux générations. Je n'ai connu qu'un seul de mes grands-parents, mon grand-père paternel, et pas très bien puisque nous habitions des villes différentes. Les histoires qu'il aurait pu me raconter à son sujet et celui de ses parents et grands-parents sont perdues à jamais.

Il y a des moments où je souhaiterais que la sagesse des générations qui nous ont précédés puisse d'une certaine façon nous être transmise à même notre code génétique. Mais puisque chaque génération doit réapprendre les leçons du passé, j'ai toujours été convaincu que l'éducation jouait un rôle essentiel dans nos vies. J'espère que ce livre servira de ressource pédagogique aux générations futures. J'espère également qu'en décrivant ma vie, avec ses hauts et ses bas, ses inévitables difficultés et réalisations, je serai en mesure de transmettre un grand nombre des enseignements que j'en ai tirés.

Cultiver la différence est d'abord et avant tout une expression de ma profonde gratitude envers ceux qui, d'une façon ou d'une autre, ont rendu possible la vie que j'ai eu la chance de vivre. C'est ma façon de remercier la longue liste d'hommes et de femmes, de modèles et de mentors qui m'ont généreusement fait profiter de leurs connaissances, de leur sagesse et de leur expérience tout au long de ma vie.

En tête de liste, bien naturellement, viennent mes parents, David et Ethel, qui m'ont transmis leurs enseignements par leur exemple et leurs actions de même que par leur dévouement envers leurs enfants, le dur labeur et leur communauté. Je remercie également mes sœurs, Luba et Jenny, qui ont toujours appuyé, et même à l'occasion gâté, leur petit frère. Il y a eu des éducateurs, des enseignants comme M. Stewart à l'Académie Strathcona, qui se dévouait à aider des étudiants comme moi. Il y a eu des guides spirituels, comme le rabbin Bender de la Congrégation Adath Israël, qui a partagé sa grande sagesse avec de jeunes membres de la congrégation comme moi. Il y a eu des dirigeants communautaires, comme Joel Sternthal, et des membres de ma famille, comme l'oncle de ma femme Roz, le Dr David Sherman, dont le dévouement à la cause de la médecine a eu une énorme influence sur moi. Et, bien sûr, il y a eu ma femme Rosalind, décédée d'un cancer en 2014. Nous étions mariés depuis cinquante-trois ans. Tous ceux qui me connaissent vous diront que je n'exprime pas facilement mes sentiments, mais je ne peux laisser passer cette occasion d'exprimer toute ma gratitude envers mon épouse. La version originale de ce livre ayant été écrite en 2013, avant son décès, il n'est pas fait mention de sa disparition dans le texte. Roz a enrichi ma vie plus que je n'aurais pu l'imaginer et l'a comblée de toute la camaraderie et l'amour possibles. Elle n'a cessé de m'enseigner par son exemple et ses actes l'importance, voire la nécessité de la philanthropie. Elle a joué un rôle essentiel en contribuant à la croissance de toutes les entreprises dans lesquelles je me suis engagé au fil des ans. À leur manière, mes enfants Deborah, David, Jonathan et Shawna m'en ont appris davantage sur les joies et les responsabilités qui vont de pair avec la paternité que je ne pourrais le faire ici. J'aurais besoin d'un autre livre.

Je ne dois pas oublier mon premier véritable mentor, Manny Winrow, qui m'a embauché comme livreur et m'a donné du travail dans sa pharmacie. Il m'a offert indirectement, à sa propre façon, un cadeau inestimable – une carrière que j'ai pu exercer avec passion, curiosité et dévouement. Une carrière que j'ai aimée.

J'ai tiré un enseignement très précieux de tous ces gens et de bien d'autres dont vous ferez la connaissance dans les prochaines pages; j'ai appris la joie d'aider les autres. Je ne parle pas seulement de donner de l'argent à une cause ou à une fondation en laquelle on croit. Bien que ce soit un moyen d'offrir de l'aide, ce n'est pas le seul. Souvent, il est beaucoup plus important d'offrir aux autres ce que l'on possède – nos connaissances, notre expérience, nos histoires. Au cours de ma vie, la plus grande récompense que j'ai reçue continue d'être la satisfaction que j'ai éprouvée en aidant les jeunes à avoir prise sur leur propre vie.

Par ce livre, je veux également exprimer ma gratitude envers le Canada, un pays que j'aime, qui nous a offert, à ma famille et à moi, la liberté et les moyens d'agir, un pays qui, je l'espère de tout cœur, continuera d'offrir les mêmes avantages à tous ses citoyens.

◆

Comme je suis né juste au début de la grande dépression, alors que la Deuxième Guerre mondiale se préparait, il semble étrange de dire que le moment était propice. Mais il l'était ; en fait, le moment n'aurait pu être mieux choisi. Non seulement ai-je eu la chance que mes parents prennent la décision difficile et courageuse de venir au Canada, mais j'ai été en mesure d'assister à de grands moments de l'histoire, comme la chute d'Hitler en Europe, la naissance de l'Israël moderne, l'effondrement de l'Union soviétique et, bien entendu, la croissance du Canada. J'ai atteint la majorité dans un pays jeune à une époque qui regorgeait de possibilités pour un jeune homme ambitieux et visionnaire, prêt à travailler sans répit pour offrir une belle vie à sa famille ; un jeune homme qui a eu la chance de choisir un métier qu'il a adoré.

Je suis pharmacien de profession et ma réussite au sein de l'industrie pharmaceutique est due en grande partie au fait que je crois en la chimie, que je sais reconnaître les formules efficaces et que je suis disposé à faire les tâtonnements nécessaires pour créer ces formules et les mettre au point. Je suis conscient, maintenant, qu'une vie réussie est faite du même type de chimie – constituée d'essais et d'erreurs. Il m'est souvent arrivé de faire de mauvais calculs. J'ai suivi des pistes qui n'ont rien donné. J'ai été trop impulsif pour certaines décisions, trop prudent pour d'autres. J'ai fait confiance à des gens alors que je n'aurais pas dû et d'autres m'ont agréablement surpris. La plupart du temps, j'ai suivi mon instinct et, la plupart du temps, il était juste.

Une vie est aussi une sorte d'expérience. Nous sommes la somme de nos parties, de ce qui nous vient à la naissance et des expériences que nous accumulons au fil du temps ; ces parties combinées qui interagissent et réagissent entre elles et qui forment un individu distinct.

Lorsque j'ai entrepris ce projet, j'ai supposé qu'il serait divisé en trois sections distinctes : la famille, les affaires et la communauté.

Mais à force d'y travailler, je prenais conscience que ces éléments ont été et demeurent inextricablement liés dans ma vie. Comme pour toute formule chimique, le défi fut de trouver le parfait équilibre : comment combiner une vie professionnelle enrichissante avec une vie familiale riche et heureuse. Ainsi, bien que je sois de mon propre aveu un bourreau de travail – et fier de l'être d'ailleurs –, je suis fier aussi d'être un mari et un père dévoué.

Je me suis également efforcé d'atteindre cet équilibre qui semble souvent fragile entre être un homme d'affaires prospère et un homme bienveillant, compatissant et heureux. En yiddish, le mot qui désigne une personne qui atteint cet état est *mensch* – un mot que j'affectionne tout particulièrement. Un *mensch* est une personne qui a amélioré non seulement sa propre vie, mais celle d'autrui, quelqu'un qui fait une différence dans la vie des autres. On m'a déjà demandé : « Une personne peut-elle à la fois réussir en affaires et être un *mensch* ? »

Ce livre et les histoires qui y sont racontées visent à répondre à cette question.

La famille Goodman : Luba, Jenny et Morris avec leurs parents, Ethel et David (1934)

Mariage de Luba Goodman et Gershon Coviensky, 6 juin 1943

Morris et sa sœur Jenny (1936)

Morris à l'âge de 13 ans (1944)

Bar mitsva de Morris en octobre 1944 avec
sa famille et son grand-père Joseph Goodman
(devant, à gauche)

La famille Goodman à Brooklyn, New York, en 1951

Le rabbin Charles Bender

In the Superior Court for the Province of Quebec
DISTRICT OF MONTREAL

No.　　　　Vol. *85 PS.*

I, the undersigned, deputy-prothonotary of the said Superior Court for the District of Montreal, certify that, on *May 2nd* 19*52* M. *Emmanuel L. Weinrauch, druggist* of the City of Montreal *has* deposited and filed in the office of the Prothonotary of the said Superior Court, a declaration stating that *he* intends to carry on business, in Montreal, under the firm name of " *Winley-Morris Co.* "

Montreal, *May 2nd* 19 *52*

Paul Peltier
-Deputy-Prothonotary.

Première constitution en société de Morris (Winley-Morris Company)

Werner Stiefel, Morris, Morty et Pearl Levy chez Ruby Foo's en 1952

Morris à sa remise de diplôme à l'Université de
Montréal (Faculté de pharmacie) en mai 1953

Allan Schmeltzer, un des associés de la pharmacie
Winrow sur l'avenue Somerled.

Morris faisant la promotion d'agents anti-tuberculose à travers le Canada en 1954

Rosalind en 1960, juste avant ses fiançailles avec Morris

Morris en 1960, juste avant ses fiançailles avec Rosalind

I

Seconde nature

Faites ce que vous pouvez, avec ce dont vous disposez, là où vous vous trouvez.

Theodore Roosevelt

Je vis le jour le 14 septembre 1931 à l'Hôpital Royal Victoria à Montréal. Mon frère jumeau et moi souffrions d'une colite potentiellement mortelle. Jugeant ses chances de survie meilleures que les miennes, les médecins le gardèrent à l'hôpital et invitèrent mes parents à me rendre la vie la plus agréable possible à la maison pour le temps qu'il me restait. En y repensant, je comprends que ma survie m'enseigna ma première leçon importante de science médicale et de vie : nul ne peut prédire l'avenir. Rien n'est certain.

Mon improbable survie fait partie de la légende familiale et, durant mon enfance, j'entendis maintes fois des histoires sur mon combat pour demeurer en vie. Comment, par exemple, dans notre appartement exigu et sans eau chaude du 5359, rue Saint-Dominique, dans un quartier ouvrier typique d'immigrants, ma mère fit tout, mais absolument tout son possible pour que je retrouve la santé. Ma sœur Luba, mon aînée de neuf ans, se souvient encore que ma mère faisait bouillir de l'eau pour chauffer des compresses qu'elle appliquait sur mon frêle corps de nourrisson. Elle a un souvenir très net de ma mère faisant cela jour et nuit. Quelque quatre-vingts ans plus tard, Luba ne peut toujours pas s'empêcher de pleurer lorsqu'elle raconte cette histoire :

Tu étais un enfant très malade. Je me mets toujours à pleurer quand je me remémore le moment. Je vois encore notre mère, debout près du poêle, avec ce minuscule bébé, toi, Morris, et je me souviens de cet appartement sans eau chaude et des compresses qui étaient rendues à peine tièdes le temps qu'elle les applique sur ton corps. Je me souviens aussi qu'à partir du moment où ton état s'est un peu amélioré, elle te trimbalait sans arrêt en tramway pour te conduire à l'Hôpital de Montréal pour enfants. Cette période a été difficile pour elle et pour toute la famille.

Ce fut une époque difficile pour beaucoup de monde. La grande dépression, qui avait commencé deux ans plus tôt, à l'automne 1929, avait eu un effet dévastateur. Au cours des années suivantes, le taux de chômage grimpa à trente-trois pour cent à Montréal, quoique, comme l'écrit Joe King dans *Fabled City: Jews of Montreal*, les incidences furent moins dramatiques sur la population juive, qui comptait alors près de cinquante mille membres. Selon King, le taux de chômage chez les Juifs était de neuf pour cent, ce qui n'est pas surprenant pour une communauté d'immigrants prêts à travailler dur. Malgré cela, il régnait un sentiment de désespoir. Comme l'écrit King : « D'anciens dirigeants acceptaient n'importe quel type d'emploi, peu importe le salaire. Une femme se souvient que son père faisait des courses pour dix ou vingt-cinq cents. »

Habitués au dur labeur et aux sacrifices, mes parents menaient une lutte quotidienne pour joindre les deux bouts, tant et si bien que lorsque ma mère apprit qu'elle attendait des jumeaux, l'oncle et la tante de mon père, Esther et Boris Dobrow, offrirent de prendre un des enfants, pensant qu'elle serait soulagée d'avoir une bouche de moins à nourrir. Évidemment, elle refusa.

Heureusement, le travail était une seconde nature pour mes parents. À cet égard, ils n'étaient pas différents de la génération entière d'immigrants qui débarqua de l'Europe de l'Est dans les ports de New York, Halifax ou Montréal au début du vingtième siècle. Ils arrivèrent par centaines de milliers, fuyant la persécution et les pogroms, à la recherche de possibilités éducatives et économiques et, surtout, de la liberté de vivre en tant que Juifs – une liberté qui leur était systématiquement et brutalement refusée dans l'Ancien Monde.

Quand mes parents prirent la décision fatale d'immigrer de l'Ukraine, ils faisaient partie d'une vague impressionnante qui, comme l'écrit l'historien Irving Howe dans *World of Our Fathers*, avait déjà vu « près du tiers des Juifs de l'Europe de l'Est [quitter] leur patrie – une migration uniquement comparable, dans l'histoire moderne juive, à la fuite devant l'Inquisition espagnole ... La migration des Juifs de l'Europe de l'Est fut une impulsion, peut-être même une décision spontanée et collective, d'une population qui en était venue à reconnaître la nécessité de nouveaux modes et de nouvelles possibilités de vie. »

Comme tout le monde le sait maintenant, la population juive connut plus que sa part de moments dévastateurs et rédempteurs au vingtième siècle. On a mis l'accent, avec raison, sur le milieu du siècle – sur la grande tragédie de l'Holocauste et le grand triomphe de la fondation de l'État d'Israël. Cependant, cette histoire épique de survie et de réussite passe souvent sous silence l'apport de tous ceux qui émigrèrent sur ce continent au tournant du siècle en quête d'une vie meilleure pour eux et leurs enfants. Les immigrants parlant le yiddish considéraient l'Amérique du Nord comme la riche Médine, la terre d'or. La décision que prirent de nombreuses personnes défavorisées et privées de leurs droits de quitter le seul pays qu'elles avaient connu pour aller s'installer dans un pays étranger exigeait une force d'âme et un courage extraordinaires – une conviction collective, comme l'indique Irving Howe, que le temps était venu de trouver de « nouveaux modes et de nouvelles possibilités ». Elles savaient qu'il devait y avoir quelque chose de mieux pour elles et, surtout, pour leurs enfants et petits-enfants. Ces gens, qui étaient pour la plupart pauvres et prêts à trimer dur, ne faisaient pas que s'embarquer dans une aventure extraordinaire, mais donnaient un exemple héroïque. Ils croyaient non seulement à un avenir meilleur, mais étaient déterminés à le rendre meilleur, à tout prix.

Le Canada dut certainement sembler une « terre d'or » pour mes parents, du moins comparativement à ce qu'ils laissaient derrière eux dans leur Ukraine natale. Nés dans le *shtetl* de Lysyanka, mon père et ma mère vécurent peut-être aussi à Tarashacha, où la première présence juive remonte à 1765. Au moment de la Révolution russe, en 1917, Lysyanka, petit village situé à proximité de la ville de Kiev, était souvent la cible de pogroms par les Cosaques. Ces derniers, une forme d'organisation paramilitaire dans les derniers temps du tsar et au début de la Révolution russe, avaient carte blanche et suscitaient, à juste titre, une grande crainte au sein de la population juive. De fait, quand ma mère était adolescente, elle fut poursuivie par un Cosaque à cheval qui tira sur elle. Atteinte d'une balle dans la nuque, elle réussit tout de même à semer son assaillant, s'arrêtant quand elle le pouvait pour appliquer de la neige sur sa plaie, tentant désespérément d'arrêter l'hémorragie. Elle eut de la chance et trouva une famille ukrainienne non juive qui accepta de l'abriter. Mais sa cicatrice demeura toujours apparente, lui rappelant constamment la terreur laissée dans l'Ancien Monde, ce à quoi elle avait survécu de justesse et ce qu'impliquait le fait d'être Juif à certains endroits dans le monde.

Quelques années après cet incident qui faillit avoir une fin tragique, ma mère, Ethel Gorbatyuk, et mon père, David Kitaigarotski (notre patronyme original), se marièrent à Lysyanka. En 1920, ils s'installèrent à Zvenyhorodka, dans la région de Cherkasy, en Ukraine.

Malheureusement, le déménagement n'améliora pas leur situation, leur vie demeurant aussi difficile et précaire qu'avant. En 1925, trois ans après la naissance de ma sœur aînée Luba, le 11 juin 1922, mes parents décidèrent de quitter non seulement Zvenyhorodka, mais l'Ukraine. Ils se rendirent dans le Nouveau Monde, prenant part à l'exode de près d'un demi-million de Juifs ukrainiens qui eut lieu entre 1915 et 1931.

Mes parents s'arrêtèrent d'abord dans le port de Rotterdam, aux Pays-Bas, où ils prirent un billet sur un navire de ligne relativement neuf, le *Volendam*. Bien entendu, ce navire n'offrait aucun luxe pour les immigrants. Mes parents et les autres Juifs étaient entassés dans l'entrepont. Imaginez : des centaines d'hommes, de femmes et d'enfants, tous logés dans une grande pièce instable et tanguante, parfois pendant des semaines. L'intimité y était inexistante et l'accès aux salles de bains, minimal. Bref, les conditions étaient inhumaines, même dans le cadre des normes de l'époque. Selon les archives en ligne Gjenvick-Gjønvik, « il est douteux qu'on puisse trouver dans d'autres parties du monde civilisé traitement aussi vil et infâme de masses d'êtres humains que sur la majorité des paquebots qui amènent les immigrants ici. »

La seule façon pour mes parents de fuir cet espace surpeuplé était de passer le plus de temps possible sur le pont à l'air frais de la mer. Ils prévoyaient s'installer à New York, où mon père avait de la famille – son oncle Jacob s'y était installé quelques années plus tôt. En 1922, mon grand-père Joseph, le jeune frère de mon père (Boris) et une cousine, Eva Cherkassky, avaient immigré dans la Grosse Pomme. À leur arrivée, il leur fallut cacher l'identité d'Eva et l'inscrire comme la fille de Joseph et la sœur de Boris, puisque seuls les membres de la famille immédiate étaient acceptés. Il convient de souligner que les immigrants n'étaient pas tous des gens pauvres, innocents et sans défense, comme on les décrit souvent. Ils n'hésitaient pas à enfreindre les règles pour déjouer le système. Mon grand-oncle Jacob, par exemple, voyant le nom Goodman sur une affiche (possiblement une affiche de l'entreprise Goodman's Matzos, fondée en 1865), décida de se l'approprier tellement il l'aimait. Aux États-Unis, c'était un nom beaucoup plus simple que Kitaigarotski. Comme il l'expliqua probablement aux membres de sa famille en Ukraine, Goodman était un nom prometteur pour un monde porteur d'espoir.

Au bout du compte, la longue et pénible traversée de l'océan Atlantique de mes parents ne se termina pas par une joyeuse réunion de famille à New York. En 1924, les États-Unis avaient adopté de nouvelles restrictions législatives sur l'immigration ; mes parents arrivèrent quelques semaines plus tard et furent refusés. Avec ma sœur, ils poursuivirent donc leur voyage sur le *Volendam* jusqu'au port d'escale suivant, le Quai 21, à Halifax, sans savoir s'ils auraient la permission d'entrer dans ce nouveau pays dont ils n'avaient probablement jamais entendu parler. À l'instar de la majorité des immigrants, ils ne connaissaient pas très bien l'endroit vers lequel ils se dirigeaient et ne faisaient aucune distinction entre les États-Unis et le Canada. C'était l'Amérique, voilà tout. Ceux qui avaient de la chance avaient de la famille sur qui compter à leur arrivée. Ceux qui n'en avaient pas, comme mes parents, étaient laissés à eux-mêmes. J'ose à peine imaginer l'anxiété qu'ils ressentirent et le stress qu'ils subirent. Lorsqu'ils débarquèrent à Halifax, l'avenir auquel ils avaient rêvé devait leur paraître encore plus incertain. Dans les registres des arrivées, mon père est inscrit sous le nom de David, marchand, trente et un ans, Russe. Ma mère est inscrite sous le nom d'Etel (au lieu d'Ethel), vingt-huit ans, ménagère. Pour une raison quelconque, Luba est inscrite sous le nom de Liba, trois ans, étudiante. Toute une étudiante – elle ne maîtrisait même pas encore le b.a.-ba du langage.

Lorsque mes parents apprirent qu'ils pouvaient demeurer au Canada, ils eurent un avant-goût de la générosité de ce pays et, en particulier, de la communauté juive canadienne. Ils furent accueillis à leur arrivée par des représentants de la petite communauté juive d'Halifax, prêts à les aider. On raconte que, pendant trente ans, un légendaire homme d'affaires local, Noah Heinish, fut toujours sur place pour accueillir les nouveaux arrivants juifs et leur donner un billet de cinq dollars. J'ignore si cette histoire est vraie, mais je l'espère, parce que pour mes parents, cette aide financière aurait certainement été la bienvenue. En effet, sur un autre document, il est indiqué qu'ils arrivèrent au Canada avec seulement quinze dollars à leur nom, nom qu'ils avaient d'ailleurs décidé de changer pour Goodman en arrivant à Montréal.

◆

Sept ans plus tard, David et Ethel Goodman en étaient toujours à s'installer à Montréal quand je naquis et réussis tant bien que mal à survivre. Mon frère jumeau mourut à l'hôpital. Je ne sais pas lequel d'entre nous naquit le premier. Je ne connais que son nom – Mordecai. Mes parents ne parlaient jamais de lui pendant mon enfance, ni du chagrin qu'ils durent éprouver après sa mort. En vérité, je ne peux pas dire que je pensais à ce que ça représentait d'être un jumeau. C'était la grande dépression et le quotidien des enfants était de toujours devoir redoubler d'efforts pour s'en sortir. D'une certaine façon, ma famille eut plus de chance que la plupart des autres. Nous avions toujours de la nourriture sur la table et un toit au-dessus de nos têtes, à une époque où de nombreuses familles, incapables de payer leur loyer, déménageaient régulièrement ou étaient mises à la porte par leur propriétaire au milieu de la nuit. Certains enfants devaient même partager une paire de souliers avec leurs frères et sœurs. Il était aussi courant qu'un seul enfant par famille puisse aller à l'école à la fois, et les enfants s'évanouissaient régulièrement dans les classes en raison de la faim.

Bien entendu, ma sœur Luba vous dirait aujourd'hui que j'espérais davantage que de seulement m'en sortir. À ses dires, je fus « un enfant turbulent » dès le départ. Plus tard, elle se souvient que j'avais toujours en tête un plan ou un projet. « Morris n'était jamais à court d'idées, dit encore Luba. Et vous remarquerez que ça n'a pas changé. »

Enfant, j'avais également le sentiment d'être la consolation de mes parents. Je n'étais pas très robuste et je soupçonne qu'ils durent toujours garder à l'esprit le fait que j'avais frôlé la mort. J'étais dorloté. Comment aurait-il pu en être autrement ? Être le bébé et le seul garçon d'une famille juive est un *gantseh megillah* – c'est très important. On m'appelait aussi *Kaddishele*, ce qui signifie qu'en tant que fils unique, j'aurais le rôle capital de réciter le *Kaddish*, la prière en mémoire de mes parents à leur mort. (Mes parents parlaient principalement le yiddish à la maison et ce fut ma première langue. On m'appelait par mon nom hébreu Moishe, et non Morris. À l'époque, on disait souvent que le yiddish était la « troisième langue » à Montréal.) J'étais tellement « important » qu'il allait de soi, à mes yeux, que j'occupe cette position au sein de la famille.

C'était simplement ma vie, d'autant qu'en plus de mes parents, j'avais deux sœurs aînées qui m'adoraient.

Parfois, on aurait dit que tout dépendait de moi. C'est ce qu'on peut appeler le poids des attentes. Malgré la pression, je me souviens avoir été un enfant heureux. Je me souviens surtout que j'étais bien dans mon milieu. La grande dépression dura tout au long de ma petite enfance – jusqu'au début de la Deuxième Guerre mondiale en 1939 –, mais je ne peux affirmer que je me souviens du poids de ces jours sombres. J'avais tout ce que je voulais, ou, du moins, c'est ce qui m'a toujours semblé. De quoi avais-je besoin, de toute manière? De quoi un enfant a-t-il besoin? J'obtenais toujours mon cornet de crème glacée à deux cents. Quant au cornet sucré à cinq cents, il m'arrivait quelquefois de l'avoir.

En fait, il était si normal pour ma famille de prendre soin de moi que l'un de mes premiers souvenirs les plus vifs est une fois où l'on omit de me traiter avec les gants blancs habituels. J'avais environ quatre ans et ma mère m'amena en visite chez mon grand-père à New York. Il était propriétaire d'une station-service avec son fils Boris à l'angle de l'avenue Washington et de la 125e rue, à Harlem. Ma mère et moi logions à la maison d'oncle Boris quand ma mère, qui sortit probablement faire du magasinage, me confia aux soins de mon oncle pour quelque temps. Je présumai, comme tout jeune enfant, qu'elle m'avait abandonné définitivement. Je dus commencer à pleurer et oncle Boris, ne sachant comment composer avec la situation, devint si exaspéré qu'il m'enferma dans une petite chambre. Il avait lui-même deux jeunes enfants, mais je suppose qu'ils n'étaient pas dorlotés comme je l'étais ou qu'il n'était pas habitué de s'en occuper. Personne ne m'avait jamais traité de cette manière. Cette expérience, dont je me souviens toujours, fut traumatisante.

Aujourd'hui, en me remémorant cet incident et d'autres, je me rends compte à quel point j'étais gâté. Mais je constate aussi que cela ne me causa pas de tort à long terme. Au contraire, je suis persuadé que cela fit de moi un homme plus assuré et sûr de lui. Cela explique peut-être pourquoi, lorsque je subis des revers professionnels, je sus croire en ma capacité de les surmonter et de repartir à neuf. Je ne doutai jamais de ma capacité à réussir la fois suivante.

Cela explique probablement aussi pourquoi j'ai toujours cru qu'il fallait «gâter» les enfants. Je suis persuadé que cela me fut bénéfique, et Roz et moi avons fondé l'éducation de nos quatre enfants sur ce précepte. Je sais que le mot «gâter» n'est pas bien vu de nos jours, alors permettez-moi de m'expliquer. Cela dépend, bien entendu, de la façon dont vous gâtez vos enfants. Vous devez le faire de la bonne manière. Gâtez-les, certes, mais avec amour et indulgence. D'après mon expérience de père, il n'y a pas de meilleure façon. Évidemment, on ne s'étonnera guère que c'est ce que firent mes parents. Ils nous inculquèrent les justes valeurs et les renforcèrent par l'exemple, jour après jour.

2

Mentors

Qui est sage ? Celui qui apprend de chaque homme.
Pirkei Avot

J'appris la valeur du travail – et l'importance de faire de mon mieux – par une sorte d'osmose, en m'inspirant de l'exemple de mes parents. Ma mère travaillait inlassablement pour tenir la maison pendant que mon père travaillait dans une entreprise de sacs, pour un homme nommé Hymie Clayman. Son travail consistait principalement à recycler des sacs de jute et de coton. Après avoir appris les ficelles du métier, il démarra sa propre entreprise. L'un de ses premiers fournisseurs fut la boulangerie Richstone, une entreprise montréalaise florissante à l'époque. Une fois les sacs de Richstone vidés de leur contenu de farine ou de sucre, mon père les achetait, les récurait – une procédure éreintante et salissante – et les vendait à d'autres entreprises. Le recyclage était un mode de vie à l'époque et non un choix. Il n'y avait pas d'options ; il n'y avait ni articles à usage unique ni plastique. Personne ne songeait à la pollution ni à l'environnement. Personne n'en avait jamais entendu parler.

Mon père trouva ensuite d'autres entreprises qui pouvaient lui vendre des sacs en grande quantité. Au milieu des années 1930, il faisait ses tournées dans une camionnette noire d'occasion fabriquée par International Harvester, une entreprise qui ne fabrique plus de camions aujourd'hui, mais qui est réputée pour ses tracteurs. À ce moment-là, il n'y avait pas de clé de contact – il fallait faire démarrer le moteur à l'aide d'une manivelle. Avant d'acheter la camionnette, il eut un cheval et un chariot ; sa journée commençait invariablement à 4 h 30 dans une écurie avoisinante, où il nourrissait son cheval et l'attelait pour son travail quotidien de collecte et de recyclage de sacs. Le cheval n'était pas un animal d'agrément, mais un animal fonctionnel servant à livrer le lait et d'autres articles ménagers. Même mes sœurs ne pensèrent jamais à lui donner un nom. À cette époque, les seuls chevaux qui avaient un nom étaient ceux sur lesquels les gens pariaient à l'hippodrome.

Mon père était parti depuis longtemps lorsque le reste de la famille se réveillait le matin et il rentrait toujours à la maison sale et épuisé, au moment où nous nous préparions à aller au lit. Si je me rappelle bien, ça lui prenait presque tout le reste de la soirée pour se laver, puis il allait directement au lit. Ma sœur Luba m'avoua récemment que mon père était totalement opposé à l'idée que je fasse le même métier que lui. Elle ajouta : « Il ne se plaignait jamais de son travail, mais c'est ainsi que je sus à quel point il trouvait ça difficile. »

Je n'en étais probablement pas conscient alors, mais je me rends compte maintenant que mes parents formaient une équipe. Ils étaient toujours respectueux et se soutenaient mutuellement. Lorsque mon père n'était pas au travail, il aidait ma mère à la maison, en lavant les planchers par exemple, quelque chose que la majorité des pères ne faisait pas à l'époque. Les rares jours où il ne travaillait pas, il se levait quand même tôt pour préparer le déjeuner de toute la famille. Je ne me souviens pas que mes parents soient allés au restaurant ni au cinéma, mais ma mère s'assurait qu'ils aient une vie sociale avec leur groupe d'amis, leur *landsleit*, d'autres immigrants qui vivaient les mêmes difficultés qu'eux.

La détermination de mes parents fut durement acquise. Ils vécurent leurs premières années à Montréal dans l'incertitude, attendant que leurs visas américains soient approuvés afin de pouvoir déménager à New York. Ils avaient déjà investi là-bas dans une station-service appartenant à mon grand-père et à mon oncle. Mais au fil du temps, ils prirent conscience que leurs amis et connaissances qui avaient fait une demande après eux sans remplir les conditions requises recevaient leurs visas. Plus le temps passait, plus il fut clair qu'il y avait un problème. En fin de compte, un commissionnaire en douane déclara brutalement à mon père : « Votre famille ne veut pas de vous à New York. Vous n'êtes pas parrainé. Si vous l'étiez, vous seriez déjà là-bas. »

Nous ne connûmes jamais tous les détails de l'affaire, mais je peux deviner ce qui se passa. Mon grand-père se trouvait face à un dilemme. Mon oncle Boris travaillait déjà au sein de l'entreprise, qui n'était pas assez lucrative pour subvenir aux besoins d'une autre famille. Même pour des raisons d'ordre pratique, ce rejet dut blesser mes parents, mon père en particulier, bien qu'aucun des deux ne le montra jamais. Cependant, cette nouvelle les obligea à accepter Montréal comme leur chez-soi. S'ils voulaient se bâtir un avenir, c'était à Montréal qu'ils le feraient. Ils se sentirent enfin libres de s'installer et d'entamer une nouvelle vie pour eux et pour nous.

Mes sœurs aînées, Luba et Jenny, m'enseignèrent également la valeur de l'effort. Elles furent toutes deux des modèles extraordinaires. En tant qu'aînée, Luba dut vieillir rapidement. Elle vous dira qu'elle se sentit toujours comme une adulte. Même à six ou sept ans, elle jouait le rôle de traductrice, d'intermédiaire et de conseillère auprès de ses parents immigrants qui parlaient le yiddish. «J'ai été indépendante dès ma naissance», dit Luba aujourd'hui, en ajoutant:

> Je ne me souviens pas que ma mère m'ait jamais montré comment faire quelque chose, mais elle n'avait pas à me le demander non plus. Je l'aidais automatiquement. Je n'y pensais pas. Bien des années plus tard, devenue mère moi-même, je me souviens avoir assisté à une causerie sur ce qu'était la vie à cette époque. Une femme s'est levée et a raconté son histoire en tant qu'aînée d'une famille d'immigrants, avec toutes les responsabilités que cela implique. Je ne connaissais pas cette femme, mais je suis allée la voir plus tard pour la remercier parce qu'elle avait parlé en mon nom. J'étais heureuse de savoir que quelqu'un d'autre se sentait exactement comme je m'étais sentie durant mon enfance.

Jenny, qui avait cinq ans de moins que Luba, trimait dur pour poursuivre ses études à une époque où il était rare pour un enfant d'immigrants, et encore moins une fille, d'aller au collège. Elle était commis-comptable le jour et suivait des cours de soir au Collège Sir George Williams (aujourd'hui l'Université Concordia) en vue d'obtenir son baccalauréat ès arts. Il lui fallut huit ans pour obtenir son diplôme, mais elle n'abandonna pas. Elle persévéra et obtint son grade.

Même pour le garçon gâté de la famille que j'étais, il était inévitable que j'aie l'importance de l'effort ancré en moi. Comment pouvait-il en être autrement? L'éthique du travail était partout autour de moi. C'était l'air que je respirais. Je ne me souviens pas avoir eu beaucoup d'amis ni avoir joué au hockey ou au baseball comme mes petits voisins. Même enfant, j'étais déjà sur la voie de ce qui allait devenir ma carrière. Tout commença simplement lorsque mon cousin Mendel

Severs, d'un an mon aîné, trouva un emploi d'été. Je pensai que s'il pouvait travailler, je le pouvais aussi. Je ne me souviens pas d'avoir demandé à mes parents la permission de chercher du travail : j'enfourchai simplement mon vélo et me rendis à la pharmacie du coin. Je rencontrai le propriétaire, un pharmacien nommé Emmanuel Weinrauch, que tout le monde appelait Manny Winrow, celui qui allait bientôt devenir mon mentor. Manny et son frère Harry tenaient la pharmacie Winrow située au 1470, avenue Van Horne, au coin de l'avenue Stuart. Lorsque je leur demandai s'ils avaient besoin d'un livreur, ils me dirent qu'ils en avaient déjà un, mais notèrent tout de même mon nom. Une semaine plus tard, leur livreur donna sa démission et je fus embauché. J'avais presque onze ans.

Faire des livraisons était un emploi, une façon de gagner un peu d'argent, mais cela me permit également de connaître le quartier Outremont et les gens qui y vivaient comme je n'aurais peut-être pu le faire autrement. Je crois que cet emploi me fit prendre conscience très tôt de l'importance de la communauté et, déjà, de la valeur du pharmacien local. Comme le raconte William Weintraub dans *City Unique*, son histoire populaire de Montréal dans les années 1940 et 1950, certains marchands de quartier « avaient des réputations de psychiatres, à force d'écouter les problèmes des clients et de leur prodiguer des conseils ».

Bien entendu, j'étais enfant lorsque je me mis à travailler chez Winrow et je me comportais souvent comme tel. J'eus de la chance de ne pas m'attirer d'ennuis. À l'époque, il y avait des tramways à Montréal. Quand les enfants à vélo voulaient se rendre rapidement quelque part avec un minimum d'effort, en particulier dans les montées, ils s'agrippaient à l'arrière d'un tram et se faisaient tirer. Je tenais le tramway d'une main et mon vélo de l'autre, mon panier rempli de colis à livrer. Ce mode de transport n'était évidemment pas des plus sécuritaires et ma mère ne l'aurait certainement pas approuvé si elle avait su ce que je faisais, mais c'était amusant et aventureux. Je me souviens d'être tombé une fois. J'avais dû tourner le guidon du mauvais côté. Il pleuvait et je me retrouvai sur le trottoir, le vélo sur le bord de la route. Une voiture freina brusquement pour éviter de l'emboutir et je pus le récupérer. Aujourd'hui, je suis conscient que je l'avais échappé belle.

Je retiens un autre épisode de mon passage à la pharmacie Winrow. Je devais m'y trouver depuis quelques années, puisque je travaillais à l'intérieur. La nièce de Manny Winrow, Isabel Weinrauch, entra. Elle était furieuse – je crois que c'était au sujet d'une commande qu'elle n'avait pas encore reçue – et elle m'accusa d'être responsable de l'erreur et d'être paresseux. Elle me prit vraiment à parti. Je pus finalement lui expliquer que je n'avais aucune idée de ce qui la bouleversait à ce point. Je me souviens qu'elle me regarda, comprenant qu'elle avait fait une erreur. Elle savait que je ne me relâchais pas dans mon travail. Elle me connaissait assez pour savoir que c'était ce que je ne faisais jamais, la seule chose dont j'étais franchement incapable. Ce n'était simplement pas dans ma nature. Je me rappelle encore des mots exacts qu'elle utilisa lorsqu'elle reconnut son erreur : « Morris, dit-elle, je sais que vous n'êtes pas fainéant pour deux cents. »

À travailler chez Winrow et avec Manny, je m'épanouis. Je passai rapidement de coursier à commis à l'inventaire – à vérifier les livraisons de marchandise –, pour ensuite servir les clients, effectuer des ventes et déposer l'argent dans la caisse enregistreuse. À seize ans, on me permit d'être seul dans le magasin pour ouvrir et fermer la pharmacie et, par la suite, exécuter des ordonnances. Comme Manny était toujours inquiet que l'on s'introduise dans le magasin pendant la nuit, je mettais les factures de la journée dans la poche de mon veston à la fermeture, avant de rentrer à la maison. On me donnait de plus en plus de responsabilités et j'adorais cela.

À l'époque, il était monnaie courante pour les pharmacies d'avoir un distributeur de boissons gazeuses et l'une de mes responsabilités les plus incongrues était de servir du soda. Je préparais pour les clients des coupes glacées, des laits frappés, des flotteurs, des sodas à la crème glacée, des bananes royales, enfin tout ce qu'on peut imaginer. Un jour, une de mes enseignantes du secondaire entra et commanda un B L T, le B désignant évidemment le bacon, un aliment qui m'était inconnu, comme tout bon garçon juif. Je fis quand même du mieux que je pus. Je pris deux tranches de pain, y déposai la laitue et la tomate, puis y ajoutai deux tranches de bacon, comme si c'était de la viande fumée. Mon enseignante prit une bouchée et, Dieu merci, éclata de rire. Elle me donna ensuite les instructions nécessaires : « Il faut les faire griller, Morris. »

Ce fut ma première leçon de cuisine non casher. Ce fut également, comme mon fils Jonathan s'empresse de le signaler, la dernière fois que je fis autre chose dans la cuisine que manger.

Ce ne fut là qu'une des nombreuses choses que j'appris chez Winrow. Lorsque je fus un peu plus vieux, je passais les fins de semaine à la pharmacie et, dans les moments tranquilles, j'étudiais la *Pharmacopeia* britannique, la bible des pharmaciens, et je mémorisais tous les dosages. C'est le genre de choses qui me servit plus tard et qui me procura un incontestable avantage sur les autres étudiants lorsque j'entrepris mes études en pharmacie à l'Université de Montréal. Je fus un travailleur assidu et infatigable dès mon jeune âge, mais je ne devrais pas trop m'en vanter. C'était une seconde nature. Ça faisait partie de moi. C'était héréditaire.

J'avais changé trois fois d'école avant l'âge de neuf ans et je n'étais pas doué pour les travaux scolaires. Je n'étais pas un élève particulièrement brillant à l'école primaire, mais je m'améliorai un peu à l'école secondaire, en particulier dans les matières que j'aimais, comme les mathématiques et les sciences. Aujourd'hui, je sais que je peux mettre ça sur le compte de ma curiosité naturelle, qui fait partie de qui je suis du plus loin que je me souvienne, et qui m'a bien servi tout au long de ma carrière et de ma vie.

L'anglais était l'une des matières qui me donnaient du fil à retordre. Nous parlions yiddish à la maison et j'eus toujours de la difficulté avec les langues. Avec le recul, je suis convaincu que le tutorat m'aurait aidé. Mais il faut comprendre que le rôle parental était très différent en ce temps-là. Ce n'était pas seulement le fait que mes parents n'avaient pas l'argent pour me payer du tutorat; les familles d'immigrants ne se préoccupaient pas de leurs enfants comme les parents d'aujourd'hui. On s'attendait à ce que les enfants, en particulier la première génération, réussissent par eux-mêmes.

Cependant, mes parents se faisaient du souci quant à mon environnement. Je n'avais que neuf ans, mais il n'était pas trop tôt pour qu'ils commencent à planifier ma bar-mitsva, et ces inquiétudes accélérèrent peut-être leur décision de se trouver un nouveau quartier où habiter. Autrement dit, ils voulaient que leur fils se rapprochât d'une communauté juive. De la rue Saint-Dominique, nous déménageâmes au 5220, rue Clark. Nous vécûmes aussi pendant une brève période dans un quartier principalement italien plus au nord, au 7025, rue Saint-Urbain, dans ce qui est aujourd'hui la Petite Italie. Mes parents achetèrent ensuite un triplex au 868, avenue Dollard, à Outremont, dans l'intention de louer deux des appartements afin que les revenus leur permettent de vivre dans le troisième sans payer de loyer. Ainsi, au début des années 1940, le style de vie de notre famille s'améliora, autre signe que l'entreprise de mon père prospérait. Mes parents furent également attirés à Outremont par sa réputation d'enclave à très forte concentration juive. Je peux imaginer ce qu'ils devaient avoir à l'esprit à l'approche de ma bar-mitsva: «Nous devons donner à notre fils une éducation juive convenable.»

Mon éducation laïque commença en première année à l'école Fairmount, à l'angle des rues Esplanade et Fairmount, et de la deuxième à la cinquième année, je fréquentai l'école Edward VII, rue Esplanade près de Van Horne. En sixième et septième années, je fréquentai l'école Guy Drummond, boulevard Dollard au coin de Lajoie, près de notre nouvelle maison à Outremont. Il convient de souligner que ces écoles, ainsi que les écoles secondaires que je fréquentai, faisaient partie de la Commission des écoles protestantes de Montréal. Dans ces années, le système d'éducation au Québec était structuré en fonction de critères religieux, selon qu'on était catholique ou protestant, et la Commission des écoles catholiques refusa l'arrivée massive d'élèves non catholiques. C'était manifestement une décision fondée sur des préjugés religieux et, de ce fait, les enfants juifs furent acceptés dans le système scolaire protestant et éduqués principalement en anglais. La Commission des écoles protestantes n'agissait pas uniquement par altruisme ; plus elle attirait d'élèves, plus l'assiette fiscale était large. Ces décisions eurent par la suite des conséquences profondes pour l'avenir politique du Québec, en particulier lorsque le mouvement nationaliste s'intensifia dans les années 1960, d'abord avec la Révolution tranquille et, plus tard, dans les années 1970, avec l'émergence du Parti québécois, une formation séparatiste qui prit le pouvoir en 1976. Ce n'est que pure spéculation de ma part, bien entendu, mais si la société francophone avait été plus ouverte aux Juifs à leur arrivée – si, autrement dit, on avait permis aux enfants juifs d'apprendre le français en fréquentant les écoles catholiques –, les référendums de 1980 et de 1995 auraient pu connaître un autre dénouement. Les remarques controversées de Jacques Parizeau le soir du référendum de 1995 – les séparatistes ont perdu, dit-il, à cause de « l'argent et des votes ethniques » – étaient certes méprisantes et étroites d'esprit, mais elles avaient un certain degré de vérité. Ironiquement, ce fut le gouvernement séparatiste du Parti québécois qui changea les lois relatives aux commissions scolaires religieuses. En 1998, alors que la future première ministre du Québec, Pauline Marois, était ministre de l'Éducation, le système d'éducation fut restructuré et les commissions scolaires confessionnelles (catholiques-protestantes) furent remplacées par des commissions scolaires linguistiques (francophones-anglophones).

Bien sûr, dans les années 1940, quand je fréquentais l'école, ces questions semblaient sans importance. Montréal, comme le reste de la planète, était préoccupé par les événements de la Deuxième Guerre mondiale. Notre famille se réunissait tous les soirs devant la radio pour écouter les nouvelles de 22 h de la BBC. Nous étions fascinés par les rapports des victoires et des défaites des alliés et espérions aussi entendre des nouvelles qui auraient laissé entrevoir une lueur d'espoir à mes parents, à ma mère en particulier, quant au destin de sa famille et de ses amis en Ukraine.

Luba fréquentait un jeune homme nommé Gershon Coviensky. Lorsqu'ils se marièrent en 1943, Gershon portait déjà l'uniforme. En dixième année, je me joignis aux Cadets de l'air de Strathcona et devins clairon au sein de la fanfare. Nous faisions l'exercice dans le sous-sol de l'école Guy Drummond, mon ancienne école primaire, et apprîmes même à manier des fusils. Je devrais plutôt dire que certains d'entre nous apprirent.

Un jour, on me donna un fusil et quelques balles. Me sentant comme un soldat, je visai et tirai la gâchette, mais comme le fusil était lourd, je fus projeté vers l'arrière. La balle atteignit une poutre, faisant éclater un bon morceau de plâtre. Ma cible, quant à elle, demeura intacte. On m'enleva immédiatement le fusil et ce fut la fin de ma carrière militaire. Plus jamais je ne maniai d'arme.

La communauté juive canadienne fit un effort louable. Comme l'écrit Joe King dans *Fabled City*, «parmi les 167 000 hommes, femmes et enfants juifs du pays, une forte proportion – plus de 10 % – s'enrôlèrent dans les forces armées… [quelque] 16 833 personnes (dont 279 femmes), plus 2 000 autres, qui ne voulaient pas être identifiées comme juives si elles étaient capturées. Près de la moitié [des personnes enrôlées] venaient de Montréal.»

À la fin des années 1930 et au début des années 1940, Montréal n'était pas immunisé contre le poison antisémite qui infectait le reste du monde. Je ne peux pas dire que j'en fus directement victime, mais je découvris au fil des ans qu'il était toujours présent.

Mon père et ma mère n'étaient pas ce qu'on appelle des Juifs religieux. En fait, Luba se souvient que mon père lui raconta que, peu de temps après la Révolution russe de 1917, soit quelques années avant qu'il quitte l'Ukraine avec ma mère et ma sœur, il avait caressé des idées communistes. C'était cependant une idéologie impitoyable qui le désillusionna rapidement. Je ne saurais dire honnêtement quelles étaient ses croyances religieuses profondes, mais je sais qu'il commença à fréquenter la synagogue à peu près à l'époque où nous déménageâmes à Outremont afin de m'encourager à l'y accompagner. C'est d'abord et avant tout un exemple de la stratégie d'éducation de mes parents: ils n'enseignaient pas par des paroles, mais par des actes.

Je me souviens à quel point le mariage de l'action et de l'amitié contribua à développer de nouvelles entreprises. Par exemple, il y eut la fois où deux fils d'amis de mes parents, des membres de la famille Tock, voulurent lancer une petite entreprise, mais ni l'un ni l'autre n'avait les fonds suffisants ni le crédit nécessaire pour emprunter de l'argent à la banque. Ils se tournèrent donc vers des amis de leurs parents, dont mes parents. Avec leur aide, les deux jeunes hommes fondèrent une entreprise florissante qu'ils transmirent ensuite à leurs enfants.

Une autre façon qu'avaient les immigrants juifs de s'entraider était de former des sociétés de *landsleit*, qui étaient composées d'immigrants qui venaient des mêmes régions de l'Europe de l'Est. Leur affiliation régionale les aidait à faire front commun et à répondre à leurs besoins sociaux en tant que groupe. Par exemple, ils pouvaient acheter des terrains et des lieux d'inhumation. Ils pouvaient également retenir les services d'un médecin en versant une somme à titre d'acompte – une forme de soins de santé précoce, rudimentaire mais efficace. Le médecin qui prit soin de moi à ma naissance et que mes parents considérèrent toujours comme étant responsable de ma survie, au même titre que ma mère, était le docteur Arthur Schlesinger. Il demeura notre médecin de famille jusqu'au décès de mes parents.

Dans la première moitié du vingtième siècle, d'autres organismes furent établis pour répondre aux besoins de la communauté juive de Montréal. L'un des plus utiles était l'Association hébraïque de prêts bénévoles. Créée en 1911, elle avait pour objectif premier d'accorder de petits prêts, souvent sans intérêts, à des personnes dans le besoin, en particulier celles cherchant à lancer une nouvelle entreprise. Mon père bénéficia de l'aide de cette association lorsqu'il fonda son entreprise. Même s'il en était l'unique employé, il avait quand même besoin de fonds pour son démarrage.

Il y avait aussi le journal en yiddish, *Der Keneder Adler*, et le club social privé, le Club Montefiore. La bibliothèque publique juive fut bâtie en 1914. Dix ans plus tard, comme l'écrit Joe King dans *Fabled City*, trente médecins juifs se réunirent pour discuter de la nécessité d'établir un hôpital pour leur communauté. La raison était fort simple : ils avaient besoin d'un endroit pour travailler. En effet, lorsqu'ils faisaient une demande d'emploi dans les hôpitaux de Montréal, ils se heurtaient régulièrement à des obstacles parce qu'ils étaient Juifs.

Il fallut attendre une autre décennie pour que ce rêve se réalise, mais, le 8 octobre 1934, l'Hôpital général juif ouvrit ses portes et admit sa première patiente. Il y avait dix infirmières, ajoute King, et « elles étaient aux petits soins pour la patiente – ne quittant jamais [son chevet] jusqu'à ce que, finalement, la femme supplie le personnel de la laisser seule… afin de pouvoir dormir. »

◆

Comme beaucoup d'hommes et de femmes de cette époque, mes parents n'étaient pas démonstratifs. Ils ne parlaient pas beaucoup et n'exprimaient pas ouvertement leurs émotions. Mon père, cependant, parlait davantage que ma mère et était plus sentimental. Luba se rappelle qu'il se languissait de son ancienne vie en Ukraine. Il parlait de la difficulté de vivre à Montréal et du temps où il cueillait de grosses cerises dans les arbres de son petit village d'Ukraine, comme si c'était une sorte de paradis perdu. (Il oubliait comme par hasard la terreur omniprésente des Cosaques et leurs visites périodiques dans ce paradis.) Mais si mon père rêvait de pouvoir retourner dans le vieux pays, il en était tout autrement pour ma mère. Elle n'en avait aucunement l'intention. Elle s'ennuyait tout de même de sa famille qui était en Ukraine et lui envoyait régulièrement quelques dollars pour l'aider. Elle ne perdit jamais espoir que sa famille la rejoigne un jour à Montréal, mais ses sœurs refusèrent de laisser leurs copains, qui devinrent leurs époux.

Même si mes parents n'étaient pas ouvertement affectueux envers mes sœurs et moi, nous ne doutâmes jamais de leur amour. Ils le démontraient par les sacrifices qu'ils faisaient pour nous. Cependant, je doute qu'ils aient considéré ce qu'ils faisaient pour nous comme un sacrifice. À cet égard, la vie était plus simple pour eux : ils étaient convaincus que nous, leurs enfants, devions passer en premier. Il n'y avait nul doute dans leur esprit ou dans les nôtres. Nous eûmes toujours de bons aliments sur la table et des vêtements sur le dos.

Ce qui me revient le plus clairement de mon enfance, c'est que mon univers se résumait à quelques pâtés de maisons – de l'avenue Ducharme au nord au chemin de la Côte-Sainte-Catherine au sud, et de l'avenue Stuart à l'est à la rue Rockland à l'ouest. Les jours de semaine, j'allais à l'école et je travaillais ; le samedi matin, j'allais à la synagogue. La synagogue de mon quartier, la congrégation Adath Israël, eut une influence importante sur ma vie durant ma préadolescence et mon adolescence, mais peut-être pas de la manière prévue. Je fréquentais l'école hébraïque l'après-midi après l'école régulière, mais j'avais de la difficulté à apprendre l'hébreu. Je manquais singulièrement d'intérêt et je n'étais pas doué pour les langues. Mais j'étais surtout trop fatigué ; quand je n'étais pas à l'école, je travaillais chez Winrow.

Dès le début, j'appréciai l'aspect communautaire de la synagogue. Je participais au chœur populaire, récitant les hymnes et les prières avec la congrégation. Grâce à cette activité, j'appris que j'avais de la facilité pour la musique ainsi qu'une assez bonne voix. J'adorais chanter, et j'aime d'ailleurs encore cela. Vous n'avez qu'à le demander à ma femme, Roz, qui m'écoute depuis plus de cinquante ans et à qui on peut pardonner d'être un peu lasse d'entendre le genre de musique qui, encore aujourd'hui, demeure la préférée de mon répertoire personnel : la musique de chantre. C'est à l'Adath Israël que je développai une affection spéciale pour cette musique, ainsi qu'un intérêt pour le rôle du chantre dans la synagogue. Son travail, aujourd'hui comme alors, consiste à interpréter les prières de la congrégation en musique. Je fus choisi parmi les jeunes de la congrégation pour tenir ce rôle, et j'eus l'occasion d'animer les services du soir lors de la remise des diplômes de notre école hébraïque en 1944.

La Congrégation Adath Israël se réunit pour la première fois en 1930 dans une salle louée au-dessus du Ben Ash Delicatessen, rue Van Horne, près de l'avenue Wiseman. Ce lieu de rencontre représenta un important pas en avant, puisqu'à cette époque, de nombreuses congrégations ne pouvaient se permettre d'avoir un lieu de rassemblement communautaire et leurs membres se réunissaient habituellement dans des maisons privées. La Congrégation Adath Israël continua de s'élargir et déménagea dans un nouvel immeuble, sur l'avenue McEachran, à Outremont, en 1940, juste avant l'arrivée de ma famille dans le quartier.

Né et éduqué en Angleterre, Charles Bender devint le chef spirituel de la congrégation et demeura rabbin (plus tard rabbin émérite) jusqu'à sa mort en 1993 à l'âge de quatre-vingt-dix-sept ans, après avoir servi la communauté juive de Montréal pendant soixante-cinq ans. J'en vins à apprécier et à aimer ses sermons hebdomadaires et j'en gardai une bonne partie à l'esprit toute ma vie. Je crois que le rabbin Bender s'était donné comme mission d'aider l'ensemble de sa congrégation à mieux comprendre les plus terre à terre des valeurs juives fondées sur les enseignements de la Tora. Il mettait l'accent sur la modestie, par exemple, et insistait pour que nous ne nous prenions pas trop au sérieux. Ces messages étaient précieux, même si les adolescents turbulents que nous étions n'en tinrent pas toujours compte.

« La joie dans l'effort plutôt que dans le résultat », prêchait-il à une congrégation qui vivait souvent dans l'espoir d'une ascension sociale. On ne pouvait pas vraiment reprocher aux membres de la congrégation d'être ambitieux. Mordecai Richler, dans son mélange caractéristique de respect et de mépris, aimait décrire ses camarades de l'école secondaire Baron Byng comme des « battants ». Et, bien entendu, nous nous battions tous à notre manière. Nous voulions tous quelque chose de mieux, quelque chose de plus. C'était un rêve qui nous était inculqué par nos parents, nos familles élargies, nos amis, nos enseignants, un rêve qui commença pour nous par l'éducation. Mais à l'époque, l'espoir d'un avenir meilleur était aussi le rêve du Canada, rêve d'un jeune pays rempli d'espoir.

Ce sont ces rêves qui rendaient le rôle du rabbin Bender si crucial au sein de la communauté. Il se réjouissait de voir que nous étions des gens performants, mais était aussi déterminé à faire de nous des *menschen* – des êtres humains bienveillants dotés d'un sens moral. Il disait à qui voulait l'entendre : « Ne bâtissez pas de tours d'ivoire. Fixez des objectifs que vous êtes capables d'atteindre. »

Je suppose que je devais écouter. Je me souviens encore de ses sermons du samedi. Il soulignait qu'il était plus important d'être généreux que d'être riche. Il aimait poser la question suivante à la congrégation : « Pourquoi un sou est-il rond ? » Puis, après un long silence prévisible, il répondait : « Parce qu'il peut rouler d'une personne à l'autre. » Je ne comprenais peut-être pas ce qu'il voulait dire à l'époque, mais j'eus certainement l'occasion d'y réfléchir depuis. C'est un enseignement précieux pour toute personne qui finit par diriger sa propre entreprise. Il nous faisait remarquer que même lorsqu'on a de l'argent, il faut éviter d'être suffisant et de croire qu'on en aura toujours.

Je me souviens aussi que des membres de la congrégation lui disaient en gonflant le torse : « Vous savez, rabbin Bender, mon grand-père était rabbin, aussi », pensant pouvoir l'impressionner par leur lignée spirituelle. Mais sa réponse était toujours la même : « Et dites-moi, vous, qu'êtes-vous ? »

Mais bien plus que les sermons eux-mêmes et les messages hebdomadaires du rabbin Bender, je me souviens de l'influence que ces paroles eurent sur moi. Je comprends clairement aujourd'hui et je crois que je dus aussi sentir à cette époque que ces sermons portaient sur la façon de se comporter – apprendre à avoir une vie utile et morale. Ma relation avec le rabbin Bender dura de nombreuses années. Je devins plus tard secrétaire de la synagogue. Je ne sais si on peut dire que nous fûmes proches dans un sens conventionnel, mais c'est un homme qui me connut pendant cinquante-deux ans. Il me vit grandir, célébra mon mariage et vit naître mes enfants. Il vit quelque chose s'épanouir et c'était exactement ce qu'il espérait; ce à quoi il œuvrait. Il était toujours à l'affût d'une histoire positive, d'une raison de *qvell*, qui signifie en yiddish éprouver de la fierté à l'égard des autres, en particulier de la nouvelle génération. Je suis heureux de dire aujourd'hui qu'à l'occasion, je donnai au rabbin Bender des raisons d'être fier de moi.

Le temps passé à la synagogue dans ma jeunesse me permit de me faire une première opinion, grâce au rabbin Bender et à d'autres, de ce qu'il fallait pour être un leader dans la communauté. Joel Sternthal, qui était alors président de la Congrégation Adath Israël, me servit de modèle par ses actes plus que par ses paroles. C'était un vrai gentleman, digne et réservé, autre définition d'un *mensch*. Il ne me parlait pas directement, mais je l'observais. Son leadership dans la synagogue eut une influence positive sur moi de la même manière que les actes de mes parents m'influencèrent, par une sorte d'osmose. Homme d'affaires prospère, il avait deux emplois. La synagogue, qu'il avait cofondée, était son deuxième travail, mais n'en était pas moindre à ses yeux. Son apport à la synagogue fut extraordinaire, à un point tel que l'on érigea, à la bibliothèque de la congrégation, un buste de bronze à son effigie, qui s'y trouve encore.

Je bénéficiai du fait que les hommes que je rencontrai à la synagogue, des chefs de file dans la communauté, apprirent à mieux me connaître. Après tout, ils me voyaient à la synagogue tous les samedis et, comme j'avais une voix forte, ils m'entendaient chanter. Je grandis pratiquement à la Congrégation Adath Israël et j'eus la chance que les membres plus âgés eussent un faible pour moi. Ils furent aussi mes mentors. Ils me voyaient actif – à la synagogue mais également dans le quartier, quand je travaillais chez Winrow. Je ne passais pas mon temps assis à ne rien faire. Je m'efforçais de devenir une personne plus responsable. Ils voyaient que j'avais du potentiel et que je voulais réussir.

Lorsqu'on est jeune, on ne se rend pas toujours compte que les personnes plus âgées veulent nous aider. Si l'on s'intéresse à elles, elles vous rendront invariablement cet intérêt. Dès mon jeune âge, j'eus le sentiment que je voulais être un meneur – je voulais être quelqu'un. Je ne voulais pas être une personne ordinaire. Mais des hommes comme le rabbin Bender et Joel Sternthal m'apprirent aussi que j'avais une responsabilité envers la communauté et que le succès implique de devenir un membre actif de la société. Le conseil donné dans *Pirkei Avot (L'Éthique des Pères)*, une compilation d'œuvres écrites il y a plus de deux mille ans par des philosophes et des rabbins célèbres, comme Hille, devint alors clair pour moi et continue d'influencer ma façon de vivre : « Ne reste pas à l'écart de ta communauté. »

3

La Faculté de pharmacie

L'éducation ne se reçoit pas, elle s'acquiert.
Albert Einstein

Avant même de terminer mes études secondaires à l'Académie Strathcona, je savais quel apport j'allais faire à ma communauté. Je savais que j'étudierais pour devenir pharmacien. C'était une ambition inusitée à l'époque, en particulier dans la communauté juive montréalaise. La plupart des enfants qui fréquentaient Strathcona, les garçons du moins, étaient déterminés à devenir médecins, avocats ou, à tout le moins, comptables. En dernier recours, ils pouvaient toujours se rabattre sur les entreprises de *shmatte* prospères de leurs pères.

À seize ans, j'avais l'avantage d'être pratiquement un vieux de la vieille à la pharmacie Winrow. Outre mes autres fonctions, on me laissait déjà exécuter des ordonnances. J'avais donc non seulement une idée précise de la carrière que je voulais mener, mais aussi des connaissances pratiques et une expérience concrète de ce métier. Je peux remercier Manny Winrow de cet avantage précoce. Roz aimait dire que si Manny avait été médecin, dentiste ou comptable, ou encore cowboy, c'est ce que j'aurais probablement fait aussi. Mais j'en doute. Manny fut un excellent mentor pour moi, mais ça allait au-delà de ça. Avoir travaillé à la pharmacie pendant aussi longtemps, et à une étape aussi formative de ma vie, m'offrit la possibilité de découvrir une profession que peu de gens connaissent. Il y a en outre le fait que ma relation avec Manny s'établit automatiquement dès le moment où il m'embaucha comme livreur. Peut-être était-ce dû en partie au fait qu'il était célibataire, ce qu'il regrettait, je le soupçonne. Il est possible qu'il vit en moi le fils qu'il n'avait jamais eu. Quant à moi, je pris vite conscience que l'on apprend autant des expériences négatives de nos mentors que des positives. On peut apprendre, dans certains cas, ce qu'il ne faut pas faire et ce qu'il ne faut pas être. Je suis convaincu que le *boorching* (ronchonnement en yiddish) de Manny à l'égard de la vie de célibataire me fit comprendre l'importance de concilier le travail et la famille. De même, il est probable que ses plaintes quant aux pharmacies de détail contribuèrent à ma propre décision, des années plus tard, de me retirer du commerce de détail. Grâce à Manny, je crois que je pressentis rapidement que le commerce de détail ne me convenait pas.

Il existe différents types de mentors, divers types de gens qui peuvent nous apprendre des choses au cours de notre vie. Ils ne sont pas toujours conscients de l'importance de leur influence sur nous; parfois, ce n'est que beaucoup plus tard que nous en devenons conscients. Bill Stewart, mon professeur de physique au secondaire, joua un rôle clé dans ma vie. J'avais seize ans et j'étais en onzième année, ma dernière année à Strathcona, lorsque je commençai à étudier en vue de mon examen d'admission à la Faculté de pharmacie de l'Université de Montréal. C'était alors le seul établissement universitaire à Montréal qui offrait un programme en pharmacie. Si je n'étais pas accepté, ma seule autre option était l'Université Laval, à Québec. Bien entendu, ce n'était pas mon premier choix.

Il y a lieu d'ajouter que l'Université McGill avait déjà eu son propre Collège de pharmacie, mais ce domaine d'études fut considérablement compromis lorsque le doyen des Arts de l'Université, Ira MacKay, décida en 1929 d'écarter le plus d'étudiants juifs que possible de l'Université. Comme le souligne Allan Levine dans un article du *National Post* du 13 septembre 2013, MacKay écrivit de façon méprisante: « La vérité évidente est que les Juifs ne nous servent à rien dans ce pays. » Son imposition de quotas sur le nombre d'étudiants juifs admis à McGill eut un effet particulièrement néfaste sur le Collège de pharmacie, qui recevait un grand nombre de demandes de ces étudiants. Cet effet révèle un phénomène socioculturel intéressant – qu'en ce temps, les étudiants de la bourgeoisie étaient plus susceptibles d'être admis dans des domaines comme la médecine, tandis que les étudiants juifs, qui se heurtaient aux restrictions d'admission dans les écoles de médecine, comblaient le vide en s'inscrivant en pharmacie. De toute façon, les préjugés de MacKay contribuèrent à la fermeture définitive du Collège de pharmacie de l'Université McGill en 1932. Cela eut une incidence directe sur moi et sur d'autres, principalement des jeunes anglophones, pour qui il aurait été bien plus facile d'étudier à McGill. Cependant, le sectarisme de MacKay fut un mal pour un bien, puisque les étudiants juifs qu'il écarta de McGill s'inscrivirent à l'Université de Montréal – une excellente manière d'apprendre une seconde langue – et en sortirent bilingues.

L'Université de Montréal, et c'est tout à son honneur, n'avait pas de telles restrictions, énoncées ou non, à l'égard des Juifs. Avant d'être admis à la Faculté de pharmacie, je devais passer l'examen d'entrée du Collège des pharmaciens; en réussissant cet examen, je pouvais poursuivre immédiatement mon cheminement de carrière, sans avoir à obtenir mon baccalauréat, ce qui équivalait à quatre ans d'études de moins. À ma dernière année de secondaire, je me mis donc à étudier avec assiduité, quoiqu'un peu tardivement, en vue de mon examen d'admission. Une dizaine de jours avant le jour de l'examen, je me procurai quelques cahiers d'examen des années précédentes afin de réviser et je remarquai que tous les anciens examens demandaient d'expliquer la différence entre hydroponique et hydraulique. N'étant pas certain de la réponse, je rendis visite à M. Stewart un soir et lui demandai s'il pouvait m'aider pour cette question. Il prit quelques minutes pour m'expliquer la différence, puis me demanda pourquoi je m'intéressais à ces questions relativement obscures. Je lui parlai de mon ambition de devenir pharmacien et lui expliquai que je me préparais pour l'examen donné la semaine suivante par le Collège des pharmaciens, l'organisme d'attribution des permis de pharmacien au Québec. J'appréciai son aide et son intérêt, mais n'en fis pas plus de cas. Le vendredi soir, je pris congé et allai au cinéma. À mon retour, ma mère me dit que M. Stewart avait téléphoné. Il était inhabituel qu'un enseignant appelle un élève à la maison, alors je le rappelai le lendemain matin, curieux de savoir ce qu'il avait à me dire. Je me souviens encore de ses paroles. « Morris, dit-il, vous m'avez demandé de l'aide hier et je ne vous ai pas donné beaucoup d'information. Alors si vous avez besoin d'aide supplémentaire, je veux que vous veniez chez moi et nous éplucherons ensemble tout ce que vous avez besoin de comprendre cette fin de semaine. »

Ses actes et son offre généreuse étaient un autre exemple du type de comportement visant à faire une différence dont je me souviendrais toute ma vie. Il m'enseignait l'importance d'être disponible pour les autres. Même alors, il me parut très étrange qu'il ne retire rien de cette offre outre le sentiment de satisfaction que l'on ressent à aider les autres.

À l'époque, je fus reconnaissant envers M. Stewart, mais je dus aussi lui expliquer que je n'étais pas certain du type d'aide dont j'avais besoin. Je lui dis que je commençais tout juste mes études. « M. Stewart, lui confiai-je, je ne sais pas ce que je ne sais pas ! » Ses encouragements furent néanmoins très constructifs. Son intérêt et sa sollicitude me stimulèrent à ouvrir mes bouquins et à me mettre immédiatement à trimer dur. C'est grâce à M. Stewart que j'appris la différence entre les enseignants qui s'en tenaient uniquement à ce qu'ils devaient faire et ceux qui, comme lui, faisaient un effort supplémentaire. Je sais qu'il marqua ainsi de nombreux autres élèves de Strathcona. Comme tous les mentors que je rencontrai dans ma jeunesse, M. Stewart m'inspira à faire un effort additionnel et à servir de mentor à de jeunes gens tout au long de ma carrière.

Je n'avais qu'un objectif lorsque je terminai mes études secondaires : celui de devenir pharmacien. L'obstination est également un don inné et, dans mon cas, elle a ses vertus. Même si je n'étais pas l'élève le plus brillant de ma classe et ne bénéficiais pas toujours des relations familiales ni des avantages financiers des autres enfants, j'eus le grand atout de toujours savoir ce que je voulais faire de ma vie. J'avais seize ans et j'étais déterminé à réussir mon examen afin de pouvoir être admis à la Faculté de pharmacie de l'Université de Montréal. C'était alors mon seul et unique objectif.

Rien ne pouvait me dissuader, pas même mes propres erreurs. Par exemple, les options de cours étaient limitées à l'école secondaire, mais en dixième année, on nous donna le choix entre les sciences et le latin. Je sautai sur l'occasion d'étudier en sciences. C'était une matière qui m'avait toujours particulièrement intéressé. Cependant, ce que j'ignorais et que personne n'avait pris la peine de me dire, c'est que pour pouvoir étudier en pharmacie, je devais avoir étudié le latin. Je l'appris lorsque je rendis visite au Collège des pharmaciens. Je dus donc passer l'été à étudier assidûment et à rattraper le temps perdu. Cette fois, j'avais absolument besoin d'un tuteur. J'en engageai donc un et lorsque je retournai à l'école et suivis le cours de onzième année de latin, j'étais au même niveau que les autres élèves.

Un peu plus tard, je commis une autre erreur qui ne pouvait pas être corrigée aussi facilement. Bien que j'eusse réussi l'examen d'entrée me permettant de m'inscrire à la Faculté de pharmacie, je fis mon inscription aux cours un jour trop tard. Lorsque je réalisai mon erreur, les cours de première année que je devais suivre étaient déjà complets. Je me rendis immédiatement au bureau du doyen Alfred

Larose pour lui demander de m'inscrire. Je lui dis que je m'assiérais dans les escaliers s'il le fallait. Je voulais simplement réparer mon omission. La déception que je ressentis démontre à quel point j'étais motivé, à quel point j'aspirais à entamer non seulement mes études, mais la carrière que j'avais choisie – autrement dit, à commencer ma vie. J'eus de la chance, comme bien d'autres fois, même si tout semblait indiquer le contraire. Le doyen me jeta un regard et me demanda quel âge j'avais. Je lui répondis que j'avais seize ans et demi, mettant l'accent sur cette demie, mais en fait, je dus lui sembler encore plus jeune. J'avais un poids inférieur à la norme, c'est le moins qu'on puisse dire. Je peux l'imaginer se dire « C'est d'un sandwich que ce maigrichon a besoin. » Malgré tout, il me prit au sérieux et me donna quelques bons conseils. Il me demanda si j'avais été accepté à d'autres universités. Je répondis que je ne m'étais pas inscrit à une autre école de pharmacie parce qu'il n'y en avait pas d'autres dans la région de Montréal. Il y en avait une à Québec, mais il était hors de question que je vive loin de la maison ; je ne pouvais pas me le permettre. J'avais toutefois été accepté au premier cycle à McGill, qui était alors le Collège Loyola. « Voici ce que vous faites : vous allez à McGill un an, me dit le doyen Larose, et ensuite, vous quitterez McGill et entrerez en pharmacie ici. » Il n'aurait pu être plus rassurant ni plus juste. C'est exactement ce que je fis.

Même si je fus déçu de ne pas pouvoir commencer immédiatement mes études en pharmacie, mon année au célèbre campus de McGill au centre-ville ne fut certes pas gaspillée. Finalement, l'erreur que j'avais faite de ne pas m'inscrire à temps à l'Université de Montréal se révéla l'une des meilleures choses qui ne me soit jamais arrivée. Ce fut une de ces occasions, parmi tant d'autres, où ma chance me servit mieux que mon intelligence.

McGill élargit mes horizons, me révélant un monde beaucoup plus vaste que les quatre pâtés de maisons à Outremont où j'avais vécu. Si j'avais été accepté immédiatement à la Faculté de pharmacie, le programme aurait été très ciblé. Je n'aurais jamais connu les personnes que j'ai rencontrées à McGill. D'abord, je n'aurais jamais eu le temps de socialiser. Du reste, je ne parlais pas assez bien français pour tisser des liens dans une deuxième langue.

Avec le recul, je peux voir à quel point j'étais impatient durant ma jeunesse. Je constate aussi qu'il m'aurait été probablement bénéfique de poursuivre mes études à McGill au-delà de cette année. Ma vie en aurait été enrichie. En fait, j'ai souvent donné ce conseil à mes propres enfants. Je leur ai dit de profiter de leurs années de collège et d'université, des années qu'ils ne revivraient jamais. Quand on est jeune, on est enclin à se dépêcher de terminer ses études plutôt que de reconnaître à quel point elles peuvent être enrichissantes.

L'année suivante, en 1949, je poursuivis ma course aux études. J'entrai à la Faculté de pharmacie de l'Université de Montréal, comme le doyen du département l'avait prédit l'année précédente. D'une certaine manière, la Faculté de pharmacie ne fut qu'une étape de l'apprentissage continu qui avait débuté quelque huit ans plus tôt lorsque je commençai à faire des livraisons pour la pharmacie Winrow. Les travaux universitaires ne seraient pas un problème, je connaissais ma matière. J'étais un jeune homme confiant, du moins en ce qui a trait à mon cheminement de carrière.

Il y eut toutefois d'autres défis à surmonter, comme mon problème avec les langues. Je l'ai dit, je n'étais pas particulièrement fort en français. Mais si les exposés magistraux de la Faculté de pharmacie étaient en français, les manuels étaient en anglais, ce qui signifie que tous les étudiants, dont la vaste majorité était francophone, étaient presque sur un pied d'égalité. Les étudiants anglophones pouvaient également passer leurs examens en anglais. Presque tous les étudiants anglophones étaient Juifs et je sais que, pour certains d'entre eux, devenir pharmacien après avoir été refusé à l'école de médecine représentait un recul. Dans une classe de cent vingt-cinq étudiants, nous étions neuf à venir du même quartier et du même milieu socioculturel. Les femmes étaient encore minoritaires. Je crois qu'il y en avait quatre dans notre classe et, si ma mémoire est bonne, la majorité, sinon toutes, étaient des religieuses. À cette époque au Québec, les infirmières qui travaillaient dans le régime hospitalier catholique étaient la plupart du temps des religieuses et celles qui étudiaient en pharmacie étaient appelées à travailler dans les hôpitaux. La société québécoise a considérablement changé, bien entendu. L'Église n'a plus l'influence qu'elle a déjà eue et, de nos jours, les femmes sont habituellement plus nombreuses que les hommes dans les écoles de pharmacie. De fait, c'est le cas dans toutes les professions, y compris la médecine.

Je rencontrai mon futur associé, Morty Levy, à la Faculté de pharmacie. L'étudiant le plus doué de la classe était Jean Coutu. Même alors, sa cordialité et son aisance à converser transparaissaient. Sa personnalité, combinée à son esprit d'entrepreneur, fut un facteur clé qui lui permit de devenir le pharmacien le plus prospère du Québec.

Plus tard, lors d'un discours que je fis alors que nous étions tous deux occupés à nos activités philanthropiques, je lançai à la blague que j'avais de meilleures notes que Jean à l'université, mais qu'il me battait là où ça compte – sur le marché.

Les classes étaient très nombreuses en ces années et les étudiants prenaient place par ordre alphabétique dans de grandes salles de conférence de type amphithéâtre. C'est ainsi que je connus un jeune homme nommé Arthur Goldstein. Cette rencontre s'avéra plus prometteuse pour Arthur que pour moi. En fait, Arthur était moins intéressé par mes charmes que par ceux de la personne que j'allais ultérieurement lui présenter. Voici ce qu'il racontait récemment :

Les garçons juifs étaient portés à se tenir ensemble, et Morris et moi nous sommes vite liés d'amitié. Nous étions en septembre et Morris était placier à la synagogue Adath Israël. Il avait demandé à une jeune femme qui fréquentait la même synagogue d'aller se balader avec lui avenue du Parc. C'était toute une histoire à l'époque. L'avenue du Parc était comme une promenade à Montréal. Tout le monde qui voulait être vu s'y rendait, en particulier lors des Grandes Fêtes. En fait, tous les rabbins sans emploi qui ne pouvaient gagner leur vie ouvraient leur salon au Nouvel An juif et au Jour du Grand Pardon pour célébrer des services. Il devait y en avoir des dizaines au centre-ville, où tout le monde vivait. Je me promenais aussi avenue du Parc et j'ai rencontré Morris, accompagné d'une jolie jeune fille, qu'il m'a présentée. Elle et moi avons commencé à nous fréquenter. Son nom était Lorraine et elle a été la dernière fille que j'ai fréquentée. Je l'ai épousée.

Je me souviens également de longues conversations qu'Arthur et moi avions au sujet de ce que nous voulions faire après avoir obtenu notre diplôme de l'école de pharmacie. J'étais déjà préoccupé par l'avenir de notre profession. Je discutais avec nombre de mes camarades de classe de ce sujet et de la direction que nous envisagions de prendre après nos études universitaires. Arthur se souvient aussi de ces entretiens :

Morris et moi discutions du fait que nous voulions devenir des pharmaciens éthiques. Je me rappelle que nous nous entretenions toujours de ce que nous entendions faire, comment nous rêvions d'exploiter une entreprise, par exemple. C'était notre rêve. Nous allions uniquement exécuter des ordonnances, sans vendre de marchandise ni tenir de fontaine à boissons gazeuses comme la plupart des pharmacies le faisaient alors, y compris Winrow. Mais notre rêve ne s'est jamais réalisé, parce que tout le monde qui ouvrait sa première pharmacie tenait une fontaine. J'en ai eu une aussi lorsque j'ai ouvert ma première pharmacie, six mois après la fin de mes études. Ce ne fut pas ma meilleure décision financière – j'en buvais plus que j'en vendais.

Arthur se souvient aussi de l'Université de Montréal comme d'un endroit accueillant. Il ne se rappelle pas avoir été témoin d'une forme quelconque d'antisémitisme lors de son séjour. Il s'est remémoré une fois où tous les étudiants de la classe, à l'exception des Juifs, échouèrent à un certain test, et l'enseignant, un Canadien français, avoua qu'il avait vraiment honte de ses étudiants canadiens-français.

« Le groupe était stupéfait, s'est rappelé Arthur. L'enseignant a dit : "Il y a huit ou neuf anglophones ici – c'était la première fois que j'entendais quelqu'un utiliser le mot anglophone – et chacun d'eux a réussi tandis que tout le contingent canadien-français a échoué." »

J'étais l'un des étudiants ayant réussi l'examen et mon souvenir diffère un peu de celui d'Arthur. L'enseignant en question, qui travaillait pour une multinationale pharmaceutique, supervisait un cours de première année à l'université. Il fit passer un examen que seuls quelques étudiants réussirent, comme le raconte Arthur. Cependant, l'enseignant comprit qu'il allait devoir faire passer l'examen à nouveau, puisqu'il ne pouvait pas se permettre un échec de la vaste majorité des étudiants de la classe. Il expliqua que le premier et le deuxième examen compteraient chacun pour cinquante pour cent. J'avais obtenu la meilleure note de la classe au premier examen et, au deuxième, je terminai deuxième ou troisième. Ça ne m'inquiétait pas, mais j'étais curieux de savoir quelle était mon erreur, parce que je croyais vraiment avoir répondu parfaitement aux questions. J'interrogeai l'enseignant à ce sujet. Je me souviens encore de ses paroles : « Vous, les Juifs, n'êtes jamais satisfaits de vos notes », dit-il, avec un air de défi. À certains égards, le monde entier avait changé pour les Juifs après la Deuxième Guerre mondiale, mais cela me rappelait de façon troublante qu'à peine quelques années après la révélation des horreurs de l'Holocauste, l'antisémitisme était encore loin d'être chose du passé. S'il était enterré, il ne l'était pas assez profondément. Parfois, il suffisait de gratter en surface pour entendre cette désignation dégradante – « Vous, les Juifs ».

Bien entendu, dans les années 1930 et 1940, cette attitude à l'égard des Juifs ne se limitait pas à la société québécoise. Dans leur ouvrage historique *None Is Too Many: Canada and the Jews of Europe, 1933–1948*, les historiens de renom Irving Abella et Harold Troper révèlent que le gouvernement canadien admit moins de réfugiés juifs – quelque cinq mille – que tout autre pays occidental durant et immédiatement après l'ère nazie. Pire encore, le livre dénonce comment Frederick Charles Blair, chef de l'immigration à l'époque, et Mackenzie King, premier ministre durant la Deuxième Guerre mondiale, conspirèrent pour empêcher les Juifs d'entrer au pays. Le titre *None Is Too Many* s'inspire d'une anecdote au sujet d'un agent d'immigration qui, lorsqu'on lui demanda combien de Juifs seraient admis au Canada après la guerre, répondit carrément : « Aucun, c'est encore trop. »

Il n'était pas étonnant de trouver des traces d'antisémitisme persistant dans les établissements du Québec ainsi que dans le reste du Canada au cours des années 1940 et 1950, mais mon ami Arthur Goldstein avait raison d'affirmer que l'Université de Montréal était un endroit fondamentalement accueillant. En effet, je serai éternellement reconnaissant envers cette université pour les enseignements et les possibilités qu'elle m'a offerts. Ma carrière dans le domaine pharmaceutique débuta à la pharmacie de Manny Winrow, mais je ne serais abouti à rien sans la formation que j'ai reçue à la Faculté de pharmacie de l'Université de Montréal. Après l'obtention de mon diplôme cependant, c'est moi qui serais responsable de transformer mon choix de profession en une carrière et une vie auxquelles j'aspirais.

4

Les débuts : mai 1953

Nous créons notre propre avenir et l'appelons destin.
Benjamin Disraeli

Avec le recul, je suis conscient qu'une vie peut changer radicalement en un seul mois ; dans mon cas, ce fut en mai 1953. C'est à ce moment que les circonstances et les possibilités convergèrent, même si les conditions nécessaires étaient réunies depuis des mois, voire des années. C'est là que je commençai à envisager un avenir sensiblement différent de celui que recherchait la majorité des autres finissants de ma classe.

Premièrement, j'avais déjà le sentiment de ne pas être le genre de personne à se contenter de passer sa vie à travailler dans une pharmacie ni d'en être propriétaire, sentiment qui se confirma par la suite après que j'eus été propriétaire de plusieurs pharmacies, mais nous y reviendrons plus tard. Ce que je savais déjà lorsque j'étais étudiant, c'est que je voulais m'adonner à quelque chose de plus créatif que le simple commerce. Je n'avais pas l'étoffe d'un détaillant. Cependant, tous les secteurs imaginables étaient touchés par l'essor économique de l'après-guerre et l'industrie pharmaceutique ne faisait pas exception. Les percées dans la recherche et le développement de nouveaux produits pharmaceutiques se révéleraient être le fer de lance de tous les secteurs, des soins de santé au changement social. « Recherche et développement » était l'expression à la mode pour une nouvelle ère, de la même façon qu'« innovation » et « jeune entreprise » le sont actuellement. Dans le domaine que j'avais choisi, la recherche scientifique ouvrait la voie à une multitude de nouveaux médicaments et traitements pharmacologiques. Toute l'énergie qui avait été polarisée sur la guerre fut soudainement redirigée vers la reconstruction d'un monde émergeant de la noirceur des préjugés et des assassinats collectifs, un nouveau monde moderne où les possibilités semblaient illimitées et où un individu pouvait faire une différence, un monde dont je voulais faire partie.

A posteriori, il est difficile de savoir ce qui me mena à une telle conclusion. Après tout, j'étais jeune et influençable. Nous étions en 1953 et je n'avais que vingt et un ans lorsque j'obtins mon diplôme de l'Université de Montréal. Néanmoins, j'avais une longueur d'avance quant à ma décision de m'écarter du commerce de détail. Mes années passées à la pharmacie de Manny Winrow m'avaient donné un aperçu de cet aspect des affaires et ce que je n'avais pu constater par moi-même m'était relaté par Manny presque quotidiennement. Il se plaignait constamment – des longues journées et surtout du fait que, dans le secteur pharmaceutique, c'étaient les fabricants et non les pharmaciens qui réalisaient les vrais profits.

Mais alors que j'élaborais des théories sur mon avenir de fabricant de produits pharmaceutiques, j'étais encore étroitement lié à la pharmacie de détail. Peu après avoir terminé mes études universitaires, j'envoyai un article au *Canadian Pharmaceutical Journal,* exprimant mon point de vue sur la façon dont les pharmacies étaient susceptibles d'évoluer au cours des vingt-cinq années suivantes. Je n'ai plus cet article et je ne me rappelle pas exactement ce que j'avais écrit, mais je me souviens de l'essentiel et de l'importance que cela avait pour moi. Je traçais mon avenir, comme je le voyais. Un avenir où il y aurait des divisions claires entre les magasins à grande surface, comme Walgreens et CVS, qui commençaient déjà à s'établir partout aux États-Unis, et les pharmacies dont la principale fonction était d'exécuter des ordonnances. Mon article portait sur l'incessant débat que j'avais mené tout au long de mes études universitaires avec mes condisciples, dont Arthur Goldstein et Morty Levy. Rétrospectivement, je constate que cet article était une sorte de manifeste personnel. C'était ma façon de tracer l'avenir auquel j'aspirais. C'était ma façon de me dire qu'en tant que nouveau pharmacien, je n'étais pas prêt à consacrer tous mes efforts passés, toutes mes études, tout mon travail, à vendre de la gomme à mâcher et du tabac. (Oui, tous les pharmaciens vendaient des cigarettes à cette époque ; ils le faisaient volontiers pour le profit. En fait, certains le font encore.) Cet article était également une expression de mon inquiétude croissante que, compte tenu de l'évolution de la profession, un jour viendrait où les pharmacies vendraient de tout, à l'exception de pneus à neige. Un jour, soit dit en passant, c'est ce qui arriva.

Donc, si je savais en théorie ce que je ne voulais pas faire, je devais encore trouver ce que j'allais faire. C'était un défi, mais un défi que j'acceptai de tout cœur. Depuis aussi longtemps que je peux me souvenir, je fus toujours très pressé de commencer à tracer mon chemin dans le monde. Luba m'avait catalogué dès le début : j'étais « un enfant turbulent ». J'étais aussi ambitieux. J'étais particulièrement attiré par la fabrication, mais évidemment, je n'avais pas encore l'expérience nécessaire ni les fonds pour m'attaquer à cet aspect des affaires. (Au fait, la fabrication de médicaments ne faisait pas partie de mon programme de cours.) Je réfléchis donc à ce qui serait la meilleure chose à faire, à savoir représenter des sociétés étrangères, en particulier des entreprises américaines de taille moyenne ayant besoin de représentation. Je pourrais devenir leur distributeur autorisé, leur « représentant » au Canada.

Parmi tous les termes pouvant être utilisés pour décrire ce que je fis dans ma longue carrière, représentant en est un que je chéris encore. Au sens propre, être représentant revenait à faire un travail assez facile. Un représentant voyageait partout au pays pour rencontrer des médecins, leur fournir de l'information sur des produits – ainsi que des échantillons – et leur donner des précisions. À la base, cela correspondait à un travail de vendeur. Je ne suis pas charmeur de nature, et encore moins beau parleur. Il n'était pas question que j'amène des médecins prendre un verre ou souper ou que je passe du temps avec eux sur un terrain de golf à gonfler leur ego. (Franchement, je n'ai jamais beaucoup aimé le golf.) Comme Roz le fit souvent observer, la ruse ne me vient pas naturellement. Je suis trop direct pour ce genre de chose, je ne mâche pas mes mots. Mais pour moi, le travail de représentant exigeait un peu plus que des qualités de vendeur. Il impliquait d'être un communicateur et un éducateur. C'est l'aspect de mon travail que j'ai toujours le plus apprécié et trouvé le plus satisfaisant. Il importe de communiquer avec les médecins et l'ensemble de la communauté médicale, d'expliquer les avantages d'un nouveau médicament ou d'une nouvelle utilisation. Il incombe avant tout de montrer aux médecins comment tel médicament ou telle utilisation peut être bénéfique pour leurs patients. Outre créer de nouveaux médicaments et les mettre sur le marché, ce qui me réjouit le plus est d'apprendre de nouvelles choses et de transmettre cette information. Comme le dit un proverbe latin que j'appris il y a longtemps : « Apprendre, c'est enseigner ; enseigner, c'est apprendre. »

Il est bien sûr facile de philosopher rétroactivement là-dessus. À cette époque, je devais non seulement trouver comment devenir un vendeur efficace, mais aussi comment arriver à mettre mon entreprise sur pied – la distribution et la représentation de médicaments. Mon premier pas dans cette direction fut de trouver un associé. En 1952, j'abordai Morty Levy, qui partageait ma vision de l'avenir des pharmacies. Le problème est que nous étions tous deux très jeunes et étudiants ; nous avions besoin d'une personne d'expérience ayant la bosse des affaires. Je fis donc appel à mon mentor et patron de longue date, Manny Winrow, et lui demandai s'il voulait s'associer avec Morty et moi. Pour Manny, je crois que cela n'était que la suite logique de notre relation entamée depuis l'année de mes dix ans, lorsqu'il m'embaucha comme livreur. Il accepta de s'associer avec nous et c'est ainsi que naquit l'entreprise Winley-Morris. Le choix du nom fut assez facile : Win pour Winrow, Ley pour Levy et Morris pour moi.

Le partenariat dura exactement une journée, mais il m'enseigna une leçon inestimable sur la différence entre imaginer une entreprise et en gérer une réellement – entre la théorie, le genre de choses que j'étudiais à l'école et à propos desquelles j'écrivais des articles, et la pratique, aussi connue comme l'art de fonctionner dans le vrai monde. Dans le vrai monde, je découvris que le comportement humain a le don de compliquer la situation. Dans le cas présent, Morty et moi, en tant qu'associés de l'entreprise Winley-Morris, étions d'avis que nous devions être payés pour notre temps, tandis que de l'avis de Manny, qui était essentiellement un associé passif, nous ne devions pas recevoir de salaire puisque lui n'en recevait pas. C'était tout à fait irréaliste, puisque Morty et moi allions travailler à temps plein pour Winley-Morris, mais pas Manny. Nous prîmes rapidement conscience que ce problème ne se réglerait pas. C'est ainsi que Manny se retira et Morty et moi achetâmes ses actions. Nous fîmes chacun un investissement de deux cent cinquante dollars dans Winley-Morris.

Notre nouvelle entreprise fut enregistrée en 1952. Il fut décidé de conserver le nom Winley-Morris, un nom qui sonnait bien à l'oreille – nous étions encore à l'université. Nous cherchions également des occasions de signer des contrats de licence avec des entreprises fabriquant des produits pharmaceutiques brevetés. Une semaine avant de recevoir notre diplôme en 1953, Morty et moi, Winley-Morris obtint sa première chance en devenant distributeur canadien des

Laboratoires Stiefel, société qui allait devenir ultérieurement le plus grand fabricant mondial de produits dermatologiques. Au tournant du vingt et unième siècle, les ventes de Stiefel se chiffraient à un milliard de dollars, mais lorsque nous conclûmes notre entente avec la société, elle n'avait que deux produits sur le marché : les savons Oilatum et Acne-Aid.

Lorsque je commençai à faire affaire avec les Laboratoires Stiefel, la société était financée par un groupe de capital-risque de New York, qui détenait une participation majoritaire. Vers 1958, Stiefel mit au point un exfoliant contre l'acné appelé Bravisol. En 1960, le produit attira l'attention de la société Vicks, qui voulait en obtenir les droits. Dès lors, les financiers de New York souhaitèrent vendre Stiefel à Vicks, mais les frères Stiefel, qui voulaient monter leur propre entreprise, firent des pieds et des mains afin d'obtenir les fonds pour racheter la participation de leurs investisseurs new-yorkais. Ils me demandèrent si je voulais investir dans leur entreprise. J'investis vingt mille dollars pour environ cinq pour cent de la société et devins administrateur. Je conservai la majorité de ces actions jusqu'à ce que Charles Stiefel, le fils de Werner Stiefel, vende l'entreprise à Glaxo Smith Kline en 2009. J'avais conservé les actions pendant près de cinquante ans avant de les vendre. Une partie du produit de cette vente fut investie dans la Fondation de la famille Rosalind et Morris Goodman, créée en 2005 dans le but principal de financer diverses œuvres de bienfaisance. Une des leçons que j'appris tôt dans ma vie fut d'investir dans des entreprises dotées de solides dirigeants, comme les Stiefel, qui avaient la vision et la passion d'investir dans l'avenir. Incidemment, Warren Buffet tira la même leçon. Il fit de cette philosophie la pierre angulaire de sa politique de placements.

J'ai une photographie, que je chéris encore, de ma première rencontre avec les Stiefel. Prise au restaurant Ruby Foo's à Montréal, un restaurant chinois situé sur le boulevard Décarie et particulièrement prisé des Juifs montréalais, la photo saisit le moment de la signature de notre entente cruciale avec les Laboratoires Stiefel. On aperçoit à la table Morty Levy, son épouse Pearl, Werner Stiefel (l'arrière-petit-fils du fondateur de la société), John David Stiefel, et moi. Ce qui me frappe, c'est à quel point nous semblons jeunes et inexpérimentés. Je ne peux que m'émerveiller aujourd'hui de la motivation et de la confiance que nous avions, Morty et moi.

C'était une période d'euphorie. On peut dire que j'avais le beurre et l'argent du beurre. Je gagnais cent vingt-cinq dollars par semaine en travaillant le matin, le soir et la fin de semaine à la pharmacie de Manny – un assez bon salaire à l'époque pour un jeune célibataire – et l'après-midi, je rencontrais des dermatologues, agissant à titre de représentant pour le compte des Laboratoires Stiefel, le tout nouveau client de Winley-Morris. Habitant chez mes parents, je ne payais ni la nourriture, ni la pension, ni mes vêtements, ni rien, en fait. J'investissais tout ce que j'économisais dans Winley-Morris.

On se demande évidemment à quel moment je dormais. Bien, je ne dormais pas. De toute manière, qui voulait dormir ?

Outre mon manque de sommeil, il y avait le fait qu'à la fin du premier mois d'existence de Winley-Morris, l'entreprise ne comptait plus qu'un seul dirigeant, moi-même. Tout de suite après que Morty eut obtenu son diplôme, son premier enfant, Stephen, vint au monde. Simultanément, Morty reçut une offre pour devenir associé à cinquante pour cent dans une pharmacie en construction sur la rue Sherbrooke Est, à l'est du boulevard Pie-IX, près de l'endroit où se trouve aujourd'hui le stade olympique. Il s'agissait d'une excellente occasion pour Morty, puisque la pharmacie ferait partie du deuxième centre commercial construit à Montréal. (Le premier, construit par la famille Cummings, fut le centre commercial Norgate, à Ville Saint-Laurent.)

Une fois de plus, la variable humaine modifia notre modèle de jeune entreprise supposément parfait. Autrement dit, Morty avait une femme et un enfant à faire vivre, il avait besoin d'argent et gagner de l'argent était la seule chose que notre jeune entreprise en développement n'était pas encore parvenue à faire. Morty m'annonça qu'il ne pouvait pas se permettre de travailler sans rémunération pendant que nous établissions l'entreprise et qu'il devait faire ce qu'il jugeait préférable pour sa famille. Je fus déçu, mais je pouvais difficilement être en désaccord avec lui. En même temps, il pouvait difficilement être en désaccord avec le fait que j'avais besoin d'un associé actif et non passif. Il s'associa dans la nouvelle pharmacie et je lui remis son investissement de deux cent cinquante dollars. Notre partenariat prit officiellement fin. Mais, comme pour la plupart des relations d'affaires que j'établis et qui n'aboutirent pas pour une raison ou une autre, je restai en bons termes avec Morty. En fait, lorsque je devins enfin copropriétaire d'une pharmacie de détail un an plus tard, ce fut à la recommandation de Morty. Je crois que cela témoigne des personnes que nous sommes et de notre amitié. C'était également un signe avant-coureur de la façon dont je voulais gérer mes affaires. Je voulais être en mesure de faire ce qui était le mieux pour moi, mais en même temps, je voulais m'assurer de tenir compte de la situation d'autrui.

Six mois après que Morty eut quitté Winley-Morris, je lançai sur le marché canadien un produit appelé Tucks. J'avais vu ce produit lors de la première réunion de l'American Academy of Dermatology à laquelle j'assistai à Chicago. J'y étais en raison de mon affiliation avec Stiefel, mais aussi pour flairer de nouvelles occasions d'affaires. Je n'eus pas à chercher loin – face au kiosque de Stiefel se trouvait celui d'une société appelée Fuller Pharmaceuticals. Je rencontrai son président, John Fansler, qui m'expliqua que son père, qui était proctologue, prescrivait de l'hamamélis de Virginie imbibé dans des tampons d'ouate pour traiter les problèmes d'hémorroïdes. Le jeune Fansler avait perfectionné le traitement en développant sa propre version, constituée d'une compresse non tissée saturée d'une solution d'hamamélis de Virginie. Il appela ce nouveau produit tampons médicamenteux Tucks. Je fus fasciné par cette histoire et demandai à M. Fansler si Winley-Morris pouvait représenter son produit au Canada.

Je me souviens qu'il me demanda : « Et pourquoi vous ? Pourquoi devrais-je vous choisir comme distributeur ? Après tout, j'ai d'autres offres de distributeurs mieux établis. »

C'était une bonne question à laquelle, heureusement, j'avais une bonne réponse. « Eh bien oui, lui répondis-je, ces autres distributeurs sont bien établis et franchement, M. Fansler, ils n'ont pas besoin de votre produit. Mais moi, si. J'en ai besoin, je travaillerai donc plus fort. » Mon approche typiquement directe fonctionna.

« Une bonne raison, concéda Fansler. Je vous accorderai les droits de Tucks. »

Même si je n'étais pas habitué de conclure des ententes, celle-ci m'enseigna également une importante leçon quant à la façon dont je voulais gérer mes affaires. Qu'il s'agisse de petites ou de grosses transactions, la paperasserie administrative n'est que du bla-bla juridique. Selon mon expérience, une bonne transaction repose toujours sur une seule et unique chose : le bon vouloir des participants.

Winley-Morris conclut une entente de distribution avec Fuller Pharmaceuticals et commença l'importation et la vente de Tucks. Près de dix ans plus tard, il devint évident que l'importation coûtait trop cher, notamment en raison du droit d'importation imposé sur les médicaments en provenance des États-Unis à l'époque. (C'était bien avant l'entente de libre-échange entre les deux pays.) Ainsi, dans un avant-goût des futures pratiques commerciales de Winley-Morris, je signai un accord de redevances avec Fuller et devins fabricant.

J'avais déjà fabriqué un produit quelques années plus tôt, à ceci près que le laboratoire où je mélangeais un traitement contre l'acné se trouvait alors dans la cuisine de ma mère. Je prenais des boîtiers à cosmétiques que je remplissais de fond de teint à base de soufre. Je l'appelai l'Acne Pack.

Dans le cas de Tucks, un nouvel employé appelé George Montgomery, qui travaille encore pour Pharmascience plus de cinquante ans après notre première rencontre, m'aidait à mélanger la préparation au sous-sol d'un salon de barbier voisin de la pharmacie que nous louions au 6579, avenue Somerled, dans le quartier Notre-Dame-de-Grâce, à l'extrémité ouest de Montréal. Micheline, la femme de George, participait aussi à notre petite entreprise de fabrication, tout comme Ted Wise, qui, quelque vingt-cinq ans plus tard, devint mon associé à la création de Pharmascience. Quant aux compresses Tucks, elles sont encore fabriquées et vendues dans le monde entier par Pfizer et demeurent un traitement efficace contre les hémorroïdes.

George Montgomery est un homme polyvalent. Il faisait tout à cette époque et la diversité de ses tâches – conditionner les pilules, mélanger la crème contre l'acné, travailler dans mes pharmacies – démontrait que Winley-Morris était une entreprise en croissance. Cependant, la croissance était lente. George se souvient à quel point l'exploitation était petite au début :

> Nous étions probablement six en tout, c'est-à-dire ma mère, qui était secrétaire, Victor Forget, Ted Wise, Doris Jennings, la secrétaire de Morris, Morris et moi. C'était le début des années 1960 et je me souviens que Morris m'a dit un jour que tout ce qu'il souhaitait pour l'entreprise, c'était qu'elle grossisse.

En 1953, Winley-Morris fit un grand pas dans cette direction à la suite d'un simple acte de bonne volonté. Je travaillais ce matin-là à la pharmacie de Manny Winrow lorsque je reçus un appel du Dr Jack Rubin, pneumologue de l'hôpital Royal Edward, situé rue Saint-Urbain, au sud de l'avenue des Pins. Il voulait savoir si je pouvais lui procurer un flacon de Parasal-INH, une association de médicaments provenant des États-Unis utilisée dans le traitement de la tuberculose. Je vérifiai auprès de Manny pour passer la commande. Manny pensa sans doute qu'il ne valait pas la peine de perdre notre temps pour commander un seul flacon de médicament et me dit de laisser tomber. Mais ce n'est pas ce que je fis. En décembre 1953, je m'apprêtais à me rendre aux États-Unis, d'abord à Chicago pour le congrès de l'American Academy of Dermatology, puis à New York pour le mariage de ma cousine Sima Chercass. J'appelai le Dʳ Rubin avant de partir et lui rappelai la demande qu'il m'avait faite pour du Parasal-INH. Il me demanda si je pouvais lui rapporter deux flacons de New York. À l'époque, ce n'était rien de plus qu'une faveur pour un médecin de Montréal, mais c'est un geste qui s'avéra très rentable pour Winley-Morris et pour moi.

Lorsque j'arrivai à New York, je me rendis aux bureaux de Panray Corporation, le fabricant du Parasal-INH. La société était située au 340, Canal Street dans un immeuble qui semblait être au bord de l'écroulement. Je rencontrai Myron Pantzer, le président de la société, qui voulut savoir qui m'avait envoyé. Je lui présentai ma carte professionnelle et lui expliquai que j'étais un pharmacien de Montréal et que je voulais simplement rendre service à un médecin local. Remarquant sur ma carte que j'étais représentant pour les Laboratoires Stiefel, il me demanda comment allaient les affaires. Je lui répondis que je m'en sortais en vendant quelques pains de savon ici et là. Mais notre bavardage prit brusquement fin; la question suivante de Pantzer me coupa le souffle.

« Aimeriez-vous représenter Panray et le Parasal-INH au Canada ? », me demanda-t-il de but en blanc.

Je pris bien sûr immédiatement conscience de l'occasion qui se présentait – la chance de distribuer au Canada un traitement efficace contre la tuberculose. Mais j'étais aussi hésitant. « M. Pantzer, lui dis-je, je ne connais pas du tout ces médicaments. »

« Ne vous en faites pas, dit-il, nous vous les expliquerons. »

Comme toujours, j'étais désireux d'apprendre et ce que j'appris, avant tout, c'est que les patients atteints de tuberculose au Canada devaient avaler quarante-quatre comprimés par jour, alors que la posologie du Parasal-INH n'était que de dix-sept comprimés. Il y avait également moins d'effets secondaires – par exemple, moins de problèmes gastriques – liés à la nouvelle combinaison de médicaments que j'étais sur le point de lancer sur le marché canadien.

C'est ainsi que Winley-Morris se mit à distribuer le Parasal-INH. J'eus une idée du succès à venir lorsque je reçus ma première commande – qui arriva avant même que je ne commence officiellement à faire la promotion du médicament. La commande de dix flocons provenait de l'Île-du-Prince-Édouard. Nous les vendions douze dollars cinquante chacun, ma première vente s'éleva donc à cent vingt-cinq dollars. C'était beaucoup d'argent pour moi à cette époque. Souvenez-vous, j'étais habitué à vendre des ordonnances pour cinquante ou quatre-vingt-dix sous ou un dollar cinquante tout au plus. Je recevais maintenant une commande de cent fois ce montant. Cette commande me fit réaliser un profit de soixante-quinze dollars. Ma première pensée fut : « Oh là là, les affaires vont être bonnes ! »

Je ne voyais que la pointe de l'iceberg. Au bout du compte, pour réussir dans le monde pharmaceutique, il faut être en mesure d'offrir aux médecins un meilleur traitement que celui qu'ils utilisent déjà et c'est ce que Winley-Morris commença à faire. Finalement, les ministères de la Santé de l'Ontario et du Québec devinrent nos plus gros clients pour le Parasal-INH – ils achetèrent des millions et des millions de comprimés. Winley-Morris devint par la suite le premier fournisseur d'agent antituberculeux au Canada. Nous commençâmes également à fabriquer les produits Parasal au Canada, en payant une redevance à Panray, histoire d'éviter de payer des droits d'importation. Cet arrangement ressemblait beaucoup à celui que Winley-Morris avait avec Tucks, mais à plus grande échelle.

En 1954, lorsque Winley-Morris commença à distribuer Parasal-INH, la tuberculose était encore une maladie mortelle terriblement contagieuse. (Elle le demeure dans de nombreux pays en développement.) À l'époque, les patients qui en étaient atteints étaient isolés et traités dans des sanatoriums plutôt que chez eux. Cela signifiait que je devais me rendre où se trouvaient les patients et leurs médecins traitants. Quelques années plus tard, j'engageai des vendeurs fiables, comme Victor Forget et Ted Wise, pour la plupart des déplacements ; mais au début, je traversai le pays de nombreuses fois à titre de représentant médical pour Parasal-INH. Je me rendais en avion dans des villages et des petites villes un peu partout, où je louais une voiture pour aller dans les sanatoriums, loin des limites des villes. Ce fut entre autres un cours sur la géographie unique et inspirante de ce pays. Je voyageais alors à bord d'un DC-3, ce qui signifie que nous volions entre cinq mille et dix mille pieds au-dessus du sol et non à trente mille pieds comme aujourd'hui. Je m'asseyais habituellement près du hublot où j'admirais les Grands Lacs et les Rocheuses, m'émerveillant de l'immensité et de la beauté du pays d'un océan à l'autre. Je me souviens m'être dit : « Tout ce que j'ai à faire, c'est vouloir. C'est tout ce que je dois faire pour réussir. Tout est là, disponible. Tout ! Qui plus est, tout le monde est libre de prendre sa part. Quel pays formidable ! »

Oui, j'étais jeune, infatigable et enthousiaste. J'avais tout ce que je désirais. J'avais surtout la chance d'exercer une profession qui faisait une différence dans la vie des gens de ce pays en expansion. Ah, comme j'appréciais le Canada ! Et je l'apprécie toujours.

5

Nouveaux projets

Aimer, ce n'est pas se regarder l'un l'autre, c'est regarder ensemble dans la même direction.

Antoine de Saint-Exupéry

Je suis convaincu que Roz se souvient bien mieux que moi de notre première rencontre. Je la laisserai donc en faire le récit. Voici, dans ses propres mots, la version plus ou moins officielle de notre rencontre :

Je suis sortie avec quelqu'un qui chantait dans la chorale de la Congrégation Shaar Hashomayim et ensuite, il y avait un petit *kiddush* où l'on servait du café et des gâteaux, ce genre de choses. C'était une rencontre du vendredi soir comme les autres organisée pour les jeunes. Je me suis retrouvée assise face à cet homme qui était un peu plus âgé que moi, et il m'a demandé mon nom, puis où j'avais grandi. Il avait un brin d'impertinence, mais visiblement, ça ne m'ennuyait pas de bavarder avec lui. Je lui ai dit que j'avais grandi à Outremont, avenue Wiseman et il a dit « le 770, Wiseman ? » Cela m'a vraiment surprise. Je me souviens m'être dit : comment peut-il savoir cela ? Je n'avais pas pensé à cette adresse depuis des années. « J'ai probablement livré vos couches », a-t-il poursuivi. Je ne sais pas si j'ai rougi, mais je sais que j'ai été intriguée. Il m'a ensuite raconté qu'il travaillait à la pharmacie Winrow et qu'il faisait les livraisons pour notre pharmacien de famille, Manny Winrow. C'est alors que je lui ai dit : « Je suppose que ma mère vous a donné un assez bon pourboire. J'imagine que c'est pour cette raison que vous vous souvenez de l'adresse. » Morris s'est contenté de sourire. C'était un beau sourire.

J'allais à McGill à cette époque et j'étais très studieuse et consciencieuse. Je me faisais un point d'honneur de ne jamais sortir durant la période d'examens, alors lorsqu'il m'a appelée après cette première rencontre, je lui ai dit que je ne pouvais vraiment pas le voir, que c'était une règle que je m'imposais. Mais il m'a rappelée et nous sommes sortis. J'ai enfreint ma propre règle. Morris m'a fait une très bonne première impression. Je n'avais jamais fréquenté quelqu'un qui avait plus de deux ou trois ans de plus que moi ; il en avait dix de plus. Il avait beaucoup d'expérience. J'avais le sentiment qu'il était allé partout et c'était probablement le cas, du moins comparativement à moi. Il avait traversé tout le Canada – de Terre-Neuve à la Colombie-Britannique. Il était allé en Italie, même en Israël. Il était tellement intelligent, c'était tout de suite évident. Et, oui, je le trouvais aussi mignon et bon danseur. C'était très important pour moi à l'époque – savoir danser. Il aimait aussi rire et chanter et je me souviens qu'il avait une belle Chevy blanche décapotable. Tout ça mis ensemble, on peut dire que c'était plutôt un bon parti.

Comme je le disais, Roz a une mémoire bien meilleure que la mienne pour ce genre de détails. Mais je ne peux pas dire que cela m'ennuie d'entendre encore sa version des faits, même si maintenant, c'est moi qui rougis. Je me souviens cependant que je lui fis tout de suite une demande en mariage. On ne devait pas se fréquenter depuis plus de quelques mois. Je me rappelle aussi que le père de Roz, Joseph Druker, n'était pas particulièrement heureux que sa fille, son unique enfant, me fréquente. Craignant qu'elle n'abandonne ses études à McGill, il fit en sorte de retarder nos projets de mariage. Nos fiançailles eurent lieu le 15 février 1961 et notre mariage à la fin de la deuxième année d'études de Roz à McGill, le 8 juin 1961. Je pense que l'on peut dire qu'au bout du compte, les études de Roz furent payées à parts égales par son père et moi.

À la quatrième et dernière année d'université de Roz, nous étions prêts à fonder une famille. En fait, notre fille aînée, Deborah Lynn (Debbie), née le 3 novembre 1962, était aux premières loges sur les genoux de sa mère lorsque Roz reçut son diplôme de McGill en mai 1963. J'aime croire que cela fait de Debbie une étudiante honoraire de McGill.

À nouveau, je laisse à Roz le soin de décrire son expérience de nouvelle mariée et future maman :

Je n'avais que dix-huit ans quand Morris et moi nous sommes fiancés. Jusqu'alors, je n'avais jamais vraiment réfléchi au mariage. Je ne connaissais personne, parmi mes amis du moins, qui était marié. J'étais la première de mon groupe à faire le grand pas. Je me souviens aussi qu'à l'époque, c'était toute une histoire que d'être enceinte et étudiante. C'est quelque chose qu'on ne voyait pas. Tout le monde avait peur de moi. Honnêtement, je me faisais peur. Je marchais dans les corridors de McGill pour me rendre en classe, vêtue de toutes sortes de vêtements de maternité empruntés à mon amie Jessica Miller. Je ne me sentais pas du tout à ma place, mais en même temps, j'étais heureuse. Très heureuse. Morris me facilitait les choses en m'encourageant toujours à poursuivre mes études, ce qui était inhabituel pour un homme à l'époque. En fait, je sais que c'était très important pour lui. Je crois que si j'avais voulu poursuivre davantage mes études, il m'aurait appuyée de tout cœur.

Morris a toujours été un homme qui savait ce qu'il voulait et, en ce qui a trait au mariage, il savait que c'était le bon moment. J'ai été beaucoup plus impulsive que lui dans ma décision. Je suis le genre de personne qui se jette à l'eau sans regarder. C'est à peu près ce que j'ai fait lorsque j'ai épousé Morris. Aujourd'hui, je crois que nous avons eu de la chance que tout se déroule bien. Ça ne peut être que la chance. J'étais tellement jeune. Morris, quant à lui, semblait savoir exactement ce qu'il faisait et ce qu'il voulait. Face au mariage, il était bien plus méthodique, bien plus analytique que moi.

Mais je me demande aujourd'hui si je l'étais. Toutes ces années avant que je rencontre Roz, j'avais gardé le dos courbé, submergé par mon travail. Ma seule priorité était Winley-Morris. Je mangeais, je dormais et je rêvais à mon entreprise. Je consacrais tout mon temps et mon énergie à en faire un succès. Je n'étais nullement intéressé par une relation à long terme, jusqu'à ce que je rencontre Roz. J'eus des rendez-vous avec d'autres filles, bien sûr, mais rien de sérieux. Roz était indéniablement spéciale. Tomber amoureux d'elle fut la chose la plus naturelle du monde.

Pour être honnête, j'étais probablement un homme multitâches, avant même qu'on entende ce mot. À cette époque, on appelait ça se tenir occupé. Quoi qu'il en soit, j'ouvrais des succursales. Comme je l'ai mentionné au chapitre précédent, j'ouvris une pharmacie un an après avoir reçu mon diplôme de l'Université de Montréal sur les conseils de mon ancien associé chez Winley-Morris. Morty Levy m'appela un jour pour m'annoncer que la famille Reitman de Montréal, bien connue dans le secteur immobilier et le commerce au détail de vêtements pour femmes, s'apprêtait à construire une série d'immeubles sur l'avenue Somerled, dans Notre-Dame-de-Grâce, et qu'elle cherchait quelqu'un pour y ouvrir une pharmacie. Jugeant que c'était une bonne occasion, je suivis le conseil de Morty et m'associai à mon ancien patron Manny Winrow et à Allan Schmeltzer, un autre camarade de l'école secondaire Strathcona. La pharmacie Winrow ouvrit ses portes en mai 1954 sur l'avenue Somerled, et, environ dix ans plus tard, nous prîmes un nouvel associé, Michel Bougie. Lorsqu'il était étudiant, Michel travaillait à l'une des pharmacies appartenant à Manny, Allan et moi, située dans l'édifice médical Ellendale sur le chemin de la Côte-des-Neiges. Après avoir terminé ses études et être devenu pharmacien, il travailla également pour Allan et moi, à notre magasin du Centre commercial Rosemère, détenu par Ivanhoé, une filiale de la chaîne d'alimentation Steinberg. Je vois Michel probablement plus souvent maintenant que lorsqu'il était à mon emploi ou que lorsqu'il fut mon associé plus tard – il pourrait vous dire à quelle fréquence je visitais les pharmacies dont j'étais copropriétaire à cette époque. Michel et moi en parlions récemment et il me rappelait que j'étais venu l'aider à faire des rénovations à la pharmacie de Rosemère une fin de semaine. Voici ce qu'il a dit :

> Morris a retroussé ses manches et est resté toute la fin de semaine à remplir les tablettes. J'ai vraiment été étonné par le fait que ça lui soit égal de se salir les mains. Néanmoins, il ne voulait pas vraiment s'incruster dans le commerce de détail. C'était clair. C'est le message que j'ai toujours compris.

Michel n'aurait pu être plus juste. Pour être franc, je ne me souviens pas qu'il ait travaillé à Rosemère, ce qui est probablement un autre signe de mon manque d'intérêt réel pour le commerce de détail. Par la suite, Allan et Michel achetèrent d'un commun accord ma part du magasin de l'avenue Somerled puisque je n'y étais jamais, comme Michel le faisait remarquer à juste titre. J'appris qu'une relation d'affaires n'est pas très différente des autres relations. Il faut y accorder toute notre attention et y consacrer du temps. Heureusement,

Michel, Allan et moi demeurâmes bons amis. En fait, Allan et Michel sont mes pharmaciens personnels et comptent parmi les meilleurs clients de Pharmascience.

En évoquant le passé, Michel eut également la gentillesse d'ajouter ceci : « J'ai toujours pensé que si je concluais un accord avec Morris, une poignée de main suffirait et qu'il la respecterait à jamais. »

Quant à mon expérience dans la pharmacie de détail, j'aurais dû me rendre compte que cet aspect des affaires ne me convenait simplement pas. Mais, dans certains cas, je n'apprends pas vite. Honnêtement, je pense qu'une partie de moi voulait voir mon nom illuminé. J'ai toujours plaisanté à ce sujet, mais il y a quelque chose d'excitant à avoir son nom à la vue du public sur la devanture d'un magasin. À l'époque, je considérais aussi que le commerce de détail était un bon investissement. Après tout, je venais de me marier et de fonder une famille. Je poursuivis donc mes initiatives de détail tout au long des années 1960. C'est à cette période que j'ouvris une pharmacie dans le nouvel immeuble médical, chemin de la Côte-des-Neiges, en partenariat avec Allan et Manny. Malheureusement, ces nouvelles entreprises m'apportèrent plus de problèmes qu'autre chose. Au magasin de Rosemère, par exemple, Allan et moi nous associâmes avec un autre pharmacien qui s'avéra indigne de confiance et qui géra très mal l'entreprise. Pour couronner le tout, nous apprîmes qu'il buvait tout en exécutant des ordonnances. Allan et moi n'eûmes d'autre choix que de vendre le magasin. Nous absorbâmes la totalité de la perte, mais tous nos créditeurs furent intégralement remboursés. Aujourd'hui, je suis conscient que je n'aurais jamais dû me lancer dans les pharmacies de détail. Je ne fis jamais d'argent en étant propriétaire de pharmacies. (La plupart du temps, je perdis de l'argent.) Un des problèmes était que je choisissais des associés qui étaient des pharmaciens compétents, mais qui n'avaient aucune expérience en affaires. La Faculté de pharmacie ne donnait aucune formation sur la gestion d'un commerce de détail et très peu de pharmaciens prirent la peine d'apprendre cet aspect. À l'époque, les pharmaciens n'étaient simplement pas au fait des contrôles financiers. C'étaient des professionnels qualifiés qui dirigeaient leurs pharmacies comme des magasins de bonbons familiaux.

Au Québec, la pharmacie de détail changea radicalement et se réinventa lorsque des pharmaciens comme Morrie Neiss, et sa chaîne Cumberland Drugs, et Jean Coutu, mon condisciple de la promotion de 1953 de l'Université de Montréal, adaptèrent le commerce de détail au vingt et unième siècle. Plus tard, Jean Coutu racheta Cumberland et devint le vrai roi de la pharmacie de détail au Québec.

En ce qui me concerne, il me fallut près d'un quart de siècle pour prendre conscience que le détail n'était pas pour moi. Comme je l'ai dit, je n'apprends pas vite. Le problème fondamental était que le monde du détail ne me passionnait pas vraiment. Je n'étais pas disposé à accorder autant l'attention nécessaire à la routine quotidienne. Comme Roz le constata, parfois à sa grande déception, la routine n'est pas mon point fort. Je m'en lasse rapidement. Je suis plutôt stimulé par la résolution de problèmes, en particulier le prochain gros défi à relever ; et pour moi, c'était toujours Winley-Morris. Au cours des années qui suivirent, Winley-Morris se développa – lentement mais sûrement. Entre-temps, j'approchais de mes trente ans, ce qui pourrait expliquer pourquoi, lorsque je pris enfin le temps de regarder autour de moi, je commençai à prendre conscience que ma vie était plus occupée que remplie. Il y avait aussi l'exemple de Manny Winrow – que j'avais remarqué lorsque j'étais jeune et que je n'oubliai jamais – pour me rappeler à quoi ressemblerait mon avenir si je n'apportais pas de changements importants dans ma façon de vivre. Célibataire endurci, Manny m'avait souvent averti, parfois par ses paroles, parfois par ses actes, de ne pas suivre son exemple. « Marie-toi, fonde une famille », disait-il, lors des conversations occasionnelles que nous avions à propos de questions personnelles. Je me rends compte aujourd'hui que nos conversations ressemblaient assez à des conversations père-fils. Et puis, la chance me sourit et je rencontrai Roz.

Il serait négligent de ma part de ne pas mentionner l'impact que la mort de mon père eut sur moi, à peine quelques mois avant que je rencontre Roz. En fait, le soir où je rencontrai ma future femme, j'étais allé à la synagogue réciter le *Kaddish* en son honneur.

La mort de mon père en 1959 à l'âge de soixante-cinq ans fut un terrible choc, d'autant plus que j'étais seul avec lui dans notre maison d'Outremont lorsqu'il s'effondra. Je me souviens qu'il m'appela, mais lorsque j'arrivai à ses côtés, il était mort, foudroyé par une crise cardiaque.

Ce n'était pas la première fois que je voyais la mort de près – lorsque j'avais dix-huit ans, mon meilleur ami Nathan Berkow fut heurté mortellement par une voiture, une terrible tragédie –, mais la perte d'un père est une étape inévitable. Le décès de mon père me força à prendre conscience qu'il était temps de commencer à chercher un meilleur équilibre dans ma vie. J'étais déjà un jeune homme responsable – je travaillais depuis que j'avais dix ans –, mais après la mort de mon père, ma perspective changea, tout comme mes responsabilités. J'étais tout à coup le chef de la famille et le gardien de notre mémoire familiale. C'était un rôle pour lequel j'étais né, après tout. J'étais le *Kaddishele*. Une famille juive comme la mienne, bien que non religieuse dans le sens strict du terme, peut néanmoins être profondément traditionnelle. La récitation du *Kaddish* pendant les onze mois obligatoires suivant le décès de mon père fut ma façon de l'honorer et d'honorer cette tradition. Le *Kaddish* est un rituel destiné à faire réfléchir – «Des larmes, la réflexion» écrivit Leon Wieseltier dans ses mémoires intitulées *Kaddish*, à propos de son expérience de prière pour son père défunt – et c'est ce qui se produisit. On a le temps de réfléchir à ce qui compte et au sens qu'on veut donner à notre vie. J'allais à la synagogue et je récitais la prière à la mémoire de mon père deux fois par jour. En fait, les prières du *Kaddish* sont une excellente thérapie de groupe pour les endeuillés, je peux en témoigner.

C'est le rabbin Bender, qui me connaissait depuis mon enfance, qui célébra notre mariage, à Roz et à moi, en juin 1961. Pour notre voyage de noces, nous traversâmes l'Atlantique sur l'*Empress of Britain*. J'ai toujours joint l'utile à l'agréable et je ne fis pas d'exception pour ce voyage. Heureusement, Roz se fit rapidement à cette habitude et ne s'en plaignit jamais. En vacances, elle passe généralement la journée à se promener un guide à la main, visitant les musées, faisant du magasinage, mais nous nous retrouvons toujours pour souper. Ces soupers en compagnie de Roz me rappellent, à ce jour, à quel point ma vie de célibataire était solitaire et à quel point ma vie conjugale est remplie.

Notre lune de miel de cinq semaines commença à Milan, en Italie, où j'espérais établir des contacts. Nous nous rendîmes ensuite en Israël, puis j'assistai à une réunion avec l'Assia Chemical and Pharmaceutical Company, rebaptisée ultérieurement Teva Pharmaceuticals. Cette rencontre marqua le début d'une association productive et à vie avec Teva et avec Israël. Nous prîmes également le temps de visiter le pays à bord d'une vieille jeep de l'armée louée, prenant des auto-stoppeurs et nous arrêtant boire un café chez des Druzes. Ce fut une expérience édifiante, une véritable éducation où exaltation et réflexion se côtoyaient.

Nous nous rendîmes un jour à Césarée, un port historiquement réputé à l'époque romaine, pour voir les ruines. Pendant notre visite, nous remarquâmes un homme à la barbe noire perché sur un tracteur qui défrichait un grand terrain. Roz descendit de la jeep pour voir ce qui se passait et ses talons hauts s'enfoncèrent immédiatement dans le sable. Ce ne fut pas facile de l'extirper de ce gouffre sacré. Nous apprîmes plus tard que nous avions été involontairement témoins d'un pan d'histoire. Nous nous trouvions sur le site de la fouille archéologique qui, ultérieurement, mit au jour l'amphithéâtre romain de Césarée construit par le roi Hérode, qui régna quelques décennies avant la naissance de Jésus. Ce fut un aperçu fascinant et imprévu du dévoilement d'un chapitre de l'histoire juive ancienne.

Nous assistâmes également à une page de l'histoire juive moderne : le procès, en 1961, d'Adolf Eichmann, le criminel de guerre nazi accusé d'avoir organisé la déportation massive de Juifs européens vers les camps de la mort en Europe de l'Est. En 1946, un an après la fin de la Deuxième Guerre mondiale, Eichmann, qui était détenu par les autorités américaines, mais sous un nom différent, s'échappa. Il vécut à différents endroits, notamment en Argentine, de 1951 à 1960, lorsqu'il fut capturé dans le cadre d'une mission audacieuse menée par des agents israéliens du Mossad qui l'extradèrent à Jérusalem pour qu'il y soit jugé pour crimes contre l'humanité. Comme il s'agissait d'un procès public, Roz et moi pûmes y assister. Sa capture et son procès étaient relatés dans tous les médias internationaux et nous avions le sentiment de participer à un moment historique aussi noir qu'il fut rédempteur. Le procès d'Eichmann contribua également à attirer l'attention nécessaire sur le crime de l'Holocauste, qui avait été tragiquement passé sous silence pendant les années qui suivirent immédiatement la guerre. Eichmann fut déclaré coupable et pendu le 31 mai 1962, seule personne dans l'histoire israélienne à avoir été condamnée à mort par une cour civile.

Ce dont nous fûmes témoins montre à quel point le passé fait partie du présent en Israël, pays pour lequel je ressentis immédiatement un attachement particulier.

À notre retour à Montréal, Roz et moi nous installâmes rapidement dans la vie domestique. Notre première résidence fut un appartement de deux pièces situé au 3655, avenue Ridgewood dans le quartier Côte-des-Neiges. Roz se plut immédiatement à cuisiner et à recevoir. Son enthousiasme, qui était considérable, donna lieu à quelques moments mémorables, puisqu'elle n'avait jamais vraiment cuisiné auparavant et que ses tentatives ne donnaient pas toujours les résultats escomptés. Par exemple, alors qu'elle préparait l'un de nos premiers repas dans notre nouvelle maison, elle faillit mettre le feu à la cuisine et tacha nos murs nouvellement tapissés. Dès le début, Roz fut une ménagère consciencieuse, parfois à l'excès, comme la fois où mon alliance se retrouva dans l'incinérateur avec le reste des déchets, perdue à tout jamais.

Roz vous dira que mon bonheur ne dépend pas des choses qui m'entourent. En fait, je n'en tiens pas vraiment compte. Elle admet être étonnée du peu d'espace que je prends. Je reconnais que je ne fus pas toujours conscient du goût remarquable de mon épouse – la preuve est que mon fils Jonathan se plaît à me rappeler que notre chambre est rose et que je dors dans un lit à baldaquin. Je fus quand même toujours immensément reconnaissant à Roz d'avoir rendu les endroits où nous vécûmes agréables tant sur le plan humain que sur le plan esthétique.

Ma plus jeune fille, Shawna, qui nous observe depuis longtemps, vous dira que ce que Roz et moi avons est rare. C'est un vrai partenariat. Voici comment elle le voit:

Ma mère est la reine du foyer. Elle crée la vie sociale. Elle maintient les traditions. Elle est toujours présente dans la maison. Je ne me souviens pas qu'elle en ait été absente. Mon père est le pourvoyeur. Il adore notre maison à Hampstead, la façon dont elle est organisée, par exemple, mais n'a aucune idée de ce qu'il a fallu pour qu'elle soit ainsi. Je crois parfois qu'il serait heureux même si nous vivions dans une boîte. C'est la personne la plus facile à satisfaire que je connaisse. Il pourrait non seulement manger du maïs en conserve tous les jours pour le lunch … mais il aimerait ça. Il prise tout de même aussi la beauté. Ma mère le lui a enseigné. Elle lui a permis d'apprécier des choses qu'il n'aurait jamais appréciées autrement: la couleur, l'intimité, les amitiés.

Le partenariat entre Roz et moi faisait non seulement partie intégrante de notre vie de famille, mais aussi de notre vie professionnelle, en particulier aux débuts de Winley-Morris. Je ne parviens pas toujours à faire en sorte que mes employés se sentent appréciés et lorsque je négligeais de le faire, Roz était prête à faire le travail à ma place. Voici comment Roz décrit son rôle:

Au début de notre mariage, j'étais totalement dans le coup. J'essayais vraiment d'être aimable avec tous les employés.

J'avais peur qu'ils donnent tous leur démission. Je leur disais : « Savez-vous que Morris pense que vous êtes absolument merveilleux ? » Mon travail consistait à faire en sorte que tout le monde soit heureux.

C'est vraiment ce qu'il pensait de ses employés, mais Morris est un homme de peu de mots, encore moins de compliments. Vous devez comprendre que Morris s'attendait simplement à ce que les employés fassent leur travail, comme lui faisait le sien. Il n'a pas besoin de ce genre d'approbation, alors il ne comprend pas toujours que d'autres personnes aient besoin de se sentir appréciées.

En me remémorant mes premières années de mariage, ce dont je me souviens le plus est le plaisir que nous avions. C'était le début des années 1960, j'avais une décapotable et je n'aimais rien de plus au monde que d'empiler sur le siège arrière mes enfants vêtus de leur pyjama ainsi que tous les enfants du voisinage et de les amener prendre une crème glacée à la crèmerie St. Aubain et Elmhurst Dairy. Évidemment, il était alors facile de faire entrer tous les enfants dans l'auto, puisqu'on n'avait pas à se soucier des ceintures de sécurité.

En 1964, nous déménageâmes dans une plus grande maison au 4175, rue Jean-Brillant, toujours dans le quartier Côte-des-Neiges. Notre fils David naquit le 2 juillet 1964, puis Jonathan, le 9 août 1967. En 1969, nous achetâmes la maison dans laquelle nous vivons encore, au 111, rue Finchley, à Hampstead ; c'est également où notre plus jeune fille, Shawna, vit le jour le 15 mai 1971.

Nous étions une famille heureuse de plus en plus nombreuse et nous aimions notre vie. Je travaillais encore dur et, même si je ne le voyais pas ainsi à l'époque, je me rends compte aujourd'hui que j'avais commencé à combiner ma philosophie professionnelle et ma philosophie familiale. Le thème fondamental dans notre foyer était que chacun faisait toujours de son mieux et que l'apport de chacun était important.

◆

Certains me décrivent assurément comme un bourreau de travail. Mais j'avoue ignorer ce que signifie ce terme. Il n'existait tout simplement pas dans mon enfance. Mes parents n'auraient jamais considéré qu'on pouvait se demander si l'on travaillait trop dur ou simplement trop. En fait, lorsque j'eus mes propres enfants, je leur inculquai naturellement ces mêmes sentiments positifs qu'on m'avait inculqués à l'égard du travail. Je suis fier de dire qu'aucun de mes enfants ne regrette la façon dont il a été élevé. Ma fille aînée Debbie se fait la porte-parole de ses frères et sœur quand elle raconte comment c'était d'être l'enfant d'un supposé bourreau de travail.

Nous avons toujours su que mon père aimait travailler. Nous savions que c'était une passion pour lui. Ça n'a jamais été un fardeau. En fait, c'était aussi un passe-temps pour lui. Je me souviens que je me faisais une joie d'aller chez Winley-Morris avec lui les samedis après-midi. J'avais cinq ou six ans à l'époque. Il n'est bien sûr plus possible de faire ce genre de choses maintenant, mais je me souviens qu'il nous installait sur la chaîne de montage, mon frère David et moi, et nous mettions de la ouate dans les flacons de pilules ou nous placions les flacons dans les boîtes. Parfois, nous ne faisions que nous asseoir dans le bureau de la secrétaire et nous utilisions la photocopieuse ou poinçonnions des trous. C'était ce que nous aimions le plus. J'adorais ça. Je suis certaine que cela a eu une influence sur ce que nous sommes. Mes frères, ma sœur et moi considérons encore le travail comme une activité amusante. Nous n'avons jamais été irrités par le fait qu'il aille travailler. Cela faisait partie de notre vie. Je me souviens que lorsqu'il arrivait du bureau à 19 h, nous, les enfants, avions déjà mangé – nous étions des goinfres. Mais je m'asseyais avec lui pendant qu'il mangeait son repas. Il y a un point qui mérite d'être souligné à propos de mon père : oui, il était peut-être un bourreau de travail, mais il veillait toujours à ce que nous ne nous sentions pas délaissés. Il arrivait à concilier sa vie familiale et sa vie professionnelle.

Ma plus jeune fille, Shawna, qui a presque neuf ans de moins que Debbie, se souvient d'à peu près la même chose. Elle venait au bureau le dimanche avec Jonathan, qui est plus près de son âge. Comme Debbie, elle se souvient aussi qu'elle s'asseyait avec moi lorsque je rentrais tard du bureau :

C'était mon temps avec mon père. Je lui servais son souper lorsque ma mère n'était pas là et je m'assoyais avec lui pour faire mes devoirs. Nous rattrapions le temps perdu. Bien sûr, c'était un bourreau de travail. Mais il ne considérait pas, ni ne considère aujourd'hui, que cela était négatif. Je ne me souviens pas qu'il soit allé au travail en bougonnant. Il ne lui arrivait jamais de ne pas vouloir aller travailler. C'était remarquable. Même en vacances, nous ratissions les pharmacies du coin, observant la concurrence, où que nous soyons.

Si je réussis à inculquer à mes enfants la fierté et le plaisir du travail, j'essayai aussi de leur inculquer l'importance de trouver un sens à leur travail. L'argent ne fut jamais le but principal. Shawna peut en témoigner :

Nous ne parlions jamais d'argent à la maison. Je ne crois pas que mon père avait un portefeuille. Il laissait l'argent sur sa table de nuit. La confiance régnait. Il nous disait seulement : « Prenez ce dont vous avez besoin. » Il n'est jamais venu à l'esprit d'aucun de nous de trahir cette confiance, ce qui est inhabituel pour des enfants. C'était l'attitude de mon père à l'égard de l'argent. On l'utilisait lorsqu'on en avait besoin. Il faut le respecter, mais il n'est là que pour répondre à un besoin. Ce n'était certainement pas une motivation pour mon père, ni alors ni maintenant. Qu'est-ce qui le motive ? Le désir de bâtir quelque chose – l'exaltation de réaliser quelque chose d'importance, c'est ce qui motive mon père.

C'est à Roz que revient presque tout le mérite du fait que j'aie pu respecter mon engagement envers ma famille et mon travail. Mais plus encore, elle joua un rôle clé dans la croissance de mes trois entreprises dans le domaine pharmaceutique. Elle fut une associée, au sens littéral du mot, comblant les lacunes de mes aptitudes sociales en tant qu'homme d'affaires. Sa passion pour nouer des amitiés, son expansivité en compagnie des gens ainsi que son talent pour recevoir et tisser des liens furent déterminants pour ma réussite en affaires. Roz et moi avons également parcouru le monde ensemble, et son enthousiasme à l'idée de découvrir de nouveaux endroits et de rencontrer de nouvelles gens fut inestimable, comme le furent ses conseils créatifs et judicieux. Il ne fait aucun doute que parmi toutes les décisions que je dus prendre au cours de ma vie, la meilleure, et la plus facile, fut de demander à Roz de m'épouser.

6

Développer une entreprise

Celui qui a confiance en lui gagne la confiance des autres.
Dicton hassidique

Tout comme mes camarades d'université et moi étions terriblement mal préparés à faire face aux demandes d'un commerce de détail, je dus aussi affronter des difficultés inattendues pour transformer Winley-Morris en une entreprise prospère. Je dus apprendre ma première leçon à mes dépens : je ne pouvais pas tout faire seul. Je devais apprendre à déléguer et, surtout, que cette délégation était nécessaire.

La notion d'autonomie m'avait été inculquée dès l'enfance. Elle faisait partie de mon expérience d'immigrant. Les hommes comme mon père, qui arrivèrent ici pratiquement sans le sou, sans perspectives ni relations, apprirent qu'il valait toujours mieux compter sur soi-même que sur autrui. Après tout, il y avait peu d'organismes gouvernementaux ou de services sociaux vers lesquels se tourner à cette époque et, bien entendu, rien comme l'aide sociale ni le sens des droits acquis qui existent aujourd'hui dans notre pays. Il convient également de noter que les grandes sociétés n'avaient pas l'influence qu'elles ont de nos jours.

Les hommes comme mon père et Manny Winrow comprirent qu'ils devaient être leur propre patron simplement pour survivre. Personne ne s'attendait à recevoir de subvention, puisqu'il n'y avait pas d'aide gouvernementale comme telle. L'esprit entrepreneurial était encore plus nécessaire qu'il ne l'est probablement aujourd'hui ; les hommes comme mon père et Manny en dépendaient pour gagner leur vie. Cependant, face à la croissance de Winley-Morris, je dus tôt ou tard admettre que je ne pouvais être seul maître à bord. J'étais père de famille et je voulais consacrer plus de temps à mes enfants grandissants. Pour la première fois, je prenais vraiment conscience du fait qu'il n'y avait que vingt-quatre heures dans une journée et qu'il y avait une limite à ce que je pouvais faire durant ces heures. Je dus également admettre que j'avais des faiblesses lorsqu'il s'agissait de prendre des décisions professionnelles. Par exemple, j'ai toujours eu de la difficulté à évaluer les compétences des personnes que j'embauchais. J'en constatai les premiers signes chez certains employés que j'engageai dans mes pharmacies de détail et le problème persista chez Winley-Morris.

Je n'ai pas toujours eu le don de placer les bonnes personnes aux bons postes. Je me fiais souvent à mon instinct pour juger les employés potentiels et celui-ci me joua souvent des tours. C'était rarement à propos du caractère ou des compétences de la personne que j'engageais; c'était plutôt moi qui tentais de poser un morceau de casse-tête au mauvais endroit.

Il y avait certaines choses que je n'aimais carrément pas faire. Plus précisément, j'étais réticent à renvoyer des employés peu productifs. Mon instinct me disait toujours de leur accorder une seconde chance. Par conséquent, certains employés gardèrent un emploi qui ne leur convenait pas plus longtemps qu'ils n'auraient dû.

Mes décisions personnelles ne furent évidemment pas toutes mauvaises. Certaines s'avérèrent d'excellents choix pour Winley-Morris. C'est ici que Ted Wise et Dick MacKay entrent en jeu.

Natif de la Colombie-Britannique, Theodore Sandy Wise, mieux connu sous le nom de Ted, détenait un baccalauréat en pharmacie de l'Université de la Colombie-Britannique, mais en réalité, c'était un vendeur né. Pendant ses études, il travailla l'été comme vendeur de brosses Fuller, un emploi où il obtint de bons résultats et qui, je crois, vous dirait-il, eut une grande influence sur sa future carrière dans l'industrie pharmaceutique. Le porte-à-porte lui enseigna qu'il peut être bien plus productif et satisfaisant de faire de la vente directe que de se tenir derrière un comptoir dans un commerce de détail en attendant que les clients viennent nous voir. Ted vint à Montréal pour étudier le marketing à McGill, et sa passion particulière pour cet aspect des affaires finit par lui être profitable puisqu'à cette époque, son permis de pharmacien de la Colombie-Britannique n'était pas reconnu au Québec. Voici comment Ted raconte son arrivée chez Winley-Morris:

Je suis allé travailler pour les Laboratoires Ayerst en 1955 en arrivant à Montréal et j'y suis resté quatre ans. Je ne parlais pas français, mais je travaillais dans l'ouest de la ville où il n'était pas nécessaire de savoir le parler à l'époque. C'était possible dans ce temps-là. Ayant probablement entendu parler de moi, Morris m'a demandé de venir travailler chez Winley-Morris comme vendeur. J'ai accepté parce que je connaissais le Canada et que je voulais développer certains des produits de Winley-Morris pour le marché national.

À peine un an plus tard, Ayerst demanda à Ted de revenir, lui faisant une offre qu'il, nous le savions tous deux, ne pouvait refuser. Ayerst offrait à Ted d'être à la tête de huit directeurs des ventes et d'étendre son marché national au marché mondial. Il obtenait tout ce qu'il aurait pu demander. En fait, dès qu'il me parla de cet emploi, je lui dis qu'il ne pouvait en aucun cas le refuser. Ce que je lui dis – et je m'en souviens clairement – fut: «Accepte-le, pour l'amour de Dieu, Ted. Puis, j'ajoutai, tu reviendras me voir un jour.» Il s'avéra que les perspectives chez Ayerst, bien qu'intéressantes, étaient limitées. Après qu'il ait travaillé pendant six ans, on lui dit à mots plutôt couverts qu'il avait accompli tout ce qu'il pouvait chez Ayerst. Ted ne souhaiterait probablement pas émettre d'hypothèse sur le fondement de cette décision, mais je le peux. Était-ce parce qu'il était Juif? Je suspecte que cela entra en ligne de compte. Même si Ayerst, société pharmaceutique canadienne la plus importante à l'époque, employait des Juifs, principalement dans les laboratoires, il n'y en avait pas beaucoup dans les services des ventes et du marketing. En fait, il n'y avait que Ted. Il suffit peut-être de dire qu'il était considéré comme un intrus, ce qui n'était pas le cas chez Winley-Morris, bien entendu. Nous n'établissions pas de telles limites. Ted Wise revint travailler pour Winley-Morris et, quelque seize ans plus tard, nous devînmes associés dans une toute nouvelle entreprise. Nous reprîmes nos vies professionnelles en fondant Pharmascience, mais nous y reviendrons.

Richard «Dick» MacKay vint travailler pour Winley-Morris au début des années 1960, à peu près à la même époque que Ted. Tout comme Ted m'allégea d'une grande part de responsabilités en matière de ventes et de commercialisation, Dick me libéra des tâches administratives qui ne m'avaient jamais plu. Dick établit également une structure dont Winley-Morris avait grandement besoin et m'aida à élaborer une politique d'entreprise. Si j'embauchai Ted principalement pour développer l'entreprise, j'embauchai Dick pour m'aider à la gérer.

Dick avait été vendeur pour Parke-Davis, qui devint ensuite une filiale de Pfizer. Son territoire comprenait l'Hôpital général juif, et le pharmacien en chef de l'hôpital, Sam Bagan, m'avait dit que Dick était un bon gars qui souhaitait changer de carrière. Je crois qu'il en avait assez d'être vendeur et de passer son temps sur la route. En tout cas, on me dit que Dick serait un atout pour Winley-Morris et ce fut certainement le cas pendant longtemps. La première chose que je remarquai chez lui fut qu'il avait à la fois l'esprit d'un entrepreneur et la clairvoyance d'un visionnaire.

Dick ne savait pas plus que moi comment gérer une entreprise; comme moi, il apprit sur le tas. Il avait cependant un don pour la structure organisationnelle et il instaura rapidement une mentalité d'entreprise. C'est quelque chose qui lui venait naturellement, comme les ventes chez Ted. Dick semblait savoir, de façon intuitive, qu'une entreprise en croissance devait se doter d'une structure hiérarchique, un aspect des affaires que j'avoue avoir ignoré. Avant l'arrivée de Dick, il n'y avait pas de titres chez Winley-Morris. Une fois qu'il eut établi son rôle, il fit en sorte que les employés aient des descriptions claires de leurs tâches.

Cela m'incluait. L'arrivée de Ted et de Dick conféra plus de profondeur à Winley-Morris, mais surtout, cela me permit de me concentrer sur la recherche et le développement de nouveaux produits, le volet qui m'a toujours le plus passionné. Je disposais également d'une liberté croissante de me concentrer sur ma vision de l'entreprise, une vision qui, je crois, nous rendit unique dans l'industrie. Notre mission n'était pas axée sur les profits que nous pouvions réaliser, mais sur la façon dont nous pouvions lancer de nouveaux médicaments, même s'il s'agissait de médicaments destinés à de petits marchés à créneaux. Je voulais évidemment gagner de l'argent, mais je savais que si j'apportais une valeur ajoutée à mes clients en leur offrant un meilleur produit, les rendements financiers suivraient. J'ai toujours eu une perspective des affaires un peu inversée. Certaines personnes diraient probablement que j'ai toujours mis la charrue devant les bœufs. Pour moi, le produit prime, suivi de son potentiel financier. Comme le mentionnait Shawna, l'argent a toujours été un objectif secondaire pour moi. Mon principal objectif, je suppose que l'on pourrait même l'appeler ma philosophie, était d'aider les gens en leur procurant les médicaments dont ils avaient besoin. Chez Winley-Morris, nous avions la chance de pouvoir le faire. Je ne voyais rien de particulièrement noble ou philanthropique en cette approche des affaires; elle était simplement logique.

Ted Wise fut un acteur important dans la mise en œuvre de cette approche. Chez Winley-Morris, il lança de nombreux produits sur le marché canadien dans les années 1960, dont la première préparation commerciale de carbonate de lithium, que nous appelâmes Carbolith. Jusqu'à ce jour, Carbolith demeure le médicament de prédilection pour la psychose maniaco-dépressive, appelée aujourd'hui trouble bipolaire. Il y eut aussi le Cortenema, un traitement à l'hydrocortisone pour la colite, qui est encore en vente. Évidemment, les médicaments que Winley-Morris mit sur le marché n'eurent pas tous un succès durable. Les anciens médicaments deviennent naturellement révolus lorsque de nouveaux médicaments font leur arrivée. Nous sommes toujours à la recherche de nouveaux produits qui amélioreront les choses, qui auront moins d'effets secondaires, qui seront plus faciles à administrer et que les patients adopteront. C'est la nature de notre industrie. C'est ce qui la distingue des autres. Nous cherchons toujours le prochain remède miracle, même si cela signifie améliorer ou remplacer un produit qui se vend déjà bien. D'une certaine manière, nous sommes toujours en concurrence avec nous-même. En somme, si nous ne continuons pas à améliorer ce que nous avons, il est inévitable que quelqu'un d'autre le fasse. Cette sorte d'agitation et d'expérimentation est au cœur de l'industrie pharmaceutique.

Mais même les nouveaux produits ont leurs limites, des limites que nous ne pouvons prévoir. Et même s'ils ont du succès, celui-ci est parfois d'une durée limitée. Quelque chose d'autre, de mieux, de plus simple ou de moins cher, se présente. Cytospray en est un parfait exemple.

En 1962, Roz et moi décidâmes de nous rendre à l'exposition universelle de Seattle et, une fois de plus, je profitai de l'occasion pour combiner affaires et agrément. Lors de ce voyage, j'apportai deux échantillons de Cytospray – qui fut lancé sur le marché comme fixateur utilisé en cytologie, l'étude des cellules. Myron Pantzer de Panray Corporation m'avait décrit le Cytospray comme une découverte importante dans la fixation des lames de verre pour le test Pap, utilisé couramment dans le diagnostic du cancer du col de l'utérus. À l'époque, le fixateur d'usage était composé d'un mélange d'acétone et d'alcool qui causait fréquemment des problèmes aux médecins et aux techniciens de laboratoires, qui trouvaient son utilisation compliquée et peu commode. Le Cytospray, qui se vendait dans un contenant aérosol de deux onces facile à utiliser, mit un terme à toutes les plaintes liées à l'utilisation de mélanges d'acétone et d'alcool.

Avant notre arrivée à Seattle, Roz et moi nous rendîmes donc au British Columbia Cancer Control Centre, le plus grand laboratoire du genre au pays à cette époque, situé sur le terrain de l'Hôpital général de Vancouver. Le technicien en chef me dit que le centre effectuait plus de cent mille tests par année. De fait, tous les tests de la province étaient analysés dans cet établissement. Il m'indiqua clairement qu'il serait « très intéressé » par tout produit pouvant remplacer le fixateur composé d'alcool et d'acétone et serait plus qu'heureux d'utiliser mon produit s'il s'avérait une option plus efficace. Je laissai les deux échantillons de Cytospray que j'avais apportés et j'ajoutai d'autres échantillons envoyés de Montréal. Je me rendis ensuite à Seattle avec Roz. Sur le chemin du retour, je repassai voir ce technicien pour connaître son avis du produit. Il était totalement emballé. Il sanctionna le Cytospray avec enthousiasme et recommanda son utilisation dans toute la province. Pendant plusieurs années, le Cytospray fut la principale solution de fixation pour les tests Pap au Canada.

Puis il se produisit une chose plutôt amusante. Je découvris que la laque pour cheveux était aussi efficace que notre produit et coûtait nettement moins cher. On pouvait acheter un contenant de huit onces à la pharmacie pour quatre-vingt-dix-neuf cents, tandis qu'un contenant de deux onces de Cytospray coûtait environ deux dollars cinquante. Qu'auriez-vous fait ? Évidemment, l'utilisation du Cytospray diminua fortement. La raison pour laquelle je mentionne cette anecdote, c'est qu'elle montre bien le côté imprévisible des activités pharmaceutiques et les résultats souvent surprenants que nous réserve le processus scientifique reposant sur le tâtonnement.

Il ne faut cependant pas oublier que la commercialisation du Cytospray fut très utile aux cytologistes et aux médecins des quatre coins du pays qui faisaient passer des tests Pap. Ce produit améliora la qualité des prélèvements et la façon dont les cytologistes exécutaient les procédures. Il facilita également la vie des médecins, pour qui la procédure devint plus claire et plus facile.

◆

Durant la croissance soudaine de Winley-Morris au cours des années 1960, j'étais très conscient du potentiel des médicaments génériques. Les grandes sociétés pharmaceutiques avaient une propension à s'opposer à quiconque fabriquait des médicaments génériques. Je peux certainement en attester – je dus personnellement affronter leur colère.

Je pense à un exemple mémorable, en 1960, lorsque deux géants pharmaceutiques américains, Merck et Schering, se querellèrent au sujet du droit de brevet pour le médicament Prednisone, un corticostéroïde utilisé pour traiter toute une gamme de malaises. Nouvelle à l'époque, la Prednisone représentait une nette amélioration par rapport au stéroïde sur le marché, la cortisone : c'était un traitement plus propre présentant moins d'effets secondaires. En raison de la dispute au sujet du droit de brevet, personne ne put déterminer à qui appartenait le médicament. J'estimai simplement que si personne n'était en mesure de déterminer à qui appartenait le médicament, c'est qu'il n'appartenait donc à personne et que j'étais libre de travailler sans trop craindre d'être poursuivi en justice. À peu près en même temps, je tombai sur une publicité de la société Nysco, qui offrait des comprimés de Prednisone avec une protection conférée par un brevet. Autrement dit, Nysco assurait qu'il n'y aurait aucune contrefaçon de brevet, couvrant de ce fait toute responsabilité que nous aurions pu avoir. Je me mis à acheter de la Prednisone auprès de Nysco et l'apportai au Canada. La Prednisone demeure un traitement efficace contre toutes les maladies, des allergies aux maladies immunologiques, en passant par l'arthrite et le cancer. Elle s'avéra aussi la première participation de Winley-Morris sur le marché des médicaments génériques. Ce ne serait pas notre dernière.

Je vendais mille comprimés pour cent cinquante dollars, soit la moitié du prix demandé par les grandes marques, et réalisais un profit de soixante-quinze dollars par flacon. Cela me valut de me faire remarquer – et non dans le sens favorable du terme – par les plus grandes sociétés pharmaceutiques. Heureusement, le pire qu'elles purent faire fut de me traiter de « pirate ». Au début, je fus contrarié qu'on parle ainsi de moi, mais ça ne dura pas. Je poursuivis mes efforts pour obtenir des médicaments génériques. C'était un moment important ·pour l'industrie des médicaments génériques parce qu'on mettait au jour une importante faille dans l'armure des multinationales : on ne pouvait nier le simple fait que la Prednisone était de la Prednisone. Il n'y avait aucune différence entre le produit fabriqué sous leur marque et celui que nous vendions. La réaction immédiate des sociétés qui perdaient des parts de marché au profit d'une entreprise comme Winley-Morris fut de s'efforcer de m'empêcher de vendre une version générique. Heureusement, leurs tentatives ne furent pas très fructueuses, un signe de leur impuissance ultime. Soyez assuré que si elles avaient pu me poursuivre avec succès, elles l'auraient fait.

Fait peu connu, le père de l'industrie des médicaments génériques au Canada était américain. Jules R. Gilbert, qui vivait alors à Toronto, créa Craig Pharmaceuticals avec son associé Bill Bell, mais le partenariat ne dura pas et Gilbert prit l'initiative de faire changer les lois canadiennes régissant la fabrication et la distribution de médicaments. À l'époque, les sociétés pharmaceutiques américaines dominaient le marché canadien et le gouvernement canadien, influencé en grande partie par Gilbert, finit par s'intéresser à la distribution de médicaments au pays. Voici ce qu'on peut lire dans le rapport du gouvernement : « La dominance des succursales et des filiales de sociétés pharmaceutiques américaines et l'utilisation généralisée au Canada de médicaments en provenance des États-Unis signifient que le commerce des médicaments au Canada fonctionne en fait selon le régime de brevets américain. » Ce rapport conduisit à l'adoption en 1969 du projet de loi C-102, qui instaura l'« homologation obligatoire ». La nouvelle législation rendit possible pour toute entreprise au Canada de produire un médicament breveté en payant une redevance de quatre pour cent à l'entreprise qui avait commercialisé le médicament. Autrement dit, une entreprise ayant mis un nouveau médicament sur le marché avait l'obligation de délivrer une licence pour sa distribution sous forme de médicament générique à une entreprise canadienne qui était disposée à payer la redevance. Soudainement, les médicaments étaient non seulement légaux et protégés par le gouvernement canadien, mais on encourageait des entreprises comme la mienne à plonger sur le marché du médicament générique. Ce changement modifia radicalement la situation pour Winley-Morris. La nouvelle législation ne suscita guère l'intérêt du public à l'époque, mais ceux d'entre nous qui étaient liés à la distribution de produits pharmaceutiques prirent conscience des immenses possibilités qu'elle engendrait. Le régime d'assurance-maladie n'était pas encore en place, mais il pointait à l'horizon ; une fois ce régime établi, la vente de médicaments génériques allait devenir plus populaire, plus répandue et inévitable.

L'adoption du projet de loi C-102 eut également un effet considérable sur le prix payé par les Canadiens pour de nombreux médicaments, qui s'avéra beaucoup moins élevé que le prix payé par leurs voisins du Sud. Le projet de loi C-102 diminua le coût des ordonnances pour les Canadiens et permit à des entreprises canadiennes de médicaments génériques, non seulement d'exister, mais de prospérer.

En juin 1958, je contactai Jules Gilbert, et Winley-Morris devint son distributeur au Québec et à Terre-Neuve. Je créai même une entreprise expressément pour les produits génériques de Gilbert, que j'appelai Julius R. Gilbert (Québec) ltée. La nouvelle entreprise protégeait Winley-Morris des poursuites et me permettait d'offrir à Gilbert la force de vente dont il avait grandement besoin dans la région. Mais malgré notre succès, Gilbert était fauché, dépensant ses revenus en frais d'avocats spécialisés en brevets. Les multinationales le saignèrent à blanc en intentant des actions en contrefaçon de brevet, et son entreprise finit par faire faillite. Le gendre de Gilbert, Fred Klapp, acheta les actifs et développa une entreprise prospère en fabriquant des crèmes et des onguents sous le nom de K-Line Pharmaceuticals. Il vendit ultérieurement l'entreprise à Taro, qui devint un important fournisseur de crèmes et d'onguents au Canada et aux États-Unis.

Jules Gilbert perdit son entreprise, mais sa cause ne fut pas totalement perdue. Cet homme brillant et dynamique changea les droits de brevets au Canada. Il paya également le prix pour certains d'entre nous – Lesley Dan de Novopharm, Barry Sherman d'Apotex, et moi chez Winley-Morris, ICN et Pharmascience, sans oublier toutes les autres sociétés de produits génériques. Gilbert était un militant et les Canadiens ont une grande dette envers lui pour les efforts qu'il déploya afin d'assurer qu'ils aient accès à des médicaments à prix moindre. L'ensemble de l'industrie canadienne des produits génériques lui est aussi redevable pour son leadership incontesté. Il nous ouvrit la voie à tous. Si Jules Gilbert avait reçu le soutien dont il avait besoin – et qu'il aurait dû recevoir –, il est aussi fort probable qu'il serait devenu le principal fabricant de médicaments génériques. Au début des années 1970, il sembla que c'était plutôt Winley-Morris qui prenait cette direction. Nous avions certainement l'avantage d'être à la base de l'industrie des médicaments génériques, qui allait bientôt être en plein essor.

La petite entreprise que j'avais créée en 1953 durant mes études universitaires rapportait un peu plus d'un million de dollars en ventes annuelles et ne cessait de croître. Mais la vie est aussi une expérience. Je n'aurais jamais deviné qu'en 1971, Winley-Morris, l'entreprise à laquelle je m'étais consacré corps et âme, n'existerait plus et, fait encore plus surprenant, que je serais responsable de sa disparition.

7

Les regrets du vendeur

Donnez-vous comme règle de vie de ne jamais rien regretter ni même
de regarder en arrière. Les regrets sont une terrible perte d'énergie;
on ne peut construire sur des regrets. On ne peut que s'y vautrer.
                                             Katherine Mansfield

C'est entre dix et onze ans, lorsque je fus embauché comme livreur
par Manny Winrow, que je compris que faire des affaires ne se résumait pas à une simple question d'argent, pas plus que bâtir une
entreprise, comme je le comprendrais dix ans plus tard. Pour les
comptables, tout se décline en dollars et en cents, en pertes et en
profits; ces mots sont doux à leurs oreilles. Pour moi, c'est l'aspect le
plus rébarbatif. Leur vision tient rarement compte de facteurs pourtant déterminants comme le (bon) moment, la chance, l'intuition, la
personnalité et les relations interpersonnelles.

Par exemple, faire la file pour aller voir un film dans un cinéma du
centre-ville et tomber sur un médecin que l'on connaît qui, sponta-
nément, nous donne un conseil, nous fait une suggestion amicale,
sans aucune arrière-pensée. Ou encore, faire un appel de prospection
auprès du flamboyant président d'une société établie à l'autre bout
de la planète et apprendre par la suite qu'il a sauté dans son avion
privé pour nous rencontrer et nous faire une offre qui changera notre
vie. Comment je décidai de vendre Winley-Morris, comment j'en
récupérai finalement une part que je rebaptisai Pharmascience, dont
je renouvellerais la vision et qui se développerait au-delà de mes
rêves les plus fous, relève de la même dynamique.

◆

Nous avions toutes les raisons d'être heureux. C'est du moins ce que
je pensais. Le mercredi matin, 3 mars 1971, Roz et moi partîmes pour

New York où nous avions réservé une chambre au luxueux hôtel historique de Manhattan, le St Regis, mais je fus incapable de profiter de l'ambiance raffinée du lieu. Ce matin-là, Roz et moi rencontrâmes les banquiers représentant ICN, la société qui rachetait Winley-Morris. Ils se présentèrent avec des documents que je signai dûment. En retour, nous ramassâmes notre chèque et quittâmes New York dès le lendemain matin.

J'étais pressé de prendre mes distances par rapport à ce qui venait de se passer. Je ne le savais pas à ce moment-là, mais Roz, à juste titre, ne ressentait pas la même chose. Enceinte de notre plus jeune fille, Shawna, elle s'occupait déjà de trois jeunes enfants, et ce séjour à New York était pour elle une occasion de se reposer un peu. Elle serait volontiers restée quelques jours de plus au St Regis. Elle aurait notamment aimé faire des courses chez Saks, sur la 5ᵉ Avenue. Et elle avait raison. Nous aurions dû nous réjouir. Après tout, cette décision avait pour but de nous armer pour l'avenir et d'assurer le bonheur de notre famille. Pourtant, tout en sachant que je venais de garantir la sécurité de ma famille, je fus animé d'un sentiment inattendu. Si je devais le nommer, je dirais que c'était de la tristesse. Je fus soudainement assailli par une sensation d'abattement, submergé par un coup de cafard brutal et déconcertant. À l'époque, je mis tout cela sur le compte de l'ensemble des facteurs qui avaient influé sur ma décision de vendre Winley-Morris, c'est-à-dire les deux mois précédents que j'avais passés à peser le pour et le contre.

D'un côté, ICN ou International Chemical and Nuclear Corporation, établie à Pasadena, en Californie, apparaissait manifestement comme une société en expansion. Affichant un chiffre d'affaires annuel de cent millions de dollars, ICN ne pouvait prétendre au titre de grande multinationale, mais elle avait de grands projets et était dirigée, je m'apprêtais à le découvrir, par un homme qui caressait des ambitions encore plus grandes. Ce même homme m'avait également donné l'assurance que je jouerais un rôle important dans l'avenir d'ICN. De mon point de vue, cet avenir s'annonçait plus que prometteur. De toute façon, j'avais accepté la transaction en misant notamment sur les atouts incontestés d'ICN. C'est ce qui m'avait aussi poussé à accepter une partie du paiement en actions, non en espèces. De plus, si Winley-Morris était officiellement vendue, je continuerais à gérer mon ancienne entreprise ou, du moins, sa nouvelle version élargie. En fait, en acceptant le chèque d'ICN, je devenais président d'une filiale canadienne d'une multinationale pharmaceutique. Du jour au lendemain, je devenais un gros bonnet de l'industrie pharmaceutique, ce dont j'avais toujours rêvé. Les douze années suivantes, où je fus à la tête d'ICN Canada, furent bien sûr jalonnées de nombreux défis, mais le poste lui-même, du moins jusqu'aux difficiles derniers six mois, s'avéra une source de grande satisfaction.

Malgré cela, la décision de vendre Winley-Morris ne fut pas facile à prendre. C'était devenu évident l'année précédente lorsque le président d'ICN, Milan Panic, était arrivé à Montréal en jet privé pour me rencontrer et m'avait offert d'acheter ma société. Je suppose que j'aurais dû m'y attendre. J'aurais dû savoir qu'un homme comme Panic ne débarque pas soudainement chez vous sans avoir de bonnes raisons. Quelques jours avant notre rencontre, il avait mandaté un représentant du siège social en Californie pour examiner les états financiers de Winley-Morris. Cela n'avait rien d'étonnant à ce moment-là puisque Panic et moi avions déjà entrepris ce que je croyais être des négociations pour faire de Winley-Morris le distributeur exclusif d'un nouveau médicament mis au point par ICN, la L-DOPA, traitement de référence de la maladie de Parkinson. Je m'attendais à ce qu'ICN et Panic fassent preuve de diligence dans la mesure où ils avaient affaire à une société canadienne relativement modeste. C'est ce que j'aurais fait moi aussi. Je comprenais aussi qu'ils voulaient s'assurer de la solidité du partenariat qu'ils s'apprêtaient à nouer avec Winley-Morris. Ce que j'ignorais alors, c'était le type de projet que Panic avait en tête pour moi et mon entreprise.

Je ne savais pas non plus quel genre d'homme était Panic, c'est-à-dire un homme qui avait appris de son histoire tumultueuse que tout était possible à condition de le vouloir. Au cours de sa vie, il avait notamment combattu les nazis, fui les communistes et bâti de toutes pièces une multinationale. Plus tard, au début des années 1990, il fut premier ministre de l'ancienne République fédérale de Yougoslavie. Il se présenta aussi comme candidat à la présidence de la Serbie en 1992, mais fut défait par Slobodan Milosevic, qui mènera plus tard son nouveau pays à une guerre civile brutale et sera finalement accusé de crimes de guerre.

Milan Panic demeure une des figures les plus charismatiques qu'il m'a été donné de connaître. Né en 1929 à Belgrade, qui était alors le cœur du territoire des Balkans englobant la Serbie, la Croatie et la Slovénie, il était adolescent pendant la Deuxième Guerre mondiale et l'occupation nazie lorsqu'il rejoignit la clandestinité et travailla comme messager au service d'un des résistants les plus célèbres et les plus farouches de l'histoire, le Maréchal Josip Broz Tito. Après la guerre, Tito et les communistes s'emparèrent du pouvoir en Yougoslavie et Panic attendit avec impatience l'occasion de quitter le pays. Celle-ci se présenta en 1956 lorsqu'il se rendit aux Pays-Bas à titre de membre de l'équipe cycliste olympique yougoslave. Il pédala littéralement vers la liberté. Ce fut une décision audacieuse, mais qui n'avait, de sa part, rien d'étonnant. En affaires comme dans sa vie personnelle, Panic était et demeura un homme qui prenait des risques. Peu de temps après avoir quitté l'ex-Yougoslavie, il s'installa en Californie et, en 1959, avec une mise de fonds de deux cents dollars, fonda ICN dans son garage de Los Angeles.

Panic dit un jour qu'il était « né pour se battre », mais l'homme que je rencontrai en 1970 était un bel homme, brillant, « fascinant » selon les dires de Roz. C'était un charmeur, qui, de toute évidence, déploya tout son charme pour me séduire, du moins jusqu'à ce qu'il me révèle le motif de sa visite à Montréal. Lorsque nous nous rencontrâmes pour la première fois autour d'une table chez Ruby Foo's, Panic m'avoua : « Morris, il faut que vous sachiez que je ne suis pas à la recherche de distributeurs pour ICN, je suis venu pour acheter votre entreprise, et à un prix qui vous mettra amplement à l'abri du besoin. Qui plus est, vous ferez partie intégrante d'une grande organisation. »

J'avais suffisamment d'expérience pour savoir que je ne devais rien dire sur le coup, mais secrètement, j'étais content et je ne pus m'empêcher de me sentir flatté. Pour Winley-Morris, une société pharmaceutique canadienne relativement modeste, être choisie et sollicitée par une entreprise de l'envergure d'ICN était de toute évidence un grand honneur, mais je ne tenais pas à ce que Panic le sache, pas encore. Nous venions seulement de nous rencontrer, mais je compris vite qu'étonnamment, nous avions de nombreux points communs, à une exception importante près. Son goût du risque était beaucoup plus fort que le mien. Il n'avait pas peur de se mouiller, ce qui, je dois l'avouer, n'était pas toujours mon cas.

À vrai dire, nous nous complétions. Panic était un homme agressif. Il voulait gagner, et gagner à tout prix. C'était également un homme pressé, impatient d'abattre ses cartes. Je crois aussi qu'il aimait l'idée de me prendre au dépourvu et d'étudier ensuite ma réaction. De mon côté, j'avais le temps. J'avais l'avantage d'être patient et l'obligation d'être prudent dans l'intérêt de mon entreprise et celui de ma famille.

Je savais, par exemple, que je ne prendrais aucune décision sans avoir préalablement consulté Roz.

Alors, je regardai Panic, mon acquéreur potentiel et inattendu, dans les yeux et je lui répondis que Winley-Morris n'était pas à vendre. « J'ai trente-neuf ans, ajoutai-je, pourquoi voudrais-je vendre mon entreprise ? »

Et j'étais sérieux, je n'ai jamais eu pour habitude de bâtir quelque chose pour laisser tomber ensuite, pas plus qu'il n'était dans ma nature de céder le contrôle de ce que j'avais construit. Pourtant, Panic me donna matière à réfléchir. Bien sûr, il y avait l'aspect financier. Son offre était généreuse, sinon mirobolante. Elle équivalait à dix-huit fois le bénéfice net de Winley-Morris. Mais je pensai aussi à la croissance dont bénéficierait mon entreprise en tant que filiale d'ICN. En fait, je commençai à me demander quelle serait la meilleure option pour l'avenir de la famille Goodman : faire cavalier seul ou faire partie d'une multinationale ? Il y avait une chose dont j'étais sûr, c'est que cette nuit-là, j'aurais de quoi discuter avec Roz.

Je n'aurais probablement jamais entendu parler d'ICN ou de Milan Panic, n'eût été la L-DOPA. En 1970, un peu plus d'une année avant la vente de Winley-Morris, alors que je faisais la file pour aller voir un film, je tombai par hasard sur le D'r Arthur Schwartz, affilié à l'hôpital Maimonides, un important centre de soins gériatriques à Montréal. M'ayant reconnu, le premier mot qu'il prononça avant même de me dire bonjour fut L-DOPA. Il me dit : « L-DOPA, Morris, mettez la main sur la L-DOPA. Nous sommes en train de faire des recherches sur ce produit et c'est un très très bon médicament. »

Cette rencontre, un pur hasard, illustre l'importance des relations personnelles. Nous n'étions pas des amis intimes, mais Arthur Schwartz me connaissait suffisamment pour savoir que je ne raterais pas l'occasion d'en savoir plus sur la L-DOPA, déjà considérée comme un médicament « miracle ». Il me donna donc un tuyau qui, comme il le savait fort bien, vu la réputation de Winley-Morris, ne pouvait que faire mouche. Comme il n'y avait au Canada que trois cents neurologues, la L-DOPA représentait le type de créneau spécialisé que Winley-Morris pouvait desservir. Nous savions que nous pouvions nouer des relations avec un petit groupe de médecins. Ce n'était pas comme si nous devions contacter vingt mille généralistes d'un bout à l'autre du pays.

Outre le fait que nous examinions justement la possibilité de nous focaliser sur un marché de niche, c'était une excellente occasion d'offrir un nouveau médicament efficace à une population éprouvée, à savoir les patients atteints de la maladie de Parkinson. Comme je me tenais régulièrement informé de ce qui se passait dans le domaine grâce à mes lectures, je savais que plusieurs des principales revues médicales et les médias avaient commencé à présenter la L-DOPA comme le remède miracle contre la maladie de Parkinson.

De son côté, le Dr Schwartz avait entamé des essais cliniques testant l'effet de la L-DOPA sur des patients souffrant de la maladie de Parkinson à l'hôpital Maimonides et il obtenait des résultats remarquables. Il en était de même pour d'autres médecins. Ted Wise se souvenait qu'à l'époque où il était en Saskatchewan, il avait parlé avec un patient ayant suivi un traitement à la L-DOPA. Avant de le rencontrer, Ted avait vu une vidéo de ce patient. Il vivait alors en fauteuil roulant, essayant en vain de porter la nourriture à sa bouche. Il tremblait tellement qu'il ne pouvait même pas se nourrir seul. L'homme que Ted avait rencontré ce jour-là ne tremblait plus. Il se tenait debout seul et, selon les mots de Ted, « se confondait en remerciements ». Pendant ce temps-là, le regard que le patient lançait aux infirmières avait incité Ted à se demander à haute voix si la L-DOPA ne possédait pas des vertus aphrodisiaques. À l'époque, des rumeurs avaient couru à ce sujet. « Oh non, lui avait répondu le patient, ça n'a rien à voir. Vous savez, avant que je prenne le médicament, je concentrais tous mes efforts sur des gestes comme manger tout seul. Je ne pensais qu'à cela. Vous l'avez vu dans la vidéo. Avant la L-DOPA, je n'aurais même pas remarqué une femme nue qui serait passée devant moi. Mais maintenant, je reste planté là à regarder et, si un jour j'en ai l'occasion, je lui pincerai les fesses. »

Basé sur le livre du neurologue et auteur de renommée mondiale Oliver Sacks, le film *L'Éveil*, tourné en 1990 et mettant en vedette Robert De Niro et Robin Williams, illustre l'effet de la L-DOPA sur des personnes gravement atteintes qui vivent coupées de la réalité depuis des dizaines d'années. Le problème, à cette époque et encore aujourd'hui, est que le médicament s'avéra ne pas répondre aux attentes qu'il avait suscitées. Son efficacité ne dure pas. Le corps finit par développer une tolérance à la L-DOPA, un phénomène décrit de façon poignante dans *L'Éveil*.

Toutefois, dans les années 1970, le fait que la L-DOPA soit susceptible d'aider les patients mieux que tout autre médicament était indéniablement très prometteur. Dans le milieu médical et pharmaceutique, il représentait une percée fulgurante. Synthèse d'acides aminés, la

L-DOPA remplace la dopamine dans le cerveau, la dopamine étant un neurotransmetteur dont la baisse dans le système nerveux provoque la maladie de Parkinson. Lauréat du prix Nobel 2000 pour ses travaux sur la L-DOPA, le scientifique suédois Arvid Carlsson, qui avait entrepris des recherches sur le médicament une cinquantaine d'années plus tôt, découvrit en 1950 que l'administration de L-DOPA à des animaux présentant des symptômes similaires à ceux de la maladie de Parkinson en réduisait l'intensité.

Vingt ans plus tard, en 1970, je décidai de suivre le conseil d'Arthur Schwartz et commençai à m'intéresser de plus près à la L-DOPA. Je décrochai le téléphone et passai quelques appels de prospection, comme je le faisais couramment pour assurer la protection des droits canadiens. J'ai toujours aimé ce type de démarche. Ce faisant, je finis par découvrir qu'ICN, dont le siège était situé à Irvine, en Californie, était la seule société aux États-Unis à avoir accès à des quantités importantes de L-DOPA (ICN avait obtenu le médicament d'une société pharmaceutique au Japon). J'appelai donc le président d'ICN, Milan Panic, dont je n'eus aucune nouvelle pendant trois jours. Je me souviens avoir fait vivre l'enfer à sa secrétaire simplement pour qu'il me rappelle. Lorsqu'il se manifesta enfin, je lui expliquai que je cherchais à obtenir les droits de distribution exclusive de la L-DOPA au Canada. En fait, le potentiel que je décelais dans la L-DOPA venait s'ajouter à la liste des pour, derrière ma décision de vendre Winley-Morris. Je savais que ma modeste société ne disposait pas des ressources suffisantes pour poursuivre la recherche et le développement sur le médicament et éventuellement en effectuer la commercialisation. Winley-Morris n'avait tout bonnement pas les moyens d'exploiter le potentiel de ce qui ressemblait de plus en plus à un « remède miracle ». Après la vente de Winley-Morris, devenue ICN Canada, je commençai, aux fins de recherches, à fournir des comprimés de L-DOPA au Dr André Barbeau de l'Institut de recherches cliniques de Montréal. Il était alors considéré comme « le père de la L-DOPA au Canada ». Ce fut une période très excitante.

Mais ICN s'avéra également trop petite pour la L-DOPA. Lorsqu'en 1973, les autorités de santé approuvèrent enfin la vente du médicament au Canada et aux États-Unis, nous fûmes écartés du marché par Hoffman-La Roche, l'une des plus importantes sociétés pharmaceutiques internationales. Si nous avions été capables de faire face à la concurrence d'Hoffman-La Roche pour la vente de la L-DOPA aux instituts de recherche, nous ne parvînmes pas à égaler ses ressources en matière de ventes et de commercialisation. J'espérais que les médecins à qui nous fournissions des comprimés pour la recherche continueraient de travailler avec nous, mais nous ne pûmes apporter aux neurologues le soutien à la recherche dont ils avaient besoin à la suite de l'approbation du médicament. Nous n'avions pas non plus la machine promotionnelle nécessaire pour convaincre les médecins de prescrire nos produits. Quelles qu'en fussent les raisons, il devint évident en quelques années que la L-DOPA ne ferait pas partie de l'avenir que j'avais imaginé pour ICN lorsque j'avais vendu Winley-Morris.

Mais je vais un peu trop vite. Revenons au soir où je rencontrai Panic en 1970. Ce dont je me souviens, c'est qu'en sortant de chez Ruby Foo's, j'éprouvais une fierté démesurée, mais j'avais aussi une décision difficile à prendre. Même si Panic ne m'avait pas réellement fait une offre que je ne pouvais refuser, je ne pouvais l'ignorer. En théorie, son offre m'assurait la sécurité financière. C'est l'argument qu'avancèrent Roz et sa mère en faveur de la vente de l'entreprise lorsque je les consultai. C'était compréhensible. Nous étions tous issus d'un milieu où il semblait impensable de laisser filer une somme de cette importance. Les origines socio-économiques influent inévitablement sur la décision d'accepter une offre et de s'en satisfaire ou de la refuser. Malgré tout, j'ai toujours pris les conseils de ma femme très au sérieux et, au fil du temps, j'ai appris à faire de même avec ceux de sa mère.

J'entretenais avec Edythe Druker une relation étroite. C'était pour moi une femme digne d'admiration. Née Doner, Edythe avait grandi dans la petite ville d'Erickson, au Manitoba. Elle était la fille de pionniers qui avaient quitté Odessa, en Russie, vers la fin des années 1800, pour émigrer au Canada. Première famille juive à s'installer dans une communauté suédo-canadienne, les Doner avaient commencé leur carrière dans les affaires en exploitant avec succès un magasin général. Le père d'Edythe, Abraham Doner, était un entrepreneur. Il avait obtenu un permis du gouvernement canadien pour construire un gîte dans le Parc national du Mont-Riding, au Manitoba, communément appelé Clear Lake, qui devint très populaire auprès des jeunes célibataires juifs de Winnipeg. Au fil du temps, les Doner devinrent des citoyens manitobains importants et instruits. L'oncle d'Edythe, Fred Doner, fut notamment l'un des principaux organisateurs de la grève générale de Winnipeg de 1919, déclenchée par les travailleurs de la métallurgie et de la construction pour dénoncer les conditions de travail dangereuses et les bas salaires à la suite de la Première Guerre mondiale. Près de trente mille travailleurs débrayèrent au cours de cette grève, qui dura un peu plus d'un mois et prit fin à la suite d'une intervention violente de la Gendarmerie royale du Canada. Connue sous le nom de Samedi sanglant, la journée fit deux morts et trente blessés parmi les grévistes. L'un des meneurs de la grève, J.S. Woodsworth, fonda par la suite le parti connu plus tard sous le nom de Nouveau Parti démocratique (NPD), le parti d'opposition actuel à Ottawa.

Edythe était une femme aux idées claires, intelligente et déterminée. Dans les années 1930, lorsqu'elle était encore célibataire, elle occupa des postes importants au sein de sociétés comme le Chemin de fer Canadien Pacifique et l'American Can Corp. Grande voyageuse et femme raffinée, elle s'installa dans un appartement coquet de la rue Bernard lors d'un séjour à Montréal. Plus tard, après avoir épousé le père de Roz, Joseph Druker, elle dirigea avec succès son propre motel, le Willow Beach, de l'autre côté de la frontière américaine sur la route 9 à Plattsburgh, dans l'État de New York, à une époque où il était rare qu'une femme fasse ce genre de chose. Somme toute, c'était une bonne personne-ressource à consulter pour des questions d'affaires. Mais du même coup, je savais que la vente de Winley-Morris dépassait largement le cadre d'une simple décision d'affaires.

Roz aussi me conseilla de vendre Winley-Morris. Je faisais toujours appel à elle avant de prendre une décision, mais celle-ci fut, de loin, la plus difficile que nous eûmes jamais à prendre au cours de notre vie de couple. « Je ne pense pas qu'à vingt-huit ans, j'avais suffisamment de maturité pour comprendre ce que vivait alors Morris », se rappela-t-elle récemment. Et elle ajouta :

La vente de Winley-Morris a assurément amélioré notre qualité de vie. J'ai été très heureuse pendant ces années-là. La vie de notre foyer est redevenue plus normale. Morris était président d'ICN Canada et travaillait bien au-delà de ses obligations, mais, malgré cela, notre vie était plus paisible. Nous jouissions de nos week-ends et de nos vacances et nous partions plus souvent en voyage.

Mais je sais que si Morris ne nous en veut pas, à ma mère et à moi, de l'avoir incité à vendre Winley-Morris, il se reproche de nous avoir écoutées. Il regrette énormément d'avoir vendu à ICN. Il serait aujourd'hui à la tête d'Apotex, le chef de file des fabricants de médicaments génériques au Canada. D'ailleurs, Barry Sherman, fondateur et propriétaire d'Apotex, a travaillé pour Morris au sein d'ICN. D'un autre côté, Morris a beaucoup appris à ICN. Il a été plongé dans un milieu international. Que savait-il, lui, un enfant de la rue ? Que connaissait-il de la structure d'une société ? Pourtant, Pharmascience est aujourd'hui le troisième fabricant de médicaments génériques au Canada et, bien sûr, il est convaincu, au plus profond de lui-même, que s'il n'avait pas vendu Winley-Morris à ce moment-là, il serait le premier. Et je crois sincèrement qu'il a raison.

Franchement, je ne suis pas certain que Roz ait raison lorsqu'elle parle de mes regrets. Le mot est trop fort. En réalité, je ne songe pas souvent à cette période de ma vie, du moins pas de façon, dirais-je, émotive, mais je suis capable d'analyser ma décision a posteriori et de voir que j'étais là au départ, juste au moment où l'industrie du médicament générique prit son essor dans ce pays. Mon association avec Jules Gilbert, le père de l'industrie des produits génériques, en témoigne. Je connaissais bien ce secteur. Je vis se profiler les changements dans les lois canadiennes, notamment l'adoption du projet de loi C-102 qui rendit obligatoire l'obtention de licences et allait inévitablement transformer cette industrie. Ce qui me blessa, je suppose, c'est de savoir que j'étais un pionnier des médicaments génériques depuis les années 1950, du temps où l'on m'appelait « le pirate ». Mais, je manquai le coche. À cause de la vente de Winley-Morris, je ne pus profiter de la situation ni de tout ce que je savais et de ce que j'avais appris. Je laissai passer l'occasion de devenir le numéro un de l'industrie des médicaments génériques au pays. Percevant tout le potentiel de la situation, je voulus en faire profiter ICN, mais ne dénotai aucun intérêt de la part de la société.

Vendre Winley-Morris fut une décision compliquée et difficile. Je savais qu'accepter l'offre de Panic m'ouvrait les portes de deux mondes, deux mondes confortables, c'est ce que je me disais alors. C'était l'occasion d'avoir le beurre et l'argent du beurre. La somme que Panic mettait sur la table me permettait d'assurer la sécurité financière de ma famille – sécurité que je n'avais pas puisqu'alors, tout mon argent était immobilisé dans la société.

Il y avait toutefois d'autres aspects importants, qui n'étaient pas nécessairement liés à l'argent. En entrant à ICN, j'allais avoir l'occasion de participer à des recherches que je n'aurais jamais pu mener chez Winley-Morris. J'étais fier de ma société. J'avais passé ma vie entière d'adulte à la bâtir, mais j'en étais bien conscient, comparé à celui d'ICN, l'avenir de Winley-Morris était limité.

Après avoir passé près de vingt ans à bâtir Winley-Morris tout seul, je commençais à ressentir une grande solitude. J'avais besoin de travailler avec des gens qui avaient une vision plus large et un plus grand savoir-faire que moi. J'en venais aussi à comprendre qu'il y avait d'autres façons de gérer la société et de la faire prospérer. J'aimais l'idée de me rapprocher d'autres entrepreneurs, particulièrement de bâtisseurs dotés d'une vision internationale et d'une plus vaste expérience dans le milieu des affaires. Somme toute, vendre Winley-Morris fut une décision pragmatique, peut-être même trop pragmatique.

En effet, nonobstant ces arguments en faveur de la vente, la décision achoppait sur un point dont j'avais beaucoup de mal à faire fi et qui subsista même après la vente. Winley-Morris était mon bébé, c'était notre bébé à Roz et à moi. C'est sans doute ce qui explique pourquoi ce chèque dont nous prîmes possession en ce jour du mois de mars 1971 à l'hôtel St Regis, qui devait supposément nous rendre si heureux, n'eut pas vraiment l'effet escompté, au contraire. Je suis conscient du moins qu'il ne faisait pas mon bonheur. Comme Roz l'a déjà mentionné, elle n'aurait pas rechigné à faire quelques emplettes supplémentaires et à séjourner quelques nuits de plus dans un hôtel de luxe.

Ce sentiment de tristesse et les regrets qui m'habitèrent à la suite de cette décision furent inattendus, inhabituels, car je ne suis pas porté à être dépressif ou à m'appesantir sur le passé. Le mieux que je pouvais faire, pensai-je, était de déposer le chèque le plus rapidement possible, mais j'étais voué, semble-t-il, à ruminer ma décision pendant un petit moment de plus. À notre retour à Montréal, la ville était recouverte de neige et les rues ne seraient pas nettoyées avant plusieurs jours, des conditions propices à alimenter ma tristesse. Je n'avais qu'une chose en tête : nous avions entre les mains un chèque et, chaque jour, nous perdions des intérêts, beaucoup d'intérêts. Mais mon travail consistant à résoudre des problèmes, je m'attelai à la résolution de celui-ci. Je mis la main sur une motoneige – on pouvait en appeler une avec un chauffeur, comme un taxi – et je me rendis à la banque pour déposer le chèque.

8

C'était écrit dans le ciel

Les entrées sont grandes ouvertes et les sorties presque fermées.

Proverbe juif

Ce n'est que rétrospectivement que l'on peut imaginer diviser sa vie en chapitres. L'histoire d'une personne ne se déroule jamais de façon si nette. Ce n'est pas si simple qu'il y paraît a posteriori de considérer les douze années que j'ai passées comme chef des opérations à ICN Canada comme une période distincte de ma vie. Elles s'inscrivent dans une continuité, une courbe d'apprentissage, comme dirait Roz. De fait, j'ai beaucoup appris pendant cette période – sur les affaires et sur moi-même.

D'abord, il fallut que je m'adapte : de personne entièrement responsable de tout ce qui se passait au sein de Winley-Morris, je devenais un petit maillon au sein d'une grande exploitation. Cette transition se fit plus progressivement, plus en douceur que la plupart des gens l'avaient imaginé. Pourtant, je ne peux passer sous silence aujourd'hui certains des épisodes qui mettent en évidence le contraste entre les années au cours desquelles j'exerçai le contrôle absolu sur les activités quotidiennes de Winley-Morris et celles que je passai à diriger ICN Canada pour le compte d'ICN Corporate.

Par exemple, lorsqu'ICN s'avéra perdant sur le marché de la L-DOPA, je compris très vite que, contrairement à ce que j'avais imaginé et espéré, la taille et l'envergure de cette nouvelle entreprise dont je faisais désormais partie avaient des limites. J'avais espéré que la vente de Winley-Morris me permettrait de faire de plus grandes choses dans l'univers pharmaceutique, en particulier dans le domaine de la recherche. Ce revers rapide fut donc pour moi une source de déception et me fit entrevoir qu'il y avait des limites à tout. Même dans l'univers de ce que l'on appelle maintenant communément les grandes sociétés pharmaceutiques, tout est relatif. Il y a toujours plus gros, plus connecté, plus clairvoyant et plus disposé à prendre des risques que nous.

De même, l'espoir de voir ICN faire une percée décisive en mettant au point un médicament antiviral miracle, le Ribavirin, s'envola comme des bulles de savon après que j'eus vendu Winley-Morris. Les perspectives qu'offrait le Ribavirin furent l'un des arguments majeurs qui me conduisirent à vendre Winley-Morris à Milan Panic. Avant de conclure la transaction avec Panic en mars 1971, je visitai le siège d'ICN à Irvine, dans le comté d'Orange, aujourd'hui reconnu pour sa prospérité. (D'ailleurs, les Canadiens y achetaient des propriétés à cette époque.) Au cours de ma visite, je constatai de visu l'ampleur de la recherche consacrée au Ribavirin et fus très impressionné. Et j'étais loin d'être le seul.

La stratégie d'ICN relative au Ribavirin, ou, plus particulièrement celle de Milan Panic, n'aurait dû surprendre personne. Au fond, c'était un homme habitué à relever d'énormes défis, apparemment insurmontables. Lorsque je le rencontrai pour la première fois au début des années 1970, il s'était lancé le défi impossible de créer une nouvelle molécule qui révolutionnerait le marché des médicaments antiviraux – il avait décidé de trouver un traitement efficace contre le rhume. C'était loin d'être gagné d'avance et il misait tout ce qu'il possédait. Il pariait l'avenir d'ICN sur le Ribavirin. Il avait fondé et financé l'Institut de recherche d'ICN en se basant en grande partie sur les travaux du Dr Roland Robins, chercheur à l'Université de l'Utah et, plus particulièrement, sur les recherches de ce dernier sur les agents antiviraux. S'il voulait attirer l'attention des milieux scientifique et financier sur ICN, Panic devait trouver quelque chose qui représenterait une avancée extraordinaire. Il savait que la communauté financière ne soutiendrait la concrétisation de son rêve de bâtir une société multinationale que s'il comblait une lacune sur le marché, dans ce cas-ci, une lacune légendaire que personne d'autre n'avait même jamais été sur le point de combler.

Le Ribavirin était sérieusement envisagé comme remède contre le rhume. Dans le milieu pharmaceutique, le rhume est l'équivalent du Saint Graal. La possibilité, si ce n'est la probabilité, qu'il existe un jour un médicament qui viendrait à bout des millions et des millions d'attaques de reniflements et de congestion de la race humaine, et que ce médicament soit découvert et introduit sur un marché de masse, a toujours été trop tentante pour être négligée. Trouver un remède contre le rhume pouvait rendre une personne multimilliardaire du jour au lendemain. Ce type de dividendes ne pouvait que convaincre, surtout les courtiers de Wall Street, de fermer les yeux sur tout un tas de risques et de dangers potentiels. Wall Street fut donc prompte à se rallier à Panic et au Ribavirin. Comment pouvait-il en être autrement ? Il faut comprendre que c'est précisément l'envergure du projet de Panic qui était attirante. Dans notre monde, ce type d'ambition et de vision est positif, pas négatif. La possibilité de découvrir un remède miracle était ici bien réelle. Quiconque s'intéressait aux nouveautés et aux avancées scientifiques suivait de près l'histoire du Ribavirin, et par ricochet celle d'ICN.

Il faut dire aussi que Panic avait beaucoup à offrir à ses investisseurs et à moi, à titre d'associé. Il avait une entreprise en exploitation, un programme de recherche ainsi que le soutien de la communauté financière. C'était aussi l'époque des fusions et des acquisitions, et Panic achetait des entreprises à gauche et à droite, dont Winley-Morris en mars 1971.

Évidemment, ICN ne possédait pas le remède contre le rhume. Du moins, ce n'était pas le Ribavirin. Mais je n'avais pas fini d'entendre parler de ce médicament et de son utilité. Sa flexibilité, notamment, ne cesserait de me surprendre. Une vingtaine d'années plus tard, associé à l'Interferon, il se révélerait un traitement très efficace contre l'hépatite C, une évolution étonnante qui contribua à sauver ICN de la faillite et permit à Panic de retrouver un rôle de premier plan au sein de l'industrie pharmaceutique. Et il y a quelques années, le Ribavirin refit surface, cette fois de façon plus directe et même curieuse, mais j'y reviendrai plus tard.

Il y eut rapidement d'autres signes témoignant de la difficulté de concilier l'état d'esprit général d'ICN avec la vision que j'avais de notre filiale canadienne. J'affrontais des contraintes financières et une surveillance que je n'avais jamais connues au sein de Winley-Morris. Je n'avais plus le dernier mot sur les décisions financières. Alors, même s'il est vrai qu'ICN Canada accumula davantage de licences obligatoires pour les médicaments génériques que n'importe quelle autre société canadienne au cours de la période où je dirigeais les opérations, c'est-à-dire entre 1971 et 1982, Panic, lui, n'était nullement intéressé par l'industrie du médicament générique. Par ailleurs, si je tenais autant que Panic à développer de nouveaux médicaments comme la L-DOPA et le Ribavirin, je savais aussi qu'il fallait respecter un équilibre entre le médicament générique et le médicament spécialisé. Mais Panic et ICN International n'avaient pas réellement de vision sur la façon de maximiser les ventes ni du niveau de rentabilité des médicaments génériques qu'ICN Canada aurait dû ou pu atteindre. (J'étais un pionnier de l'industrie générique; je la connaissais bien, même si j'en sous-estimais les possibilités.) C'est pour cette raison que la société mère ne procura pas à ICN Canada le capital nécessaire pour exploiter toutes les licences que nous avions obtenues pour les médicaments génériques. En fait, pour se tailler une place à Wall Street, Panic devait vendre du rêve avec les médicaments; moi, ce qui m'intéressait, c'était de vendre des médicaments.

Je perçus très tôt un autre indice de ce que l'avenir me réservait au sein de ce nouvel environnement professionnel lorsque Panic acheta Empire Laboratories, une société canadienne appartenant à Barry Sherman et à Joel Ulster. Empire fut intégrée à ICN Canada et Barry travailla avec moi pendant six mois. Peu de temps après, il eut des accrochages avec des membres du siège social et, un jour, je reçus un appel de Californie. Je ne sais pas vraiment ce qui s'était passé – j'imagine qu'il était entré en conflit avec des collègues là-bas –, mais on me demanda de le congédier. Lorsque je le rencontrai pour lui faire part du coup de fil, il me dit: « Morris, ne t'inquiète pas, de toute façon, je m'en vais. »

Barry quitta ICN pour fonder Apotex, où il suivit le même programme que celui que j'avais mis en place à ICN Canada, mais sans subir les contraintes qui m'étaient imposées. Apotex allait devenir un bastion de l'industrie du médicament générique et nous damer le pion sur le marché. Elle devint rapidement et demeura la plus importante société pharmaceutique de fabrication et de distribution de médicaments génériques au Canada.

Je n'oublierai jamais non plus le 22 février 1976. Je devais signer une nouvelle entente avec les Laboratoires Stiefel, une société pharmaceutique avec laquelle j'entretenais une relation de longue date. Stiefel fut la première agence que Winley-Morris représenta dans les années 1950, mais après la vente de la société à ICN, Stiefel commença à exprimer des préoccupations sur le fait d'être représentée au Canada par une multinationale. Le président, Werner Stiefel, m'avait en effet rencontré pour me proposer de quitter ICN et de venir travailler chez lui, mais je n'en avais nullement l'intention et le sujet fut clos. Du moins, c'est ce que je pensai à ce moment-là. Lorsque vint donc le temps de renouveler notre entente, je décidai de ne pas aller à New York pour signer le renouvellement du contrat que nous avions négocié pour cinq années supplémentaires. J'envoyai à ma place mon bras droit, Dick MacKay. Dick avait fait partie intégrante de l'entreprise chez Winley-Morris et il travaillait à mes côtés à ICN Canada à titre de vice-président. D'ailleurs, Panic, qui éprouvait une vive sympathie à son égard, le préparait à de plus hautes responsabilités au sein de la société. Il l'envoya notamment à Harvard suivre un cours spécialisé en gestion des affaires payé par ICN. Tout ceci explique pourquoi je fus totalement pris au dépourvu par ce qui allait s'ensuivre. Lorsque Dick revint de sa rencontre avec Stiefel, il entra dans mon bureau et m'annonça qu'il avait accepté le poste que Stiefel lui avait proposé. « Je démissionne à compter d'aujourd'hui », me déclara-t-il.

J'étais en état de choc et profondément blessé. En même temps, je comprenais, comme Dick me l'expliqua à l'époque, que si je n'avais pas vendu Winley-Morris à ICN, Stiefel ne m'aurait pas lâché et aurait renouvelé le contrat avec plaisir. Il entretenait une relation personnelle de longue date avec moi, mais il n'avait pas de lien particulier avec ICN. Pour lui, ICN était une grande société publique et impersonnelle envers laquelle il n'éprouvait aucune loyauté. Je comprenais également les frustrations que pouvait ressentir Dick. Il aspirait à bâtir ICN Canada et, vers la fin des années 1970, les contraintes imposées par la société mère rendaient les choses de plus en plus difficiles.

Dick avait donc signé une entente avec Stiefel et serait responsable de l'exploitation de la filiale canadienne de la société. Je me suis alors demandé si Stiefel aurait renouvelé notre entente verbale si j'avais décidé d'aller le rencontrer à New York. Je suis convaincu que non. J'avais tenu ce renouvellement pour acquis et j'en payai le prix.

Ce nouveau poste fut toutefois une belle occasion pour Dick. Stiefel se montra très généreux à son égard. En plus de lui confier le poste de directeur général de la filiale canadienne, il lui versait vingt-cinq pour cent des parts de la société, sans aucun dépôt de sa part. Pour moi, cette journée reste le pire moment de ma vie professionnelle. Peut-être qu'aujourd'hui Dick pense que son départ ne fut pas vraiment une surprise pour moi, mais le fait est qu'il le fut, et il le fut à tel point que lorsqu'il m'annonça qu'il partait pour travailler avec Stiefel, je lui offris la présidence d'ICN Canada.

Malgré des événements comme celui-ci et le fait de devoir s'accommoder des frustrations et des batailles politiques qui font partie intégrante du monde des affaires, il serait faux de dire que mes douze années au sein d'ICN Canada furent désagréables. Ce fut en effet une période faste et stable. Comme l'a déjà mentionné Roz, notre vie quotidienne ressemblait plus à une vie normale que lorsque je mettais sur pied Winley-Morris. Nous prenions davantage de vacances en famille et je passais plus de temps avec les enfants, ce qui rendait tout le monde heureux. Roz a raison de dire que même si je considérais ICN Canada comme ma propre entreprise, je m'en distanciais plus facilement. Mon état d'esprit avait changé. Je ressentais moins de pression, du moins dans les premières années; tout se résumait à une simple question, que je continuerais de me poser de temps en temps: « Que veux-tu de plus? » Je n'avais besoin ni d'un avion privé ni d'un yacht. Qu'aurais-je fait d'un yacht? Je ne sais même pas nager convenablement.

Tout cela amène une autre question: avais-je vu venir la fin de ma carrière à ICN Canada? Était-ce écrit dans le ciel? Ou encore, peut-être plus précisément, quand ai-je compris que les jeux étaient faits? J'aimerais pouvoir dire que je l'ai toujours su, mais très franchement, je ne peux me vanter d'être aussi perspicace. En fait, je suis convaincu que je serais resté à ICN Canada, et avec plaisir, si la situation n'avait pas commencé à changer, et de façon radicale, vers la fin des années 1970.

Pendant toute la période où je travaillais à ICN Canada, Milan Panic fut un patron plutôt libéral. Il n'avait aucune raison de ne pas l'être: au début des années 1970, ICN et ICN Canada étaient en pleine expansion, la première par l'entremise d'acquisitions et de fusions, et la deuxième grâce à sa croissance interne. Entre 1971 et 1982, période pendant laquelle je fus au service d'ICN, le chiffre d'affaires annuel d'ICN Canada passa d'un peu plus d'un million de dollars à quinze millions de dollars. Ironie du sort, c'est peut-être à ce moment-là que les problèmes commencèrent.

Comme je l'ai déjà mentionné, la gestion des affaires ne faisait pas partie de l'enseignement que mes collègues et moi avions reçu à la Faculté de pharmacie de l'Université de Montréal. Je le répète, il y a des choses qui ne s'apprennent pas à l'école. On ne les acquiert que par l'expérience et c'est au cours de mes dernières années, je dirais même surtout de mes derniers mois au sein d'ICN, que j'appris rapidement que le monde des affaires peut parfois fonctionner à l'envers. Ainsi, ce qui semble parfois un échec à court terme peut s'avérer un coup de maître et vice versa. J'étais aussi sur le point d'apprendre ce qui fut la plus dure leçon des derniers mois passés à travailler pour Milan Panic: on peut « trop bien » réussir. Alors qu'ICN Canada ne cessait de croître, la situation de la société mère, et celle de Panic, ne cessait de péricliter – et ce, de façon abrupte au cours de la dernière année. Le chiffre d'affaires, qui s'élevait à cent millions de dollars l'année qui suivit l'acquisition de Winley-Morris, tomba à quarante millions. J'en accusai personnellement le contrecoup. Rappelez-vous, lors de la vente de Winley-Morris, je touchai les deux tiers du paiement en espèces et l'autre tiers en actions. À cette époque, l'action d'ICN valait vingt-trois dollars. Elle n'en valait plus que quatre lorsque je vendis mon portefeuille. En fait, je ne fais plus confiance à la Bourse depuis l'université, lorsqu'on m'a conseillé d'investir dans un titre minier portant le nom de Lac Taché. C'était ma première expérience d'investissement à haut risque et sans doute la plus instructive. L'action de Lac Taché était un produit très prisé et sûr, du moins, c'est ce que l'on m'avait dit à l'époque. Mais, comme tous les tuyaux sur la Bourse, surtout ceux que l'on dit sûrs, celui-là me mena droit à la catastrophe. Le message aurait dû être clair : il ne faut pas croire que les actions ne font que monter. En fin de compte, je pense que je ne dus perdre qu'à peu près deux cents dollars, mais à l'époque, je sortais à peine de l'adolescence et cela me sembla une fortune. L'expérience que je connus avec la chute rapide de l'action d'ICN, qui fut un jour un placement fructueux, me rappela tristement une erreur que j'avais déjà commise.

Comparativement au déclin de la société mère et à l'échec de l'idée de Panic de fonder une grande multinationale, le succès que je connus à ICN Canada finit par tourner à mon désavantage. En 1982, ICN et Panic subirent des pertes énormes. Désespéré, à juste titre, Panic commença à voir dans notre petite exploitation canadienne florissante sa dernière chance de redresser ses affaires. Dans un premier temps, il envisagea de vendre ICN Canada. Il était acculé de toutes parts et la filiale canadienne était l'un de ses produits les plus attrayants.

C'est ce qui explique l'arrivée d'un représentant de la filiale allemande du géant pharmaceutique Schering AG. Panic voulut savoir ce que pourrait lui rapporter sa filiale canadienne et ce représentant, basé à Berlin, vint pour en déterminer la valeur. À cette occasion, je me souviens avoir appelé Roz pour lui dire que je voulais inviter le représentant à dîner à la maison. Après tout, je risquais de travailler avec lui dans un avenir très proche. Roz accepta. Cela me semblait être un geste attentionné et judicieux. Au demeurant, pourquoi y aurait-il eu un problème ?

Eh bien, nous ne nous attendions pas à ce que ma plus jeune fille, Shawna, qui devait alors avoir environ six ans, se pointe dans la salle à manger pour rencontrer notre invité de marque. Elle ne pouvait pas avoir l'air plus mignonne ni plus innocente avec ses petites nattes. Je la présentai à notre visiteur et lui expliquai qu'il venait de Berlin. « Où c'est ? », demanda-t-elle. « En Allemagne », lui répondis-je. À ce moment, elle leva le bras, fit claquer ses talons l'un contre l'autre et lui fit le salut nazi. Je n'en croyais pas mes yeux. Fort gêné, je dis : « Shawna, où as-tu appris cela ? » « Dans *Hogan's Heroes* », répondit-elle avec une innocence tout enfantine, comme s'il n'y avait rien de plus évident. C'était un exemple de l'influence d'un média comme la télévision sur les enfants, mais notre hôte ne trouva pas cela drôle du tout.

Finalement, Panic décida de ne pas vendre ICN Canada. Il décida plutôt d'en tirer tout l'argent qu'il pouvait. Je le comprenais. Il s'accrochait, comme un homme qui se noie, à tout ce qui lui tombait sous la main pour rester à flot. Mais je ne tenais pas pour autant à être la solution à court terme d'un problème persistant. Il avait déjà commencé à m'isoler au sein de ma propre entreprise en congédiant mes plus proches collaborateurs, Betty Speevak, ma secrétaire, George Montgomery, et même Ted Wise. Un jour, il envoya des États-Unis un représentant du nom de Von Stein pour surveiller la société et en prendre en fait le contrôle.

En ce qui me concerne, Panic me demanda expressément de ne rien faire. D'un côté, il ne voulait pas que je quitte la société et de l'autre, il voulait s'assurer que j'étais neutralisé. Il jouait serré. À cause de ses propres difficultés, Panic avait commencé à se méfier de moi. En attendant, je craignais qu'il n'épuise les ressources de la société et ne mette ICN Canada en faillite, ce qui était déjà arrivé à de nombreuses filiales d'ICN. Dans notre cas cependant, les banques canadiennes ne laisseraient pas ICN aller de l'avant avec cette stratégie. Le système bancaire canadien disposait alors de ce qu'on appelle une clause restrictive : puisque ICN devait de l'argent à la banque, celle-ci stipulait qu'aucune liquidité ne pourrait sortir du pays sans son approbation. Panic, qui commençait aussi à devenir paranoïaque, semblait croire que j'étais de connivence avec la banque, ce qui était totalement faux.

Panic m'avait déjà dit d'emmener Roz faire un voyage autour du monde. Bien sûr, je n'en avais nullement l'intention. Il devenait de plus en plus évident qu'on attendait de moi que je prenne mon chèque de paie et que je m'enferme dans mon bureau. Et pour y faire quoi ? Pensaient-ils que j'allais apporter mon train électrique et jouer tout seul ? Cette situation ne dura que quelques semaines, mais ce fut une période éprouvante, surtout agaçante en fait. Sachant que je ne pourrais pas supporter de rester dans cette incertitude encore long-temps, je décidai de me présenter à une réunion mensuelle au siège d'ICN, en Californie, même si, pour ainsi dire, je n'étais plus respon-sable de la filiale canadienne de la société. J'y fis délibérément et clairement quelques remarques sans équivoque pour toutes les per-sonnes présentes, y compris Panic. Je fis comprendre haut et fort que je n'étais pas satisfait de la situation dans laquelle je me trouvais. Le message était clair et le siège social l'entendit : je ne ferai pas ce qu'ils attendaient de moi. Je ne resterai pas assis à mon bureau à ne rien faire de la journée. Je ne serai pas payé à ne rien faire, ce n'était pas dans mes habitudes. Panic décida alors qu'il était inutile que je reste plus longtemps au sein de la société et signifia à un de ses collabora-teurs qu'il « était temps que Morris s'en aille ».

Selon moi, Panic savait qu'il faisait une erreur en me forçant à partir, mais il pensait probablement qu'il n'avait pas le choix. Il ne pouvait se permettre de me garder, et pas seulement parce qu'il ver-sait un salaire à quelqu'un à qui l'on ne confiait plus aucune respon-sabilité. J'étais devenu une voix dissidente au sein de la société. Je lui disais des choses qu'il n'avait pas envie d'entendre, surtout avec ses affaires qui périclitaient. À ce stade, je ne pouvais non plus supporter de continuer et décidai de précipiter la rupture.

En 1972, j'avais acheté une entreprise à Winnipeg, Sabra Pharma-ceuticals, et envoyé le propriétaire, Jack Kay, et sa famille, à Montréal pour travailler à ICN Canada. Pendant cette période de transition, alors que je me préparais à quitter ICN, Jack reçut un coup de télé-phone de Barry Sherman, d'Apotex, qui lui proposa de travailler pour lui. Lorsqu'il se précipita dans mon bureau pour me demander mon avis, je lui répondis : « Jack, Barry est un gars brillant. Si j'étais toi, j'accepterais son offre, mais tu ne le feras pas parce que tu sais que je m'en vais et que tu veux le poste de président d'ICN. » Ce à quoi, il rétorqua : « Tu ne me connais pas. » Il partit et devint le numéro deux d'Apotex. Et il y est encore.

Je quittai ICN Canada le jour de mon congédiement. J'avais cinquante-deux ans et je sortis de mon bureau accompagné du contrôleur de la société. Il s'excusa, mais je savais qu'il ne faisait que son travail. « Ne vous inquiétez pas, lui dis-je, je comprends. » Avec le recul, je me rends compte que ce départ ne fut pas aussi difficile qu'il aurait probablement dû l'être. D'une part, je savais que je n'étais pas directement en cause ; le système était ainsi fait. D'autre part, je pris conscience de ce que je voulais vraiment : passer à autre chose. Je n'allais pas rester là à ne rien faire. En un sens, non seulement ce congédiement fut un soulagement, mais il me ramena sur terre. Je cessai d'être un employé d'ICN le 27 mai 1982. Il était devenu très clair pour moi qu'ICN n'était pas mon entreprise et ne l'avait jamais été.

Soit dit en passant, je n'avais pas signé de contrat avec ICN. J'aurais pu partir le lendemain de la vente de Winley-Morris et fonder une nouvelle société. Panic aurait pu aussi me mettre à la porte le lendemain du jour où il avait acheté Winley-Morris. Mais, c'était drôle, même si nos chemins se séparaient, nous éprouvions incontestablement l'un pour l'autre de l'estime et du respect. J'ai toujours su qu'il avait de la clairvoyance et de la vision, j'appellerais cela le flair, que je n'avais pas. Comme je l'ai dit, nous nous complétions. Il était celui qui prenait des risques ; j'étais celui qui jouait de prudence.

Milan Panic et moi gardâmes de bonnes relations. En 2006, il fit le voyage de New York à Montréal pour célébrer mes soixante-quinze ans. Au cours de la fête, il prononça un discours dans lequel il révéla tout ce que je lui avais apporté pendant ces années où nous avions travaillé ensemble et rendit hommage à la façon dont j'avais réussi à concilier ma vie familiale et ma vie professionnelle. C'était une qualité qu'il admirait et qu'il avoua ne pas posséder.

9

Un nouveau départ

Même si vous êtes sur le bon chemin, vous vous ferez tôt ou tard écraser si vous restez sur place.

Will Rogers

La confiance en soi est une chose relative. S'il est vrai que je me suis toujours senti sûr de moi, l'homme que j'étais en 1971, lorsqu'à trente-neuf ans je vendis ma société à Milan Panic, et celui que j'étais douze ans plus tard, lorsque je quittai ICN Canada, est loin d'être le même. En fait, j'ai le sentiment que si j'avais eu une plus grande confiance en moi en 1971, je n'aurais pas vendu Winley-Morris et si la situation ne s'était pas dégradée au cours de ma dernière année à ICN, je ne serais peut-être pas parti. Je ne le saurai jamais vraiment. Ce que je savais cependant en 1983, c'est que j'étais prêt à écrire un nouveau chapitre de ma vie et cette fois, j'étais sûr de moi. Quoi que je décide de faire, je le ferais à ma façon. Il n'y a rien de tel qu'un congédiement pour redéfinir ses priorités et pour moi, l'important était de rester fidèle à ma vision. Cette détermination serait la caractéristique essentielle de mon prochain engagement.

Je mis immédiatement en application cette résolution lorsqu'ICN me versa mon indemnité de départ. L'entente était équitable. J'achetai notamment une part d'ICN dont Panic ne voulait plus. Dès que je reçus mon chèque, j'en fis un autre pour acheter à ICN des médicaments en vente libre ainsi que le créneau des vitamines vendues sous marque de distributeur. Grâce à cette dernière acquisition, je pourrais produire des vitamines qui seraient vendues sous la marque privée des pharmacies.

Soit dit en passant, Panic n'était pas obligé de me vendre quoi que ce soit. Ce qui s'était passé entre nous n'avait rien de personnel, nous le savions tous les deux. Ni l'un ni l'autre n'avait de raison d'être malveillant ou amer. Je comprenais pourquoi Panic s'était défait de moi – il se battait pour la survie de son entreprise – et il comprenait qu'il avait fait une erreur en tentant de me museler alors qu'il entreprenait des changements que je ne pouvais accepter.

Le fait qu'au cours de cette période de transition je me sois tourné vers l'avenir, déterminé à prendre un nouveau départ, facilita les choses. Je recommande cette stratégie à quiconque essuie ce genre de revers. Autrement dit, continuer – jusqu'au prochain défi. Le mot « prochain » est porteur d'avenir et de possibilités. C'est dans cet esprit que je fondai ma nouvelle société le jour où je quittai ICN.

Cette société vendait des vitamines sous marque de distributeur, qui serviraient de base à toutes les autres affaires que je lancerais. Il n'y avait rien de tape-à-l'œil dans les vitamines, mais cela me permettrait de maintenir l'entreprise à flot pendant que je rechercherais de nouvelles gammes de produits. C'est effectivement ce qui se passa, et plusieurs fois par la suite. La première année d'exploitation de notre nouvelle société, Dominion Pharmacal, fut plus rentable pour moi que ne l'avait été la dernière année à ICN, y compris mon salaire et les primes. (Dominion Pharmacal fusionnerait bientôt avec Pharmascience, tout en demeurant une raison sociale.) Soit j'avais sousestimé le potentiel du secteur des vitamines pendant que j'étais à ICN, soit j'avais été nettement sous-payé.

Le fait de retrouver mon vieil ami et mon ancien collaborateur Ted Wise facilita également le démarrage de Pharmascience. Ted et moi avions toujours bien travaillé ensemble, ce qui est une autre manière de dire que nous avions deux personnalités totalement opposées. Il était sociable et excellent vendeur. Lorsque nous étions chez Winley-Morris, ICN Canada et plus tard Pharmascience, j'étais la force intérieure de la société – je me consacrais à la création de nouveaux médicaments –; Ted en était le visage.

L'une de ses réalisations les plus impressionnantes fut lorsque, dans les années 1960, il lança le Parasal-INH et d'autres médicaments pour lutter contre la tuberculose à l'hôpital de Frobisher Bay, où était traitée la population inuite. Il n'avait connu qu'un succès limité lorsqu'il comprit que les Inuits « n'aimaient pas les comprimés blancs », comme disait Ted à l'époque. « Nous avons donc fabriqué des comprimés jaunes, bruns et rouges. C'est ce que j'appelle aujourd'hui un marketing de créneau. » Je crains qu'il n'y ait eu aussi une autre raison, plus pragmatique et troublante, à l'introduction de comprimés de couleurs différentes. La population était alors en grande partie analphabète et incapable de lire les instructions sur l'étiquette. Avec les couleurs, les patients étaient sûrs de prendre le bon médicament.

Quand je fus prié de quitter ICN Canada, Ted, qui avait occupé le poste de vice-président directeur, était parti depuis un peu moins d'un an. Son licenciement avait été particulièrement déplaisant. À en croire Ted, M. Von Stein, le représentant envoyé par Panic pour prendre le contrôle d'ICN Canada, voulait s'en débarrasser depuis le début. Pourquoi? Ted était convaincu que c'était parce qu'il avait le plus beau bureau et, ce qui est peut-être plus important encore, parce que son bureau se trouvait juste en face du mien. Von Stein n'appréciait pas les allers-retours que faisait Ted pour venir me voir. Il nous trouvait trop proches – au sens propre comme au sens figuré. Alors, un beau jour, en revenant d'un voyage de vente, Ted s'aperçut que les verrous de la porte de son bureau avaient été changés et on le somma de quitter l'immeuble.

Ted avait cependant le don de rebondir quelles que soient les circonstances; il en fit la preuve chez Ayerst, Winley-Morris et ICN. Immédiatement après avoir été congédié d'ICN, il se releva et dirigea une nouvelle société de produits pharmaceutiques spécialisés, qui fut en quelque sorte le début de Pharmascience. Ce fut un départ modeste. Ted gérait l'entreprise chez lui, à Chomedey, Laval. Il se souvient de cette époque :

ICN ayant congédié la secrétaire de longue date de Morris, Betty Speevak, à peu près en même temps que moi, je l'ai embauchée pour travailler avec moi à la maison. Je remplissais toutes les fonctions, y compris le recrutement d'une équipe de vente. Je me souviens avoir acheté deux machines à écrire Brother. Ma femme, qui n'avait nullement l'intention de travailler pour moi ou même de rester dans mon environnement, se trouva un travail. Elle quittait la maison à 8 h 30 le matin et Betty arrivait à 9 h. Eh bien, figurez-vous qu'un voisin inquiet appela ma femme le soir même pour lui parler de cette situation inhabituelle, plus précisément de cette femme qui arrivait à la maison dès que ma femme s'en allait et que le terrain était apparemment libre. Croyez-moi, je me suis taillé toute une réputation.

Avant que je quitte ICN, Ted et moi n'avions pas précisément évoqué la possibilité de travailler ensemble, mais nous étions restés en contact. Je pense que nous avions tous deux le pressentiment que mes jours chez Panic étaient comptés. Nous savions qu'un jour, comme Ted, je serais obligé de partir. Notre expérience antérieure nous avait aussi appris que nous pourrions travailler efficacement ensemble. Si l'occasion se présentait, nous pourrions mettre en commun nos connaissances, nos compétences et notre passion pour bâtir quelque chose de nouveau. Somme toute, c'est précisément ce que nous avions fait pendant près d'une vingtaine d'années. Alors, avec les avantages que m'avait procurés mon indemnité de départ et les relations de vente qu'avait déjà tissées Ted sous la bannière Pharmascience, je fis l'acquisition de la société, le 1er juin 1983.

Ted et moi partagions, entre autres, la conviction que nous réussirions. Nos aspirations n'étaient pas démesurées. Nous attendions essentiellement de notre nouvelle entreprise qu'elle nous permette de gagner notre vie et de mener une carrière qui nous plaise. En fait, nous prîmes soin de nous octroyer les mêmes salaires que ceux que nous verserions aux autres. Nous partagions la même approche conventionnelle des affaires et ne contractâmes aucun emprunt bancaire, ce qui était sans doute dû au fait que nous avions grandi pendant la grande dépression et vu tant de gens se débattre pour payer leurs factures. Beaucoup se retrouvèrent à la merci des banques, incapables de rembourser leurs prêts.

Ted était aussi un adepte, en affaires, de la méthode KISS (Keep It Simple, Stupid), ce qui signifie faire les choses simplement. Nous étions également prêts à faire des sacrifices. Pendant la première année de Pharmascience, nous ne touchâmes aucun salaire, mais fûmes immédiatement opérationnels – la société démarra sur les chapeaux de roue.

C'est alors que nous eûmes une autre décision à prendre. Comment allions-nous nous y prendre pour assurer la croissance de la société ? Nous pourrions procéder comme je l'avais fait avec Winley-Morris une trentaine d'années plus tôt, doucement, étape par étape. À l'époque, je n'avais aucune envie d'entrer en Bourse. Pour moi, Winley-Morris était une entreprise familiale et il était hors de question de céder un quelconque contrôle de mes affaires à des actionnaires extérieurs.

La situation avec Pharmascience était toutefois sensiblement différente. Nous étions notamment contactés par des gens qui souhaitaient investir dans notre nouvelle société, ce qui n'avait jamais été le cas avec Winley-Morris. En l'occurrence, je reçus très vite un appel d'une de mes connaissances, Sam Grossman, comptable à Montréal, qui avait entendu dire que Ted et moi étions à la recherche d'investisseurs. Il ajouta qu'il connaissait des Israéliens qui souhaitaient avoir des parts dans une entreprise canadienne.

Je n'étais pas prêt à m'engager avec des gens que je ne connaissais pas, même s'ils m'étaient recommandés par Sam. J'ai toujours voulu pouvoir jauger les gens avant de me lancer en affaires avec eux, les rencontrer, avoir un contact visuel, tester leur personnalité. J'ai toujours insisté pour voir en personne quelqu'un avec qui j'allais faire affaire. C'est ainsi que je me rendis en Israël pour me présenter à mes éventuels investisseurs. Arrivé là, je rencontrai Jonathan Zuhovitsky, le gendre de Shaul Eisenberg. Au nom du groupe Eisenberg, Jonathan accepta d'investir deux cent mille dollars, soit vingt pour cent du capital de notre nouvelle entreprise, dans la jeune Pharmascience. Peu de temps après, je fus contacté par Ruby Zimmerman, un compatriote montréalais propriétaire de l'entreprise de revêtements d'aluminium Zimmcor, qui souhaitait acheter vingt pour cent de l'investissement d'Eisenberg, essentiellement, me confia-t-il à cette époque, pour se rapprocher de cet inaccessible homme d'affaires israélien.

Je n'avais jamais eu l'occasion de traiter directement avec ce dernier en Israël, mais j'avais entendu des histoires à son sujet, qui plus est un grand nombre. C'était un financier légendaire, dont on disait, à l'occasion, qu'il était un espion israélien, un marchand d'armes clandestin et « le Juif le plus riche du monde ». Né en Autriche, il fut l'un des nombreux Juifs autrichiens à fuir les nazis pendant la Deuxième Guerre mondiale et à trouver refuge dans une destination plutôt improbable, le port franc de Shanghai, alors occupé par les Japonais. Le chemin emprunté par Eisenberg, vers l'est en direction de la Sibérie, puis au sud à travers la Mongolie, est entré dans la légende. Au demeurant, ce voyage aurait pu ne pas avoir lieu si la demande de Berlin pour expulser les réfugiés à Shanghai, dont le nombre était estimé à trente-cinq mille, avait été entendue, ce qui ne fut pas le cas puisque les Japonais refusèrent d'obtempérer aux instances de leurs alliés de l'Axe. Eisenberg resta en Chine, où les Juifs étrangers pouvaient se faire un nom ; c'était déjà arrivé dans le passé. Sun Yat-Sen, l'homme que l'on appelait en Chine « le père de la nation », le rassembleur de cet immense pays, avait alors un garde du corps et conseiller juif. Après la mort de Sun Yat-Sen, Morris « Two-Gun » Cohen, un personnage haut en couleur, avait, paraît-il, encouragé le gouvernement chinois à ne pas opposer son veto à la résolution des Nations Unies, en 1947, portant sur la création de l'État juif d'Israël.

L'antisémitisme, si répandu et virulent en Europe au début du vingtième siècle, ne trouva jamais écho en Asie, en tout cas ni chez les Chinois ni chez les Japonais. C'est un des facteurs qui expliquent en partie les liens étroits et durables qu'Eisenberg entretint avec la Chine et l'administration chinoise.

Plus tard, Eisenberg quitta la Chine pour le Japon où il épousa une Japonaise, puis s'installa en Israël avec sa famille, où son influence se fit sentir avant même qu'il immigre, alors qu'il vivait encore au Japon. On raconte que le ministre des Finances israélien, Pinchas Sapir, se rendit au Japon dans le but d'obtenir un financement pour prolonger la ligne de chemin de fer de Tel-Aviv à Be'er Sheba. Sapir avait entendu parler d'un mystérieux négociant capable d'obtenir cinq pour cent sur les prêts. Tout ce que Sapir savait, c'est que ce négociant était Juif et qu'il s'appelait Eisenberg. Il demanda donc à le rencontrer, espérant le convaincre de déménager femme, enfants et entreprise en Israël. Eisenberg accepta, à une condition. Il exigeait d'Israël la même entente que celle qu'il avait au Japon, où selon la législation fiscale, les entreprises ne paient pas d'impôts sur les revenus générés à l'extérieur du pays. Sapir étudia la proposition et retourna en Israël pour faire adopter la loi, baptisée la « Loi Eisenberg ». Tout étranger qui s'installait en Israël était dorénavant exempté d'impôts pendant dix ans sur tous les revenus tirés d'activités hors pays, un incitatif de taille qui eut d'importantes répercussions et contribua à attirer de plus en plus de capital étranger vers les industries israéliennes. La loi demeura en vigueur pendant de nombreuses années et fut considérée comme l'un des plus importants apports d'Eisenberg à la croissance de la jeune nation. Eisenberg joua également un rôle de pionnier dans le rapprochement commercial entre Israël et la Chine, à un moment où aucun pays occidental ne souhaitait traiter avec la Chine.

C'était aussi un affairiste, un intermédiaire qui avait des liens avec les riches et les puissants de ce monde. Pourtant, lors de la chute du marché financier israélien à l'automne 1983 – selon la rumeur, il aurait perdu cent millions de dollars –, rentré chez lui, il découvrit qu'il avait fait l'acquisition de placements non désirés, dont Pharmascience. Bien sûr, j'ignorais tout de cela lorsque mon ami Eric Flanders, le représentant canadien d'Eisenberg, me demanda d'assister à une réunion avec Eisenberg au fameux Waldorf Astoria, à New

York. Naturellement, j'acceptai. Je ne voyais là rien d'extraordinaire puisque après tout, il était mon associé.

Du moins, c'est ce que je pensais. En fait, il était sur le point de devenir mon ex-partenaire. Lors de notre rencontre, il reconnut qu'il n'avait aucun problème avec la façon dont je gérais mon entreprise. Il s'était rendu compte, même si notre collaboration ne durait que depuis quelques mois, que Pharmascience avait tous les atouts pour réussir. Il avait pu constater que l'entreprise était rentable. Pourtant, j'attendais un « mais », et il ne tarda pas. Ma rencontre avec ce personnage plus grand que nature ne dura probablement pas plus de quinze minutes ; j'avais la nette impression que je me trouvais en face d'un homme qui ne perdait pas son temps à se regarder le nombril. Il prit sa décision et s'y tint. « Monsieur Goodman, dit-il, je n'ai rien à faire dans votre société. Je suis un "monsieur cinq pour cent", ce que les gens appellent un intermédiaire. Si vous voulez rencontrer le roi du Siam, je suis votre homme. Et, au fait, je n'accepte que l'argent comptant. »

Je fus surpris par la tournure des événements, mais pas particulièrement bouleversé. Je lui répondis qu'il n'y avait aucun problème et que je lui remettrais son argent. Puis il me regarda et me demanda : « Pourquoi ne venez-vous pas avec moi en Chine ? J'ai quarante personnes qui y travaillent pour moi en ce moment. Monsieur Goodman, je ferai de vous un multimillionnaire. »

Je répondis immédiatement « Merci, mais non merci » et lui dis que j'étais heureux de faire ce que je faisais. Je ne doutais pas du sérieux de sa proposition. En fait, j'étais même flatté qu'un homme de cette envergure s'intéresse à moi et me propose de faire partie de son équipe de haut vol, mais je n'ai aucun regret d'avoir refusé son offre. Qu'allais-je faire ? Déraciner ma famille ? Déménager en Chine ? C'eût été de la folie. Une dizaine d'années plus tôt, Roz et moi avions déjà décidé qu'une installation en Californie serait un trop gros choc culturel. De toute façon, j'avais le sentiment que quiconque travaillait pour Eisenberg aurait toujours des comptes à lui rendre et que ce dernier aurait toujours le dernier mot. Au cours de la décennie suivante, Eisenberg continua d'exercer son influence en coulisse. La visite, à son domicile en Israël, du maire de Shanghai, un homme extrêmement puissant, témoigne de l'importance du rôle qu'il joua. Eisenberg mourut d'une crise cardiaque en 1997, à l'âge de soixante-seize ans, au cours d'un de ses nombreux voyages en Chine.

Pour Pharmascience, perdre Eisenberg dès le départ, au cours de la première année, fut en réalité une autre bénédiction. Ce fut pour Ted et moi la preuve que nous n'avions nullement besoin d'investisseurs extérieurs. Une fois de plus, j'en arrivai à la conclusion que Pharmascience devait rester une entreprise familiale, ce qu'elle est encore à ce jour. Je décidai que ma nouvelle entreprise se développerait doucement, tout comme Winley-Morris, et j'étais satisfait de cette décision. C'était le modèle que je connaissais et avec lequel j'étais le plus à l'aise. Par contre, ce type de gestion s'avéra trop lent pour Ruby Zimmerman, de Zimmcor. Il avait maintenu son investissement après le retrait d'Eisenberg, mais vers la fin des années 1980, il commença à s'impatienter ; il ne voyait pas les dividendes. Et pour cause, nous réinvestissions tous nos profits. Dix minutes suffirent pour racheter les parts de Ruby Zimmerman et nous nous séparâmes en bons termes. Il reconnaîtra plus tard qu'il avait agi un peu hâtivement. Il avait manqué de vision et n'avait pas été capable d'anticiper le succès de Pharmascience. Il arrive parfois que l'arbre cache la forêt.

Pour l'heure, Ted et moi étions également très à l'aise avec le principe de rester simple – vous vous rappelez de KISS ? Nous louâmes un modeste espace de mille pieds carrés au 839 de la rue McCaffrey, un petit immeuble industriel en bordure du quartier Saint-Laurent. Les installations de Pharmascience n'étaient pas des plus impressionnantes, mais Ted et moi étions très heureux d'avoir un local pour abriter notre entreprise et cela faisait sans doute aussi l'affaire de la femme de Ted et de ses voisins fouineurs. Nous commençâmes par nous attribuer des bureaux, un pour moi, un pour Ted et un pour chacune de nos secrétaires, Betty Speevak et Sabina Gabriel, qui nous avaient suivis lorsque nous avions quitté ICN. Aujourd'hui, rectitude politique oblige, on ne dit plus secrétaire, mais adjointe administrative. Qu'importe le terme qui les désigne, la plupart des cadres supérieurs et des entrepreneurs ne pourraient s'en passer. Et je ne faisais pas exception. Ces précieuses adjointes font une foule de choses que nous tenons pour acquises. Elles peuvent, lorsqu'elles sont efficaces, réduire votre charge de travail et vous permettre d'abattre davantage de boulot en une journée. Betty œuvra à mes côtés pendant près de trois décennies et prit sa retraite à quatre-vingt-deux ans.

La compétence de femmes comme Betty Speevak et Sabina Gabriel, secrétaire de longue date de Ted Wise, est incontestable, mais ce qui m'a toujours frappé est leur extraordinaire loyauté. Un jour, par exemple, un de nos concurrents à Toronto tenta de savoir auprès de Sabrina quel serait le montant de notre soumission en réponse à l'appel d'offres d'un hôpital, une information cruciale qui, de toute évidence, pourrait être utilisée pour faire une offre inférieure. La stratégie de notre concurrent était de contacter Sabrina par l'entremise d'un vendeur ayant déjà travaillé pour ICN Canada. Le vendeur demanda donc à Sabrina de lui transmettre une information confidentielle, ce qui constituait un acte d'espionnage industriel. Sabina me rapporta immédiatement ce qui s'était passé. Elle savait déjà bien sûr, comme je l'en informai, que c'était illégal. Nous lui demandâmes alors si elle accepterait de coopérer avec la police en enregistrant le vendeur. Équipée d'un micro caché, elle le rencontra dans un stationnement et au moment où elle lui transmit les documents, les policiers interceptèrent et arrêtèrent le vendeur, qui fut condamné avec sursis. Sabina avait, comme toujours, fait la preuve de sa loyauté et de son courage.

Les premiers produits spécialisés créés par Pharmascience furent le gel et l'atomiseur Rhinaris pour la congestion nasale et le Secaris. Ces produits furent mis au point à la lumière d'un rapport du Dr Shledon Spector. L'étude qu'il avait effectuée au Hadassah Medical Center à Jérusalem révélait que, dans quatre-vingt-dix pour cent des cas, le véhicule contenu dans la préparation des stéroïdes était aussi efficace que la préparation elle-même. Je me demandais pourquoi un médecin devrait prescrire un stéroïde, qui peut avoir des effets secondaires, alors que le véhicule est aussi efficace et ne comporte pas d'effets secondaires. Nous développâmes donc les formulations appropriées aux véhicules seulement et en fîmes la commercialisation sous la marque de commerce Rhinaris, pour l'écoulement nasal et de Secaris, pour la sécheresse nasale.

Les nouveaux bureaux de Pharmascience occupaient trente pour cent de l'espace dont nous disposions rue McCaffrey, les soixante-dix pour cent restants étant occupés par notre entrepôt. Notre entrepôt vide, devrais-je préciser. Même les vitamines que nous vendions n'étaient pas entreposées dans ce local; elles étaient expédiées directement par le fabricant. Par contre, nous étions Ted et moi dotés d'une bonne dose d'intuition et d'une connaissance instinctive des caprices du milieu pharmaceutique. En mars 1984, moins d'un an après la création de Pharmascience, nous apprîmes que le bureau de Boston de la société Laboratoire Serono, dont le siège était situé à Genève, était à l'affût d'un nouvel accord de distribution au Canada.

Serono était déjà un chef de file reconnu dans le domaine en pleine expansion de la FIV ou fécondation in vitro. Leur produit phare, utilisé pour augmenter la fertilité, était le Pergonal, une substance extraite de l'urine des femmes ménopausées. Cette urine contient les hormones FSH (hormone folliculo-stimulante) et HS (hormone lutéinisante). Petite anecdote amusante sur le Pergonal, Serono avait découvert que la meilleure source d'approvisionnement en urine de ce type était les religieuses italiennes. Le fait que le couvent rassemble un grand nombre de femmes d'un certain âge en un même lieu facilitait la collecte des quantités d'urine nécessaires.

Au Canada, la distribution de Pergonal était gérée par les Laboratoires Cutter, une multinationale dont le siège social canadien se trouvait à Calgary. Ted et moi ayant appris que Serono voulait revoir sa situation, j'appelai le président de la branche américaine de Serono, Tom Wiggins, à Boston pour lui dire que j'aimerais le rencontrer personnellement.

On dit généralement que ce genre d'appel « à froid » ne donne rien, mais je sais par expérience qu'on peut le « réchauffer » en se montrant enthousiaste et chaleureux. Cette approche s'avéra efficace, même trop d'une certaine façon, lorsque j'appelai Tom Wiggins. Quand je lui offris d'aller à Boston, il me répondit que ce n'était pas nécessaire puisqu'il avait déjà prévu de venir au Canada et qu'il serait ravi de passer nous voir à Montréal. Il envisageait en effet la possibilité que Pharmascience le représente au Canada. Normalement, ce n'est pas de cette façon que se déroule ce genre de transaction. Généralement, c'est vous qui rencontrez le client potentiel afin de le convaincre de faire affaire avec vous. Wiggins, lui, s'était invité rue McCaffrey, à notre siège social, qui ne payait vraiment pas de mine. Mais comment l'empêcher de venir ? Je pouvais difficilement lui dire au téléphone que nous ne voulions pas qu'il vienne nous voir à Montréal. Je me rappelle encore le jour où il est arrivé. Après avoir jeté un coup d'œil sur nos bureaux spartiates et notre entrepôt vide, il me demanda : « Mais dites-moi, vous gagnez votre vie comment ? »

Comme on dit, « l'honnêteté paie toujours » ; je le répète, c'est même parfois la seule voie possible. Je lui dis donc la vérité. « M. Higgins, je n'ai rien à vous montrer, l'entreprise démarre. Elle est en activité depuis moins d'un an. » Je lui parlai ensuite de mes années à ICN et chez Winley-Morris. Si je me souviens bien, j'évoquai aussi mes années à la Faculté de pharmacie de l'Université de Montréal, puis j'ajoutai : « Je connais quelqu'un qui a vos intérêts à cœur, quelqu'un qui me connaît aussi. Vous pouvez l'appeler si vous voulez une recommandation et s'il vous dit que vous pouvez vous fier à tout ce que dit Morris, alors, j'aimerais que vous nous cédiez les droits de distribution de vos produits au Canada. »

« Qui est cette personne ? », demanda Wiggins.

« Je ne peux pas vous le dire, pas avant que vous me promettiez de nous céder ces droits. Je sais que nous pouvons faire du bon boulot avec votre gamme de produits. »

À quoi je pensais ? Je n'en ai aucune idée. Les mots étaient sortis de ma bouche, comme ça. Je suppose que j'avais le cerveau en roue libre. J'improvisais. Je savais que nous ne pourrions pas impressionner Wiggins avec ce qu'il avait sous les yeux. Alors, je lâchai cette offre, jouant le tout pour le tout. Et Wiggins, étonnamment, après avoir réfléchi pendant ce qui me sembla une éternité, accepta. Rétrospectivement, je crois savoir pourquoi cette stratégie atypique fonctionna. Si j'avais dit sur-le-champ à Wiggins qui était cette mystérieuse personne, il n'aurait eu aucune obligation de faire affaire avec moi, aussi élogieuse qu'eût été la recommandation. Il fallait qu'il se prononce et il le fit. Mais surtout, il fut intrigué par l'offre et par, il faut bien le dire, mon culot. Je me rends compte aujourd'hui que le succès de cette négociation n'avait pas grand-chose à voir avec l'expérience des affaires que j'avais acquise au fil du temps. Je m'étais plutôt fié à ma connaissance de la nature humaine. J'avais piqué sa curiosité. Évidemment, je ne lui demandai pas de notifier son engagement par écrit. J'étais tout disposé à lui faire confiance.

L'homme mystérieux était Hans Thierstein, le directeur financier de Serono à Genève. J'avais travaillé avec Hans pour ICN, où il avait occupé le poste de vice-président des finances pendant presque douze ans et il pouvait se porter garant de Ted et de moi. J'étais convaincu que sa recommandation serait élogieuse. Elle le fut sans doute puisque, deux semaines plus tard, Wiggins appela et me dit : « Nous signons un contrat de trois ans avec Pharmascience. »

Le monde des affaires n'est pas toujours constitué, comme le pensent la plupart des gens, de gagnants et de perdants, mais cette fois-là, tel était le cas. Je savais qu'après avoir accepté de transférer ses affaires à Pharmascience, Wiggins aurait la désagréable tâche d'informer Cutter, l'ancien distributeur canadien de Serono, de la modification des dispositions contractuelles, ce qu'il fit en allant annoncer en personne la mauvaise nouvelle à Calgary.

Ni Pharmascience ni moi n'étions directement concernés par ces changements jusqu'à ce que je reçoive un appel de Calgary. Wiggins était aux prises avec la colère du directeur général de Cutter, qui était extrêmement mécontent, cela se comprend, de perdre Serono, une entreprise avec laquelle il entretenait une relation d'affaires depuis quinze ans. Il était surtout choqué d'avoir reçu un préavis de résiliation de seulement trente jours. Le contrat conclu entre Serono et Cutter l'autorisait, mais le directeur général de Cutter invoquait une autre raison. Cette perte le frappait personnellement. Il n'atteindrait pas ses objectifs de vente prévisionnels et il perdrait sa prime.

Wiggins fut sans doute surpris lorsque je lui avouai que je comprenais le désarroi du directeur général à Calgary et que je trouvais injuste la brutalité de la rupture du contrat. Je savais que j'aurais réagi de la même façon si j'avais été à la place de cet homme. Je proposai donc un compromis inusité, fondé sur le fait, comme je l'expliquai à Wiggins, que Pharmascience avait depuis longtemps l'intention de faire affaire avec Serono. Je suggérai de remettre à Cutter tous les profits que nous réaliserions avec Serono à partir du jour où nous prendrions la relève au mois de mars jusqu'à la fin de l'exercice de Cutter à la fin du mois d'octobre. « Vous feriez cela ? », me demanda Wiggins, stupéfait par la générosité de cette offre spontanée. Je lui répondis que je le ferais pour une simple et bonne raison : c'était la meilleure chose à faire. La règle d'or des affaires n'est pas enseignée dans les écoles de commerce, mais cet exemple prouve qu'il serait peut-être judicieux qu'elle le soit.

Pharmascience représenta Serono pendant les six années suivantes et, entre 1984 et 1990, les ventes des produits Serono passèrent de deux cent cinquante mille dollars à dix millions de dollars. En 1990, ce secteur d'activités représentait soixante pour cent des profits bruts de Pharmascience.

Mais en 1990, Serono atteignit son statut de chef de file mondial de l'industrie en pleine expansion de la fécondation in vitro – elle était, pour ainsi dire, à l'état embryonnaire lorsque nous prîmes le contrôle de la distribution canadienne des produits Serono – et la société estima qu'elle devait disposer de ses propres équipes de vente et de marketing au Canada. Serono était cependant prête à nous faire une offre inhabituelle et étonnamment généreuse. Se souvenant du geste sympathique que nous avions eu à l'égard de Cutter, la société nous gratifia d'un geste similaire, à plus grande échelle même, témoignant d'une qualité rare dans les grandes entreprises, la mémoire institutionnelle. Elle se rappelait ce que nous avions fait pour l'aider à se tirer d'un mauvais pas avec Cutter et se montra reconnaissante. Serono offrit à Pharmascience une sorte de prime de rachat. Il faut souligner que la société n'avait aucune obligation contractuelle à notre égard. Néanmoins, elle décida de verser à Pharmascience vingt-cinq pour cent du montant des ventes canadiennes pendant trois ans en guise de compensation. Tout ce que nous avions à faire était de gérer l'expédition des produits en son nom. Concrètement, nous recevrions deux millions de dollars par année pendant trois ans en échange d'une charge de travail minimale. Ce que je trouve gratifiant dans cette situation, c'est qu'elle émane d'un beau geste et que ce geste soit reconnu avec une grande générosité. Il s'agit là d'un fait extrêmement rare dans le monde des affaires. J'ajouterais que nous n'avons jamais essayé de développer de produits génériques à partir des produits Serono.

En juin 1990, Pharmascience perdit donc Serono, son plus gros client – nos ventes chutèrent de moitié –, mais Ted et moi eûmes aussi l'occasion inattendue de toucher ce qui était au fond de l'argent inespéré, notre prime de rachat, et de l'investir. Ce que nous fîmes. La totalité des six millions de dollars fut consacrée à la recherche et au développement. À long terme, cet investissement aurait des répercussions importantes sur la rapidité et l'ampleur de la croissance de Pharmascience au cours des deux décennies suivantes.

L'histoire de notre relation avec Tom Wiggins comporte un deuxième épisode. Lorsque Tom quitta Serono, il fonda une entreprise biotechnologique dénommée Connetics, à Palo Alto, en Californie. Sa nouvelle entreprise se spécialisait dans la recherche sur un médicament appelé Relaxine, qui devait être utilisé dans le traitement de la sclérodermie, une maladie de la peau dévastatrice pour laquelle il n'existait à l'époque aucun traitement efficace. À ce moment-là, mon fils Jonathan travaillait à Pharmascience et Tom l'appelait souvent pour savoir si nous souhaitions investir dans une étude de phase III. (Passer à la phase III signifiait qu'il avait déjà obtenu des résultats positifs à la phase II.) Jonathan, qui se sentait redevable à l'égard de Tom, investit plusieurs millions de dollars par l'entremise de sa société, Paladin, qu'il avait créée en juillet 1995, avant tout pour lui témoigner sa gratitude. Malheureusement, l'étude n'atteint pas son objectif et il n'existe toujours pas de traitement pour lutter contre la sclérodermie ; Connetics vendit finalement les droits mondiaux de la Relaxine à Novartis, hormis les droits canadiens, que détient toujours Paladin. À l'heure actuelle, la Relaxine fait l'objet d'essais cliniques pour le traitement de l'insuffisance cardiaque aiguë. Si l'efficacité du médicament est prouvée, Paladin obtiendra les droits de recherche actuellement payés par Novartis. Selon Jonathan, la valeur que représente le traitement de cette maladie pourrait s'avérer supérieure, et de loin, à la valeur globale actuelle de Paladin. Une fois encore, la chance nous servit mieux que l'intelligence.

10

Coup de circuit

La vie est une aventure courageuse ou elle n'est rien.
Helen Keller

La progression d'une carrière est imprévisible. Elle repose évidemment sur une bonne dose de travail, sur une vision et aussi sur d'heureux hasards. Cet appel de prospection à Serono, par exemple, fut passé à point nommé pour assurer un succès rapide à Pharmascience. De même, les modalités de séparation de Pharmascience et de Serono n'auraient pu être plus favorables à l'avenir de notre entreprise.

Je suppose que l'on pourrait résumer cela ainsi : depuis le temps où je faisais des livraisons pour Manny Winrow, j'ai conservé la même approche des affaires, qui est en fait aussi ma philosophie de vie : toujours aller de l'avant et, ce qui est peut-être aussi important, regarder vers l'avenir. Avoir une vision, c'est ainsi que l'on appelle cette approche depuis ces dernières décennies. On parle aussi d'attitude positive, ce qui, incontestablement, fait partie de ma nature. J'ai également constaté par expérience que le succès engendre le succès. Les premières années de Pharmascience furent manifestement jalonnées d'occasions de renforcer sa croissance, d'accumuler succès après succès.

Ma profonde curiosité y est aussi pour quelque chose. Mon fils David qualifie ce trait de caractère de « non-arrogance ». Il vous dira que, partout où je vais, je cherche à apprendre quelque chose de nouveau. « Mon père est quelqu'un d'humble. Il est toujours prêt à travailler, avide d'en savoir plus. Je crois que c'est sa curiosité qui le pousse à aller au travail chaque jour. Il continue d'apprendre. » Roz, aussi, peut témoigner des heures que j'ai passées, absorbé dans la lecture de revues médicales, sans cesse à la recherche de nouvelles idées, de nouvelles utilisations de médicaments existants, du seul traitement qui allégera les souffrances des patients.

C'est cette curiosité qui m'amena aussi en 1987 à m'intéresser à un article révolutionnaire sur lequel je tombai dans le prestigieux *New England Journal of Medicine*, écrit par un médecin californien, William Summers. Ce dernier effectuait des études sur l'emploi d'un médicament préexistant, le chlorhydrate de tacrine, pour traiter les patients souffrant de désordre neurologique, souvent diagnostiqué à tort, à l'époque, comme démence ou sénilité. Le chlorhydrate de tacrine avait été utilisé pendant la Première Guerre mondiale comme antidote au gaz moutarde, un poison conçu pour détruire le système nerveux des soldats. Le gaz moutarde marquait une terrible étape dans l'évolution de l'utilisation des produits chimiques comme agents de guerre et la tacrine permit, dans une certaine mesure, de le combattre, du moins si les circonstances s'y prêtaient. Malheureusement, le « si » était de taille, surtout en plein cœur de la bataille. Quelque soixante-dix ans plus tard, Summers découvrit que la tacrine appartenait à une catégorie de médicaments nommés « inhibiteurs de la cholinestérase » et, qu'à ce titre, il pourrait contribuer à réduire les symptômes des patients atteints de la maladie d'Alzheimer.

Ce type de recherche est courant. Ainsi, il n'est pas rare que, des années plus tard, un médicament utilisé un jour pour traiter une maladie ou un trouble particulier, parfois avec succès et à très peu de frais, se révèle utile pour traiter une autre maladie ou un autre trouble. Je connus une situation similaire avec le Ribavirin, le présumé traitement du rhume, qui s'avéra finalement efficace pour traiter l'hépatite C et qui semble aujourd'hui très prometteur pour traiter le cancer.

L'histoire du chlorhydrate de tacrine est cependant particulièrement originale. Pensez-y : existant depuis 1918, ignoré pendant des décennies (fort heureusement, le gaz moutarde n'a pas été employé sur les champs de bataille au cours des dernières décennies), ce médicament fait soudainement sa réapparition et se révèle prometteur pour le traitement des symptômes dévastateurs d'une maladie de plus en plus terrifiante.

Pour être honnête, je ne savais pas grand-chose au sujet de la maladie d'Alzheimer à cette époque, comme bien des gens d'ailleurs. C'est difficile à croire de nos jours, mais on ne parlait pas de la maladie dans les médias et elle n'était pas connue du public comme aujourd'hui. Ce que l'on reconnaît maintenant comme premiers symptômes de la maladie n'était que rarement diagnostiqué à l'époque. Comme je le mentionnais précédemment, le corps médical assimilait souvent ce trouble à la sénilité. Tout ce que je savais de la maladie d'Alzheimer, c'est qu'il s'agissait d'un trouble neurologique, mais c'était suffisant pour piquer ma curiosité et susciter mon intérêt. Au début des années 1970, d'abord chez Winley-Morris, puis à ICN Canada, j'avais déjà été fasciné par le succès de la L-DOPA dans le traitement de la maladie de Parkinson, un autre trouble neurologique mystérieux et dévastateur.

À la lecture de l'article du Dr William Summers sur le chlorhydrate de tacrine, je ressentis la même chose que dans le cas de la L-DOPA : une grande excitation. Je m'entends encore dire à Roz que je ne comprenais pas comment j'avais pu ne jamais entendre parler de ce médicament. J'entrepris alors mes propres recherches afin de satisfaire ma curiosité. En consultant mes vieux cahiers, je découvris que la tacrine était fabriquée, combinée à la morphine, par une entreprise à Melbourne, en Australie, et commercialisée comme analgésique.

En fait, c'est ce que je trouve amusant. C'est comme le travail de détective. Vous tombez sur une étude, sur un médicament qui pourrait changer la vie d'un nombre incalculable de personnes, et vous mettez toutes vos compétences, votre créativité et vos ressources au service de la recherche pour, un jour, être en mesure de le fabriquer et de le distribuer. C'est franchement excitant. C'est précisément le genre d'émotion qui a entretenu ma passion pour ce domaine pendant plus de soixante ans.

Qui plus est, la tacrine pouvait se révéler être une découverte capitale ; je le pressentis dès le début. Dans le domaine pharmaceutique, il faut toujours tenter le coup de circuit, frapper un grand coup qui révolutionnera le marché, mais surtout, qui transformera la qualité de vie des gens. Mais dans la réalité, les coups de circuit sont plutôt rares et, même si je ne suis pas un passionné de baseball ni même un adepte de sport, l'image me paraît très appropriée. En termes musicaux, un domaine qui m'est plus familier, ce serait l'image du ténor qui cherche à atteindre sa plus haute note. En d'autres mots, vous misez gros pour décrocher le gros lot. C'est ce qu'il y a de plus exaltant dans ce domaine.

C'est dans cette optique que Roz et moi entreprîmes de réserver un vol à destination de Melbourne le plus rapidement possible. Pour moi, il n'y avait pas de temps à perdre. La première étape de ma stratégie était simple : faire pénétrer la tacrine sur le marché canadien.

En route vers Melbourne, je fis un arrêt important en Californie pour voir le Dr William Summers. Je voulais le rencontrer personnellement. Lire un article est une chose, rencontrer la personne qui s'est consacrée à la recherche, au travail clinique et à la rédaction de cet article avec tout ce que cela comporte en est une autre. Une personne qui connaît parfaitement son sujet et s'y dévoue corps et âme. Voilà William Summers. Lorsque je le rencontrai, il en savait déjà plus sur la tacrine que quiconque au monde. C'était aussi un personnage fascinant, le type de professionnel que, d'après mon expérience, vous voyez souvent faire ce genre de recherche ambitieuse et révolutionnaire. D'emblée, il fut évident qu'il ne faisait pas cela pour l'argent. Il s'investissait à fond dans la lutte contre la maladie d'Alzheimer ; c'est ce qui le portait, avec la curiosité scientifique pure. J'ai toujours trouvé remarquables son dévouement et celui de toutes les personnes qui font ce type de recherche. Ce sont des êtres extraordinaires, des êtres rares et je pris bien soin de ne jamais l'oublier.

Mon expérience en Australie fut tout en contrastes. Le mot dévouement ne fut pas celui qui me vint immédiatement à l'esprit, lorsqu'arrivé à Melbourne, je rencontrai le propriétaire de l'entreprise qui vendait la tacrine, combinée à la morphine, comme analgésique. C'était un homme qui se fichait carrément de la société pharmaceutique. En fait, elle lui avait été léguée par son oncle alors que lui était dans le commerce du jouet. Entre les jouets et le yacht sur lequel il adorait passer son temps, la tacrine ne présentait aucun intérêt pour lui. Il n'en voyait pas le potentiel. Qui plus est, il n'avait jamais entendu parler de la maladie d'Alzheimer. Les négociations furent extrêmement rapides et faciles. Je retournai chez moi avec cinq kilos de tacrine fabriquée en Australie et, surtout, avec le savoir-faire technique pour fabriquer le médicament, tout cela pour cinquante mille dollars.

De retour à Montréal, j'avais hâte de lancer le projet. Avant d'aborder la deuxième étape de ma stratégie, je devais rencontrer le Dr Serge Gauthier, responsable de la médecine gériatrique à McGill, un domaine incluant bien entendu la maladie d'Alzheimer. Je me rendis donc à l'Institut neurologique de Montréal en décembre 1988 en espérant l'y trouver. Je n'eus pas vraiment besoin de jouer les détectives. En pénétrant dans le hall d'entrée de l'Institut, je demandai au premier homme à l'allure distinguée que je croisai où je pouvais le trouver. Celui-ci éclata de rire et me répondit que je l'avais trouvé. Nous eûmes tous les deux à ce moment l'impression que cette rencontre impromptue serait fructueuse pour l'un comme pour l'autre.

« J'ai un produit qui pourrait vous intéresser : le chlorhydrate de tacrine », lui annonçai-je.

« Ah oui ? Mais, dites-moi, seriez-vous le père Noël ? », s'exclama-t-il.

« Peut-être », répliquai-je.

« Eh bien, ça m'intéresse en effet. Je veux faire un essai clinique sur la tacrine. »

◆

Je lui expliquai que je ne disposais pas des fonds nécessaires pour faire la recherche clinique, mais que je pourrais lui fournir le médicament gratuitement pour son étude. Il me dit que, dans ce cas, il ferait le nécessaire pour le financement, et une entente fut conclue sur-le-champ.

À l'instar de tout neurologue attentif aux nouveautés, le Dr Gauthier avait lu le même article que moi dans *The New England Journal of Medicine*, qui laissait présager une avancée capitale. Mais aussi enthousiasmé fut-il par cette nouvelle recherche, il n'avait pas les moyens de mettre la main sur la tacrine, du moins jusqu'à mon apparition inattendue et ma proposition de lui fournir le médicament de façon illimitée et gratuitement. Alors, oui, je comprends que même un Juif nommé Goodman, sans barbe et sans bedaine pour ainsi dire, ait pu prendre ce jour-là des allures de père Noël pour le Dr Gauthier. Voici un autre exemple qui illustre l'importance de choisir le bon moment. À peu près en même temps que le Dr Gauthier et sa femme, Louise, ergothérapeute, s'associaient pour entreprendre une étude multicentrique canadienne sur la tacrine, je reçus la visite d'Harry Stratford, qui dirigeait la petite société anglaise Shire Pharmaceuticals. Shire n'avait encore à l'époque que quelques années et, lorsque Stratford vint me voir la première fois, il cherchait à obtenir la participation de Pharmascience à sa recherche sur l'hormonothérapie pour les femmes, car il voulait mettre au point une version générique du Premarin. C'est à l'occasion de cette rencontre que Ted et moi décidâmes de lui parler de la tacrine. Stratford repartit en Angleterre, fit ses propres recherches sur le médicament, puis revint à Montréal afin de négocier les droits exclusifs de développement avec Pharmascience.

« M. Goodman, si vous offrez ce médicament à n'importe quelle multinationale en Angleterre, elle va sauter dessus, mais je le veux et je peux vous promettre que je saurai quoi faire avec», affirma Stratford. Sa proposition fut convaincante et toucha une corde sensible, probablement parce qu'elle était très similaire à celle que j'avais faite à Tom Wiggins chez Serono.

J'avais aussi entendu beaucoup d'histoires sur des multinationales qui abandonnaient des recherches importantes parce qu'elles se découvraient d'autres intérêts, ou encore de recherches qui avaient été écartées parce qu'elles entraient en conflit avec le développement d'un autre produit. Parfois, ces décisions répondaient à des impératifs financiers; parfois, une grosse société perdait simplement de vue un médicament prometteur ou le mettait en veilleuse parce qu'un projet plus important ou plus rentable se présentait.

Alors, je fus franc avec Stratford. « Je suis réticent à travailler avec des multinationales. Je crains qu'elles ne prennent la tacrine, mais qu'elles la mettent de côté et n'en fassent rien. Je veux travailler avec quelqu'un qui mettra au point le produit. »

Stratford, et c'est tout à son honneur, se révéla être cette personne et, en novembre 1988, nous conclûmes une entente avec sa société. Schroder Ventures finança l'étude multicentrique en Angleterre, à laquelle participera un groupe d'éminents neurologues provenant de toutes les régions de l'Angleterre et dont les conclusions appuyèrent l'utilisation de la tacrine.

J'appris plus tard en lisant un livre intitulé *Flying High*, une chronique des vingt premières années de Shire Pharmaceuticals, l'importance de cette rencontre pour Harry Stratford. Shire devint une énorme multinationale, qui emploie aujourd'hui près de trois mille personnes et dont le chiffre d'affaires dépasse les deux milliards de dollars. Lorsque je rencontrai Harry Stratford pour la première fois, pourtant, la situation n'était pas aussi florissante. Elle est décrite comme suit dans *Flying High* : « La situation financière de Stratford et de sa société était chancelante. Sa femme, Carole, et lui admirent que leurs cartes de crédit étaient "pleines à craquer". La tacrine apporta une bouffée d'oxygène et ouvrit des horizons à la société en difficulté. »

Je m'étais trompé, toutefois, lorsqu'au cours de notre première rencontre, je dis à Harry Stratford que les multinationales ne donneraient pas suite à la recherche et au développement de la tacrine. Un an après mes négociations avec Stratford et Shire, la multinationale géante Warner-Lambert développa la tacrine aux États-Unis. Sous l'effet de la pression, je décidai d'agir vite pour essayer de faire échec à la concurrence au Canada. J'écrivis donc à tous les neurologues du pays intéressés par la recherche clinique sur la tacrine en leur offrant de leur fournir gratuitement des comprimés. Dans les vingt-quatre heures qui suivirent, je reçus des réponses enthousiastes. Il n'y eut qu'un seul problème : l'appel d'un médecin aux États-Unis.

Bonnie Davis, qui travaillait au Mount Sinai Hospital à New York, appela pour commander une centaine de comprimés pour son programme de recherche. Je ne pouvais malheureusement pas lui envoyer, car Pharmascience ne pouvait pas expédier de médicaments de l'autre côté de la frontière à moins que le médicament n'ait été approuvé par la Federal Drug Administration (FDA), ce qui n'était pas encore le cas pour la tacrine. « D^{re} Davis, n'êtes-vous pas au courant de l'existence de la FDA ? », lui demandai-je sans ambages.

J'étais curieux, cependant, de savoir comment elle avait entendu parler de mon offre aux neurologues de l'autre côté de la frontière. « Nous avons des amis », répondit-elle évasivement à ma question. « Qu'entendez-vous par là ? », insistai-je, ajoutant que je n'avais envoyé aucun avis concernant la tacrine aux États-Unis. « Mes amis, finit-elle par m'expliquer, se trouvent à l'Université McMaster, à Hamilton. Ce sont eux qui nous ont parlé de vous et qui m'ont dit de vous appeler. » Elle me fit également clairement savoir que son patient, dont elle ne révélerait pas l'identité, était une personne très importante.

Son lien avec l'Université McMaster me donna une idée. Je lui suggérai d'envoyer son patient à McMaster, où Pharmascience pourrait et serait ravie de remettre les comprimés à son patient, mais ma proposition ne sembla pas l'intéresser et la conversation s'arrêta là. Je pensais ne plus entendre parler de cette histoire, mais dix minutes plus tard, le téléphone sonna de nouveau. C'était un certain Dr Michael Davidson, qui, encore plus bizarrement, appelait aussi du Mount Sinai Hospital et, qui plus est, pour obtenir des comprimés de tacrine. Je dois dire aussi que le Dr Davidson s'exprimait avec un accent qui m'était familier.

« Êtes-vous israélien ? », me hasardai-je. Il l'était en effet. Je l'informai alors, tout comme je l'avais mentionné à Bonnie Davis, que si son patient se trouvait aux États-Unis, je ne pourrais lui être d'aucun secours. J'eus toutefois une idée. Je lui dis qu'il n'y aurait aucun problème si son patient était en Israël. « Le patient se trouve en Israël », répliqua-t-il rapidement, peut-être un peu trop, mais j'acceptai de fournir les comprimés à une société israélienne qui pourrait donner suite à sa demande. Davidson et moi avions un ami commun au sein de cette société, le président de Teva, Eli Hurwitz. J'avais d'ailleurs dîné avec Eli à Tel-Aviv deux semaines auparavant. Je suggérai donc au Dr Davidson d'appeler cet ami commun, mais je ne m'attendais pas à ce qu'il l'appelle dans la minute suivante, il était 3 h du matin en Israël, mais c'est ce qu'il fit. Il réveilla Eli, qui m'appela ensuite pour me dire qu'il prenait l'affaire en main. Il me pria de lui envoyer les comprimés, ce que je fis aussitôt.

Depuis le début, c'est à dessein que je suggérais de traiter le patient du Dr Davidson en Israël plutôt qu'aux États-Unis. Je savais en effet que, si l'affaire devait aboutir devant les tribunaux, la loi juive qui nous enjoint à « protéger la vie » (*Pikuach Nefesh*) entrerait en vigueur. Cette loi, dont je suis extrêmement fier en tant que Juif, stipule que les questions de vie ou de mort ont préséance sur tout le reste. C'est pour cette raison que j'acceptai d'expédier le médicament en Israël, avant même que Teva n'accepte de prendre la responsabilité de l'affaire.

Une fois le médicament et Davidson rendus en Israël, je pensai, à tort encore une fois, que l'affaire était close, mais quelques semaines plus tard, je reçus un appel enthousiaste de Bonnie Davis qui, avant même de me saluer, m'annonça : « Ça marche, le médicament fonctionne ! ». De quoi surprendre, puisqu'autant que je sache, je ne lui avais jamais envoyé de comprimés de tacrine. N'ayant pas encore vraiment fait le lien entre le Dr Davidson et la D^{re} Davis, je lui fis part de ma surprise et elle m'avoua que le patient qui se trouvait en Israël était en fait son patient.

« Nous avons fait le voyage des États-Unis à Israël en compagnie d'une infirmière, poursuivit-elle, puis nous avons installé le patient à l'hôtel Hilton de Tel-Aviv, où nous lui avons administré le traitement. Aujourd'hui, il est capable de faire lui-même son nœud de cravate ! Je ne sais pas si vous comprenez ce que cela représente pour une personne atteinte de la maladie d'Alzheimer, mais c'est un progrès extraordinaire ! »

Le 14 février 1989, dans l'avion qui nous emmenait Roz et moi de Los Angeles à Phoenix, je lisais la page éditoriale du prestigieux *Wall Street Journal* lorsque je tombai sur l'histoire d'un patient nommé Roy Gabbard à qui l'on administrait un traitement au THA, un médicament obtenu auprès d'une société pharmaceutique de Montréal qui, je cite l'article, « approvisionnait les chercheurs sur la maladie d'Alzheimer au Canada et en Europe ». La société pharmaceutique en question était Pharmascience. Le médicament en question, le THA, était du chlorhydrate de tacrine. J'ignore comment il se l'était procuré parce que nous n'avions pas vendu de tacrine aux États-Unis. J'étais abasourdi, mais ravi. Je me souviens m'être tourné vers Roz et lui avoir dit : « Tu ne vas pas me croire. On parle de Pharmascience dans l'éditorial du *Wall Street Journal*. »

Cet article contribua de façon importante à la notoriété de notre société encore modeste à l'époque et créa aussi toute une controverse puisque, comme je l'ai déjà mentionné, la vente de ce médicament n'était pas autorisée au Canada. Toutefois, sous l'impulsion de l'article du *Wall Street Journal* et de l'Alzheimer's Society of America, la FDA dut s'expliquer sur sa lenteur à autoriser la distribution d'un médicament qui permettait d'atténuer les symptômes chez des patients atteints d'une maladie incurable, comme Roy Gabbard.

Ce n'est pas par hasard si c'est à ce moment-là que la FDA arriva à la conclusion que les effets secondaires inquiétants de la tacrine révélés par les études cliniques, à savoir sa toxicité pour le foie, étaient gérables, ce que nous savions déjà tous. Quelles que fussent les raisons qui incitèrent la FDA à changer d'idée, elle finit par faire ce qui devait être fait : redonner espoir aux personnes atteintes de la maladie. La FDA informa cependant Warner-Lambert qu'une étude clinique supplémentaire était requise avant de pouvoir autoriser la distribution du médicament sur le marché. L'organisme de réglementation, semblait-il, reconnaissait aussi le devoir de protéger la vie humaine, tel que le stipule la loi juive. Ou du moins était-elle prête à accepter que les risques présentés par le médicament étaient gérables et à reconnaître l'importance de donner un certain espoir aux patients atteints de la maladie d'Alzheimer et à leurs familles alors qu'ils n'en avaient aucun auparavant. De fait, la tacrine soulage, du moins pendant un certain temps, les symptômes les plus dévastateurs de la maladie.

Au courant de l'étude multicentrique menée par Shire en Angleterre, Warner-Lambert entra en contact avec Harry Stratford pour acheter les études cliniques effectuées en Angleterre par Shire, lesquelles lui procureraient la deuxième étude dont elle avait besoin. À ce moment-là, Pharmascience accepta l'offre d'un million et demi de dollars de Shire, cédant à cette dernière les droits de vendre l'étude clinique.

Alors que le contrat que nous avions signé avec Shire nous donnait le contrôle sur les études qu'elle finançait, pourquoi, me direz-vous, ai-je accepté de laisser Shire vendre sa recherche ? D'une part, parce que je n'avais pas investi beaucoup d'argent dans la recherche sur le médicament à l'époque où Shire voulait l'acheter. J'aurais sans doute pu y faire obstacle, mais à part chercher à obtenir davantage d'argent, je ne voyais pas l'intérêt de retarder les choses. D'autre part, et surtout, ce que je voulais, c'était voir le médicament agir avec succès sur les patients souffrant de la maladie d'Alzheimer.

Après l'appel inattendu de Bonnie Davis, nous restâmes en contact. Quelques années plus tard, j'eus l'occasion de l'aider à obtenir un brevet pour un autre médicament destiné à traiter la démence, le chlorhydrate de galantamine. Mon nom apparaît d'ailleurs sur l'un de ses brevets. Plus tard, elle boucla la boucle en vendant le médicament aux Laboratoires Shire. La galantamine devint un produit mondialement connu mis au point avec l'autorisation de Janssen Pharmaceuticals et vendu sous le nom de Reminyl, et en décembre 2012, Pharmascience reçut l'autorisation de Santé Canada de vendre la version générique de la galantamine.

La tacrine n'obtint jamais l'autorisation d'être vendue au Canada. Comme en témoigne l'histoire de ce médicament, les organismes de réglementation comme la FDA aux États-Unis et Santé Canada font aujourd'hui partie intégrante, parfois pour le meilleur, parfois pour le pire, de l'industrie pharmaceutique. Dans le cas de la recherche clinique du Dr Serge Gauthier sur la tacrine, la Dre Cathy Petersen ne fut jamais convaincue que les bienfaits du médicament l'emportaient sur les risques, particulièrement ceux associés à la possibilité d'une augmentation du taux d'enzymes hépatiques. Et c'est elle qui eut le dernier mot dans ce cas, comme dans tous les autres.

Notre relation avec Santé Canada et Cathy Petersen, en particulier, a toujours été franche et ouverte. J'ai toujours respecté les décisions et l'intégrité de cette dernière, même lorsque je n'appréciais pas toujours ses positions, concernant la tacrine notamment. Je me souviens lui avoir demandé, après qu'elle eut définitivement décidé que la tacrine ne serait pas introduite sur le marché canadien, ce qui se passerait lorsque Warner-Lambert se manifesterait avec ses lobbyistes et commencerait à exercer des pressions sur Santé Canada pour obtenir l'approbation du médicament. De toute évidence, ils voudraient commercialiser le médicament partout dans le monde, y compris au Canada, surtout après avoir obtenu l'autorisation de la FDA.

« Morris, m'avait répondu Cathy, ne vous inquiétez pas. Ce que je vous dis vaut pour tout le monde. » Et elle tint parole. Cathy se montra également franche et directe dans le cadre de notre relation. Je me sens encore ému par sa réponse lorsque je l'appelai il y a maintenant une vingtaine d'années. Peu de temps auparavant, mon fils Jonathan avait appris qu'il était atteint de la maladie de Hodgkin. Je lui dis : « D^{re} Petersen, j'ai un problème personnel. J'ai besoin de conseils à propos du traitement de mon fils. »

Elle se montra immédiatement empathique et réconfortante. Le mari de sa fille avait souffert d'un lymphome hodgkinien et se portait très bien. Elle me dit de ne pas m'inquiéter et que quelqu'un m'appellerait pour me donner davantage d'information. Je n'avais pas raccroché depuis trois minutes que le téléphone sonna. C'était le directeur de l'hôpital Princess Margaret, à Toronto, l'un des meilleurs hôpitaux spécialisés dans la recherche sur le cancer au pays, à qui Cathy avait donné mon numéro. Il m'appelait pour me dire de ne pas hésiter à communiquer avec lui si j'avais besoin de quoi que ce soit. Je ne le fis jamais, mais je me souviendrai toujours de la compassion dont elle me témoigna au cours de cette période difficile.

Au fil des ans, Pharmascience remporta aussi quelques batailles avec Cathy. En 2000, par exemple, lorsque nous proposâmes la méthadone comme traitement en soins palliatifs, Cathy déclara que nous devions prouver l'efficacité du produit avant que Santé Canada ne l'approuve. Je lui répondis que le médicament n'étant pas breveté, personne ne ferait les études nécessaires pour démontrer son efficacité, puisqu'il n'y avait pas d'argent à faire avec les médicaments non brevetés. Pourtant, le besoin était là. J'arguai que si des produits similaires existaient sur le marché en Angleterre et aux États-Unis, pourquoi n'était-il pas vendu ici au Canada ? « Pourriez-vous me fournir un échantillon pour que nous puissions comparer les produits ? », me demanda-t-elle. Lorsqu'elle eut l'échantillon en sa possession, elle changea d'avis et donna son approbation.

Pour ce qui est de la tacrine, elle fut remplacée sur le marché par un nouveau produit, le donépézil (commercialisé sous le nom d'Aricept par la société pharmaceutique Pfizer). Ce nouveau médicament avait le mérite de présenter moins d'effets secondaires et d'être considéré comme plus sûr. Malheureusement, comme la tacrine, il ne fit pas progresser le combat contre la maladie d'Alzheimer comme nous l'espérions au début, dans les jours fastes qui suivirent la publication de l'étude de William Summers, ou à la suite des recherches effectuées par le Dr Gauthier et Shire, ou encore après que la tacrine eut finalement été autorisée partout sauf ici. Ce qui est désolant, c'est qu'après avoir dépensé des milliards de dollars pour la recherche au cours des vingt dernières années, nous ignorons toujours les causes de la maladie d'Alzheimer ou comment la traiter efficacement.

L'intérêt de Pharmascience pour la maladie d'Alzheimer ne s'est pas érodé. Nous fournissons actuellement au Dr John Breitner, de l'hôpital Douglas de Montréal, des comprimés de Naproxen, un anti-inflammatoire populaire, ainsi que les placebos nécessaires, le tout gratuitement. Breitner s'emploie à déterminer les effets bénéfiques potentiels d'une réduction de l'inflammation du cerveau chez les patients atteints de la maladie d'Alzheimer, une recherche dont les résultats ne seront connus qu'au cours des prochaines années.

Mariage de Morris et Rosalind en 1961

Manny Winrow au mariage de Morris et Rosalind

De gauche à droite : Milton et May Feier, Rosalind et Morris, Miriam et Myron Pantzer

Rosalind lors de sa remise de diplôme à l'Université McGill (baccalauréat ès arts) en 1963

Jules Gilbert

Article publicitaire du *Time* paru en 1972,
lorsque Morris travaillait pour ICN

Morris et Ted Wise lors d'un salon professionnel en 1985

Promotion du travail d'équipe à Pharmascience dans les années 1980 (Morris et Ted Wise)

Jonathan Goodman, Val Gorbatyuk et Morris en 1988

Jonathan Goodman, David Goodman, Morris et le
neveu de Morris, l'architecte Jerry Coviensky

De gauche à droite: Mario Deschamps (président de Pharmascience), Pierre
Bourque (maire de Montréal), Bernard Landry (premier ministre du Québec),
Morris, David Goodman, Jonathan Goodman et Ted Wise

Le Dr Paul Melekhov en 2003

Célébration du 75ᵉ anniversaire de Morris. De gauche à droite : Jack Kay, Morris, Milan Panic et Dick Mackay. Assis : Ted Wise

David et Morris en 2007 : Pharmascience de père en fils

Morris et Ted Wise au 25e anniversaire de Pharmascience
en 2008

George Montgomery au 25ᵉ anniversaire
de Pharmascience en 2008

Morris et Ronald Reuben en 2009

Morris et Jonathan en 2013

Mariage de Debbie Goodman et Gerry Davis en 1991

Mariage de Mia Melmed et David Goodman en 1995

Mariage de Dana Caplan et Jonathan Goodman en 2004

Mariage de Shawna Goodman et Todd Sone
en 1996

Morris et Rosalind en croisière

Voyage autour du monde

Descente en eaux vives à Bali

La famille Goodman en 2007 (Orly n'était pas encore née)

Debbie Goodman, lors de la présentation de son livre *Speeding Down the Spiral* à Morris et Rosalind

Shawna Goodman-Sone et son livre *Panache*

Rosalind reçoit le Prix du leadership de la Fédération CJA. De gauche à droite : le sénateur Yoine Goldstein, Rosalind, Susan Laxer et Stanley Plotnick

Morris reçoit un doctorat honorifique de l'Université McGill. De gauche à droite :
la rectrice Heather Munroe-Blum, le doyen de la Faculté de médecine Richard
Levin, Morris, le chancelier Arnold Steinberg, le président du conseil d'administration de l'Université McGill Stuart H. « Kip » Cobbett et le directeur du Centre
de recherche sur le cancer Rosalind et Morris Goodman, Dr Michel Tremblay

Rosalind reçoit un doctorat honorifique de l'Université McGill. De gauche à droite :
la rectrice Heather Munroe-Blum, le doyen de la Faculté de médecine Richard
Levin, Rosalind, le chancelier Arnold Steinberg, le président du conseil d'administration de l'Université McGill Stuart H. « Kip » Cobbett et le directeur du Centre
de recherche sur le cancer Rosalind et Morris Goodman, Dr Michel Tremblay

Morris, le président de l'État d'Israël Shimon Peres et Rosalind en 2012

Le recteur de l'Université de Montréal Guy Breton et Morris en 2013

Jean Coutu et Morris plaisantant à l'Université de Montréal

L'Agora de l'Université de Montréal

Inauguration du Centre de recherche sur le cancer Goodman et du Complexe des sciences de la vie Francesco Bellini. Morris, Rosalind, le Dr Richard Levin, Marisa Bellini, le D[r] Martin Grant, le D[r] Francesco Bellini et la rectrice Heather Munroe-Blum

Rosalind et Morris devant le Centre de recherche sur le cancer Rosalind et Morris Goodman en 2013

11

Pharmascience fait son entrée
sur la scène internationale

Béni soit le fils qui étudie avec son père, et béni soit le père
qui enseigne à son fils.

Le Talmud

Dans les années 1990, Pharmascience était en passe de concrétiser les promesses que la petite entreprise laissait entrevoir à ses débuts, non seulement ici au Canada, mais partout dans le monde. Quelque quarante ans plus tôt, lorsque Winley-Morris était encore à l'état embryonnaire et que je voyageais partout au Canada, j'avais le sentiment que tout était possible. «Il suffit de le vouloir; c'est la clé du succès», m'étais-je dit à l'époque devant l'immensité de ce pays. J'éprouvai un sentiment similaire au début des années 1990 lorsque Pharmascience commença à étendre ses activités à l'échelle internationale, s'imposant de la Grande-Bretagne à Israël, du Vietnam à l'Ukraine. Une fois encore, toutes mes pensées étaient tournées vers l'avenir: «Tout ça, c'est là pour moi ... pour tout le monde». Tout semblait possible.

À ses débuts, Pharmascience était une entreprise modeste; je ne peux m'empêcher de rire chaque fois que je repense à la visite du président de Serono, Tom Wiggins, dans notre premier bureau, rue McCaffrey, à moitié vide, de meubles comme d'employés, et de sa remarque condescendante: «Mais dites-moi, vous gagnez votre vie comment?» Bien entendu, cela ne voulait pas dire que mon partenaire, Ted, était insignifiant, ni que mes objectifs étaient dérisoires. Depuis le début, notre vision de Pharmascience allait bien au-delà de notre situation. Dans le message de présentation de notre site Web, mon fils David, actuellement chef de la direction de Pharmascience, décrit ainsi les débuts de la société:

Leur [David fait référence à Ted et à moi] courage a été immédiatement mis à l'épreuve. Ils n'avaient ni usine, ni personnel, ni produits, ni distributeurs, et leur capital était minime. Leur force était dans leur tête, dans leur cœur et dans leurs rêves. C'est tout ce dont ils avaient besoin pour concrétiser leur vision.

David a grandement participé à l'élaboration et à la concrétisation de cette vision, notamment sur le plan du développement international de Pharmascience. À l'instar de ses sœurs et de son frère, David avait l'habitude de traîner dans mes divers bureaux. Petit garçon, il venait travailler avec moi le dimanche. Plus grand, il commença à travailler pour Pharmascience pendant les vacances scolaires. L'été 1983, par exemple, pendant les premiers jours de Pharmascience, il travailla dans notre entrepôt comme assistant au service d'expédition. Les deux étés suivants, alors au début de sa vingtaine, David occupa un poste de représentant, rencontrant les médecins personnellement, à l'ancienne, et se retrouvant parfois dans des régions reculées du nord de l'Ontario et du Québec. Il retraçait, en fait, ce que j'avais fait à peu près au même âge, trente ans plus tôt, chez Winley-Morris. Ce fut une aventure mémorable pour un jeune homme, dont il se souvient avec émotion :

Cet été-là, la compagnie Nordair était encore en activité. Elle offrait des vols illimités pour une centaine de dollars, ou pour une somme aussi ridicule que celle-ci, pour autant que cela ne nous dérangeait pas de voyager en « standby ». J'avoue qu'il m'est arrivé de ne pas décoller. Je me procurais donc ce genre de billet pour me rendre dans des endroits comme Thunder Bay et Sault Ste. Marie. Parfois, je faisais un aller-retour dans la journée ou bien je me promenais dans la région, et lorsque je m'ennuyais de ma famille, je sautais dans un avion pour la fin de semaine. J'ai sans doute profité plus que quiconque de cette offre de Nordair. Elle m'a permis de me rendre dans des endroits où mon père était allé lorsqu'il était jeune, comme la baie James, qui n'avait probablement pas beaucoup changé depuis les années 1950. J'étais tellement plus jeune que tous les autres représentants pharmaceutiques que je me sentais privilégié. Je me souviens même avoir été approché à l'époque par quelqu'un de chez Parke-Davis qui m'a proposé un poste. J'ignore s'il savait que j'étais le fils de Morris Goodman, mais ce qui l'intéressait surtout, je pense, c'est d'avoir quelqu'un dans une région aussi éloignée. Pour ma part, je n'avais aucune expérience de vendeur. Ted Wise m'avait donné une courte leçon, je dirais une leçon éclair, et c'était tout. Je ne sais même pas si je connaissais réellement les produits que nous vendions à l'époque, mais les médecins achetaient. Le deuxième été, mon père a embauché un de mes amis qui m'accompagna dans ma tournée. Je m'en souviens comme d'une partie de plaisir.

En 1994, David avait vingt-neuf ans lorsqu'il rejoignit officiellement les rangs de la société. Il détenait un baccalauréat en commerce et venait de décrocher son doctorat en pharmacologie à l'Université de la Virginie. L'obtention de ce diplôme était tout un exploit, surtout quand on sait qu'à l'école secondaire, un conseiller en orientation lui avait dit qu'il n'avait aucune aptitude pour les sciences. Je pense que pendant un temps, il accepta ce verdict stupide et c'est sans doute pour cela qu'il détient un diplôme de premier cycle en commerce. Mais il ne renonça pas à la science. Au contraire, il ne ménagea pas ses efforts et finit par prouver que ce conseiller en orientation avait totalement fait fausse route. En fait, il envisageait de poursuivre des études en science en vue d'obtenir un diplôme d'études postdoctorales lorsque je lui offris un poste à Pharmascience. Mes enfants vous le confirmeront : en ce qui a trait à leur carrière, je n'ai jamais cherché à les pousser dans une direction ou l'autre. J'ai toujours aimé le fait qu'ils s'intéressent à toutes sortes de choses. Comme disait David :

> Mon père n'était pas le genre de parent à nous dire ce qu'il fallait faire ni, surtout, à nous dicter notre avenir. À certains égards, ce n'était pas si facile pour un enfant d'avoir un père comme lui qui ne disait jamais : « Voilà ce que vous allez faire ». Ce n'était pas sa façon de faire. Il n'a jamais poussé aucun de nous.

J'ai toujours voulu que mes enfants élargissent le plus possible leurs horizons. Si mes deux fils, David et Jonathan, suivirent mes traces, mes filles, Debbie et Shawna, réussirent dans des domaines très différents du mien, la première dans les arts et la deuxième dans l'alimentation. Elles ont en outre, toutes les deux, toujours soutenu des projets philanthropiques, ce qui n'a rien de surprenant puisqu'elles suivent aussi les traces de leur mère.

La forte personnalité de David transpire dans tout ce qu'il fait, de sa participation à l'équipe *Reach for the Top* (un jeu-questionnaire très populaire pour les élèves du secondaire, diffusé sur CBC de 1961 à 1985) au déroulement de sa carrière qui l'a vu se hisser au sommet de Pharmascience. Comme il vous le dirait probablement, sa plus grande qualité et, je crois, la plus sous-estimée, est la persévérance. David est tenace. Honnête et attentif aux autres, il a toujours fait preuve d'une grande maturité, bien supérieure à son âge.

Pourtant, peut-être à cause de son approche méthodique, j'exerçai sans doute un peu plus de pression sur lui que sur mes autres enfants quand vint le temps de choisir une carrière. Par exemple, lorsque David obtint son doctorat en pharmacologie, il comprit qu'il était arrivé à la croisée des chemins. S'il décidait de poursuivre une carrière universitaire, il lui faudrait quitter l'endroit où il vivait. Puisqu'il avait déjà déménagé un grand nombre de fois pendant la vingtaine, ce choix imminent le stressait. Le poste universitaire qui lui était offert était d'une durée de deux ans. Certes, il en reviendrait avec un diplôme d'études postdoctorales, mais il risquait d'être, une fois de plus, déraciné et les projets qu'il pourrait avoir pour se fixer tomberaient à l'eau.

Je me suis marié à vingt-neuf ans, ce qui, à l'époque, était considéré comme tard et je crois que David, qui avait le même âge quand il se joignit à la société, commençait aussi à sentir qu'il était temps pour lui de s'enraciner quelque part. S'il désirait, par exemple, commencer à bâtir une relation personnelle, il savait que l'instabilité d'une carrière universitaire ne lui faciliterait pas les choses. C'est pourquoi, lorsqu'il m'annonça qu'il envisageait de faire des études postdoctorales, je fus franc avec lui et lui dis : « Est-ce que c'est vraiment ce que tu veux faire de ta vie ? Qu'est-ce que ça va te donner à long terme ? Tu as la possibilité de travailler ici … pour Pharmascience. »

Je suppose que, là, j'enfreignis ma propre règle. J'exerçai ce que David qualifia de « légère coercition ». Mais dès le départ, il s'imposa au sein de la société. Selon lui, se joindre à Pharmascience fut, en fin de compte, une décision facile à prendre :

Quand je suis entré à Pharmascience, mon père m'a dit : « Tu suivras mes traces. » Je dois avouer que je ne savais pas si je devais commencer dans un service ou dans l'autre, me faire une impression générale de la société en occupant divers postes – en avoir une vue d'ensemble –, mais mon père m'a dit : « Pourquoi te poses-tu toutes ces questions ? Tu n'as qu'à faire ce que je te dis. » C'est ce que je fis et je n'eus aucun mal à m'adapter. Je savais dans quoi je m'embarquais, je connaissais le style de mon père. Je jouais en quelque sorte le rôle de secrétaire au début, mais très vite, il m'a donné l'occasion de mettre la main à la pâte. Lorsque j'ai commencé à Pharmascience, Ted Wise, l'associé de mon père, travaillait encore au sein de la société et mon père et lui se partageaient les responsabilités : Ted s'occupait des ventes et de la commercialisation et mon père, de la recherche et du développement, de la prospection et des nouveaux produits. C'est de ces volets que mon père souhaitait que je m'occupe, estimant que le service des ventes et de la commercialisation était bien couvert. Je devais donc me consacrer à élargir la vision de la société.

David trouva la plénitude dans sa vie personnelle lorsque sa vie professionnelle se stabilisa. Le 8 juin 1995, il épousa Mia Melmed, fille de Calvin et de Carolyn Melmed, à la synagogue Shaar Hashomayim. Titulaire d'un diplôme en droit de l'Université d'Ottawa et membre du Barreau du Québec, Mia travaille dans le domaine de l'adoption. Elle est dotée de compétences organisationnelles exceptionnelles et a aménagé un magnifique foyer pour David. Compagne merveilleuse pour David, elle est aussi une mère dévouée pour leur fille Julia, âgée de treize ans, qui a fait ses études primaires à l'école Akiva et fréquente aujourd'hui l'école Miss Edgar and Miss Cramp.

Travailler avec David à Pharmascience, le voir suivre de bon cœur le même chemin que moi fut une expérience très gratifiante, mais parfois je soupçonne que ce fut plus difficile pour lui de travailler avec moi que pour moi de travailler avec lui. Il a toujours respecté le fait que ce soit moi qui aie le dernier mot. Pourtant David a une très forte personnalité. Nous avons établi une relation de travail où nous ne partageons pas toujours la même opinion, mais nous savons l'un comme l'autre respecter les points de vue de chacun.

Très tôt, David releva le défi de prendre la tête de nouveaux projets, comme notre filiale de Pharmascience en Angleterre, que nous avions nommée Dominion Pharmacal, ressuscitant le nom de la toute première société que j'avais créée à la suite de mon départ d'ICN. Avant l'arrivée de David chez Pharmascience, il n'existait aucune structure pour traiter les occasions qui auraient pu se présenter sur la scène internationale. Il fallait les saisir au vol. Lorsque nous recevions une télécopie d'une société à l'étranger manifestant un intérêt pour nos produits ou pour distribuer les leurs, je chargeais généralement quelqu'un de relativement nouveau dans la société de s'en occuper. Mais les choses changèrent avec David : il prit en main l'organisation du volet international de la société.

C'est à ce moment-là que je me rendis compte que David partageait ma curiosité et pensait, comme moi, qu'il pouvait être intéressant de suivre un exemple susceptible de faire une différence, pas nécessairement de générer une fortune. Comme l'explique David :

Lorsque l'occasion se présentait, mon père a toujours préféré investir son temps dans les gens ou dans les perspectives qu'offraient de nouveaux produits. Il ne s'est jamais préoccupé de savoir si ce serait rentable ou facile. J'ai rencontré des tas de gens qui considèrent qu'ils doivent éliminer toute idée dont ils doutent de la réussite. Ils ne lui donnent aucune chance et ce type de réaction a tendance à s'accentuer avec l'âge. Mon père, lui, sait très bien faire le tri, mais cela ne l'empêche pas de laisser sa chance à une idée nouvelle ou à un nouveau partenaire éventuel. C'est ce qui lui a permis de réussir là où il ne s'y attendait pas. C'était le cas lorsqu'il m'a confié cet emploi d'été. Bien sûr, j'étais son fils, mais il m'a permis d'essayer quelque chose de différent et de faire mes preuves. Il m'a aussi aidé à renforcer ma confiance en moi.

Avec le recul, il est facile de voir que pour David, ces nouvelles activités en Europe et par la suite en Asie ne furent pas très différentes des aventures qu'il avait vécues lorsque, jeune homme, il apprenait les ficelles du métier sur les routes du nord de l'Ontario et du Québec ; à la différence près que cela se passait maintenant à une échelle beaucoup plus vaste et qu'il ne voyageait plus en « standby ».

Lorsque David entra à Pharmascience, nous voyagions souvent ensemble et je lui confiai un bon nombre de ces nouvelles occasions qui se présentèrent sur le marché international. Il les géra toutes avec compétence et imagination, démontrant un talent inné pour nouer des liens avec les membres du personnel de Pharmascience avec lesquels il faisait affaire. Je pense que, d'une certaine manière, je l'ai aidé à comprendre l'importance des relations personnelles dans la conduite des affaires.

Dominion Pharmacal en est un parfait exemple. Elle est le fruit d'une relation que j'avais développée avec le président d'une société britannique, dont j'ai oublié le nom. À l'époque, étant à la recherche d'un produit, j'avais écrit à une société en Angleterre pour demander s'il était possible de nous le procurer ici au Canada. Le président de la société, le Dr Jim Burton, prit le temps de me répondre personnellement afin de m'informer qu'il n'était pas en possession de ce produit et me recommanda de communiquer avec le fabricant, l'un de ses concurrents. C'était un simple geste d'amitié, mais extrêmement rare dans le monde souvent impersonnel des affaires. D'après mon expérience, ces simples relations humaines sont aussi importantes que tout autre facteur de réussite d'une entreprise. J'en eus une preuve supplémentaire lorsque Jim m'appela de façon totalement inattendue plusieurs années plus tard pour me demander si je me souvenais de lui. «Certainement», répondis-je immédiatement, me remémorant la lettre qu'il m'avait envoyée. «Je me souviens que vous avez fait quelque chose de formidable. Vous avez, de bon cœur, donné un précieux conseil à un étranger.»

À cette occasion, Jim m'appela en sa qualité de directeur général au Royaume-Uni d'une des succursales d'une société espagnole de produits pharmaceutiques ophtalmiques appelée Cusi. Il représentait aussi la société au Canada et voulait savoir si je souhaiterais y distribuer les produits Cusi. Je l'étais en effet, d'autant plus que nous ne produisions pas de produits ophtalmiques. Nous convînmes donc de commercialiser ces produits et de développer de nouvelles formules pour le marché britannique. Cette entente nous permit d'appliquer les lois canadiennes sur les brevets, d'utiliser nos capacités de recherche et de développement, et de mettre toute notre expérience et notre expertise au service de la distribution des produits ophtalmiques sur le marché européen.

Au milieu des années 1990, nous jouissions d'un avantage substantiel sur le marché européen en raison de la promulgation, par les gouvernements de l'Europe de l'Ouest, dans leur aberrante sagesse, d'une loi qui empêchait une société pharmaceutique européenne de mener des recherches sur un médicament pour lequel un brevet avait déjà été délivré. En Europe, ce type de conduite était considéré comme une violation du brevet existant.

De toute évidence, pour le reste du monde, la promulgation de cette loi représentait une occasion en or de pouvoir développer la recherche, de stocker des produits et d'arriver en force sur le marché après l'expiration d'un brevet. Pharmascience fut l'une des rares sociétés nord-américaines à tirer pleinement avantage de cette faille juridique et David joua un rôle clé dans la gestion de ce nouveau projet, en prenant notamment la décision de nous associer avec une société pharmaceutique allemande, Alfred E. Tiefenbacher. Ensemble, nous élaborâmes un modèle d'affaires dans le cadre duquel Pharmascience et AET faisaient homologuer nos produits et les concédaient sous licence à tous les grands fabricants de produits génériques de l'Europe de l'Ouest. Cette entente fut signée en février 1998 et la relation est toujours fructueuse pour les deux parties.

La relation que j'entretenais avec Jim Burton nous aida également à élargir notre base en Europe. Après quelques années de collaboration avec Cusi, Jim m'appela de nouveau en 1995, à un moment particulièrement important de sa carrière. Alcon, une multinationale de produits pharmaceutiques ophtalmiques, rachetait Cusi International, y compris Cusi Royaume-Uni, et Jim fut contraint de quitter son poste. David et moi, qui aimions beaucoup Jim, adhérâmes à son projet de poursuivre sa route en solo. Il allait commencer par acheter des produits qui n'intéressaient pas Alcon – des produits non ophtalmiques – et il avait besoin que nous investissions dans le démarrage de sa nouvelle entreprise. Rétrospectivement, on peut faire un parallèle entre la situation de Jim et la mienne lorsque je fus contraint de quitter ICN et que je démarrai Pharmascience avec des vitamines qui ne les intéressaient plus. Mais dans le fond, c'est la relation personnelle que David et moi entretenions avec Jim Burton qui pesa le plus lourd dans notre décision. « On a confiance en toi », dis-je à Jim en notre nom. David se rendit alors en Angleterre avec le contrôleur des finances de Pharmascience, Bernard Grossman, et une entente fut conclue en février 1996. Nous fîmes l'acquisition de soixante-quinze pour cent des parts de la nouvelle société, Dominion Pharmacal, le reste étant détenu par Jim.

Ce partenariat prit fin en décembre 2000 lorsque Jim décida de prendre sa retraite. Ne voulant pas racheter sa part et reprendre la société puisque nous n'avions personne pour le remplacer, nous décidâmes de la vendre. David se rendit en Angleterre afin d'accélérer le processus. Finalement, c'est Pliva qui fit l'acquisition de Dominion Pharmacal. À ce jour, nous faisons toujours affaire avec Pliva et avec son nouveau propriétaire et société mère en Israël, Teva, dont j'eus la chance de suivre l'histoire impressionnante, de ses modestes débuts à son statut de plus important fabricant de médicaments génériques du monde.

Aujourd'hui, je ne peux m'empêcher de voir dans la croissance sans précédent de Teva un microcosme du succès phénoménal de la nation d'Israël. Ma première visite dans ce pays remonte à 1959. Même si j'aimerais pouvoir dire que j'y allai pour des raisons spirituelles ou même professionnelles, je dois avouer que je m'y rendis à la demande d'un ami. Un de mes vieux copains du camp B'nai Brith,

Bill Miller, était tombé amoureux de Jessica Gelber, une fille de Montréal, qui souhaitait prendre une petite pause dans leur relation en allant seule en Israël. Ne voulant pas courir le risque de la perdre, il la suivit et me demanda si je voulais bien lui servir de chaperon.

Ce fut une expérience intéressante. Je me souviens notamment d'un épisode. Partis tous les trois pour faire le tour du pays en jeep, nous tombâmes en panne d'essence en Galilée, sur la route de Tiberius. Une voiture noire, avec à son bord cinq Arabes israéliens, s'arrêta et ses occupants proposèrent de nous aider. Je montai avec eux, sans aucune hésitation, et ils m'emmenèrent jusqu'à la station-service la plus proche. Aujourd'hui, nous évoquons encore cette période où la situation était bien différente, où les relations entre Israéliens et Arabes, Arabes israéliens en tout cas, étaient beaucoup plus paisibles et tolérantes.

Je sais cependant que Bill aurait parfois préféré que je m'éclipse. En fait, je ne pris pas mon rôle de chaperon très au sérieux. Si j'avais surveillé Bill et Jessica plus étroitement, je crois que la stratégie de Bill pour la dissuader de prendre une pause dans leur relation n'aurait peut-être pas fonctionné. Ils convolèrent en justes noces au retour du voyage et forment toujours, près de cinquante ans plus tard, un couple heureux.

Mon voyage en Israël ne fut pas mon premier voyage outre-mer. J'étais déjà allé en Italie de nombreuses fois. Peu de temps après la Deuxième Guerre mondiale, le pays était devenu un centre très populaire de production de matières premières pour l'industrie pharmaceutique et je faisais régulièrement le voyage pour le compte de Winley-Morris afin de m'en procurer. L'Italie avait l'avantage de posséder de bons ingénieurs et de bons chimistes qui savaient comment synthétiser les médicaments. En outre, les puissances occidentales avaient assoupli la législation en matière de brevets en Italie afin de renforcer l'industrie dans ce pays ravagé par la guerre. Ces mesures de soutien s'accompagnaient de la crainte de voir l'Italie, ainsi que la France, devenir des pays communistes.

Pour moi, les voyages en Israël étaient surtout source de plaisir. C'était un magnifique pays agricole aux possibilités, semblait-il, illimitées, mais les dangers qui menaçaient cette nouvelle nation étaient aussi innombrables. Israël avait déjà connu deux guerres, la Guerre d'Indépendance en 1948 et la Campagne du Sinaï en 1956, et le pays était continuellement assiégé par les pays arabes voisins. Lors de ce premier voyage en Israël, je rendis visite à la société Assia, qui deviendrait un jour la société Teva. À l'époque, c'était une entreprise plus que modeste, mais, dans cette jeune nation, la plupart des industries l'étaient. À ce moment-là, Israël, autrefois la Palestine, commençait à s'imposer comme puissance industrielle. Je me souviens des maisons en tôle ou *marbarots* dans lesquelles vivaient les nouveaux réfugiés juifs, dont la plupart avaient été chassés des pays arabes, et de m'être émerveillé devant le courage de ces nouveaux citoyens. J'étais impressionné par la façon dont ils se tournaient résolument vers l'avenir et composaient avec les bouleversements provoqués par l'obligation de quitter leurs foyers en Égypte, en Syrie et dans tous les pays d'Afrique du Nord, tout comme par la façon dont ils faisaient face aux menaces quotidiennes qui pesaient sur eux en Israël.

Pour ce qui est d'Assia, ses activités consistaient à synthétiser des matières premières et à produire des formes posologiques finies pour le petit marché local israélien en réponse aux boycottages imposés à l'époque par les pays arabes. Je reçus un accueil très favorable de la part de Nahum Solomon, le président d'Assia, Israélien depuis des générations et résidant à Jérusalem. Je suis certain qu'il pressentit que la raison de ma visite n'était pas purement commerciale. Je voulais faire tout ce qui était en mon pouvoir pour aider Israël. Sioniste à ma façon, j'ai toujours éprouvé un attachement profond pour ce pays, mais je savais aussi que je ne voulais pas y vivre. Le Canada était mon pays et c'est là que j'étais déterminé à réussir, d'abord et avant tout, mais, comme beaucoup d'autres Juifs de la diaspora, je voulais aussi voir Israël prospérer et je savais que je pouvais y contribuer en aidant ce nouveau pays à bâtir une solide infrastructure industrielle.

J'appris, par exemple, par Nahum Solomon qu'Assia fabriquait un produit générique, le Méprobamate. Commercialisé en Amérique du Nord par Carter-Wallace sous son nom original, le Miltown, c'était une version ancienne de tous ces tranquillisants qui allaient devenir extrêmement populaires. À vrai dire, ce n'était pas une préparation très puissante ; au mieux, c'était un relaxant léger et dès que je sus qu'Assia produisait du Méprobamate, je confirmai que je serais heureux de le distribuer au Canada et acceptai d'en acheter cent mille comprimés. De retour à Montréal, je passai la commande en payant à l'avance. Malheureusement, lorsque les comprimés arrivèrent, ils étaient tous cassés. Trop fragiles, ils n'avaient pas survécu au voyage. Ce n'est que deux ans plus tard, en 1961, lorsque Roz et moi étions en Israël pour notre voyage de noces, que l'affaire des comprimés cassés refit surface. Lorsque je rendis visite à Nahum Solomon, la première chose qu'il me dit fut : « Je vous dois de l'argent. » « En effet », lui répondis-je, et il me donna quatre cent trente-cinq dollars. Cela semble insignifiant, je sais, mais cela prouvait que j'avais affaire à un homme intègre.

Après m'avoir remboursé, il nous invita à déjeuner dans un restaurant à Jaffa, sur le bord de la Méditerranée. C'était en fait une petite cabane sur la plage où on servait du poisson cuit au barbecue, rien à voir avec le restaurant branché de calibre international qui l'a remplacé aujourd'hui. Rien à voir non plus avec le petit restaurant romantique que ma jeune épouse avait imaginé. Elle était là, assise dans le sable. Devant elle, couché sur une assiette, un poisson plein d'arêtes la regardait fixement pendant qu'une flopée de chats errants affamés cherchaient à grappiller les restes. Roz n'aimait pas le poisson et ne s'amusa guère, mais je scellai ma relation d'affaires avec Assia (Teva). Par la même occasion, je me liai avec Eli Hurwitz et sa femme, Dahlia, qui était la fille de Nahum Solomon.

Comment expliquer l'expansion exceptionnelle et fulgurante de Teva ? Tout d'abord, la société fit son apparition sur le marché américain au moment où celui-ci était très favorable aux entreprises israéliennes en pleine croissance. Teva avait des amis aux États-Unis qui, désireux de contribuer au succès d'une entreprise israélienne, étaient disposés à offrir à une société comme Teva le même type de soutien que celui que je lui offrais, mais à plus grande échelle encore. Comme moi, plusieurs Juifs américains étaient prêts à participer à la croissance d'Israël. Teva finit par être cotée en Bourse aux États-Unis et, comme le petit pays qu'elle représente, elle continue de connaître un essor exponentiel.

La vision, plus particulièrement celle que nourrissait Eli Hurwitz pour la société, fut un autre facteur déterminant du succès de Teva. Sur ses vieux jours, Nahum passa les rênes de la société à son gendre Eli, qui, après avoir entrepris sa carrière en faisant la vaisselle dans les laboratoires de la société Assia, opéra ultimement la fusion entre Assia et Teva. Au début des années 1970, Eli m'offrit une démonstration de son talent. Je me trouvais dans son bureau à Ramat Gan, juste à l'extérieur de Tel-Aviv, lorsqu'il m'apprit que Teva produisait les intermédiaires utilisés pour synthétiser la Cimetidine, un médicament vendu sous le nom de Tagamet par la société SmithKline Beecham. Lorsque je lui mentionnai qu'ICN Brésil fabriquait également de la Cimetidine pour le marché local en se procurant les intermédiaires auprès d'une société française, Eli me demanda: « Nous aimerions faire affaire avec ICN au Brésil, pourriez-vous les appeler pour moi? »

J'appelai donc ICN Brésil et présentai Eli. Celui-ci amorça aussitôt les négociations par mon entremise et proposa un meilleur prix que celui que leur offraient leurs partenaires français. Il savait parfaitement ce qu'il faisait. Depuis le début, il savait qu'il était en mesure de proposer un meilleur prix. Comme il fallait toujours tenir compte des politiques anti-Israël, je demandai au directeur général brésilien s'il voyait un inconvénient à acheter à Israël. Il n'en voyait aucun. L'entente fut donc conclue et en quelques années, la nouvelle relation d'affaires d'Eli avec ICN Brésil devint florissante.

Je me souviens aussi d'une rencontre avec Eli à l'hôtel Plaza, à New York, une semaine après la guerre de Yom Kippur en 1973. Il venait, pour ainsi dire, de quitter le Sinaï, où il était commandant d'un char d'assaut. Il avait alors en vue une petite entreprise située dans la ville, tout aussi petite, de Sellersville, en Pennsylvanie, qui vendait des comprimés d'acétaminophène, sous marque de distributeur, aux chaînes de magasins des États-Unis. Selon moi, c'était une perte de temps pour Eli. « Pourquoi fais-tu cela? », lui demandai-je. « Ne t'inquiète pas, m'assura-t-il, je sais ce que je fais. Tu vas voir. » Il ne se trompait pas! La petite entreprise devint la société Teva États-Unis. À la mort d'Eli en 2011, Israël perdit un grand pionnier, un grand entrepreneur, un grand chef d'entreprise et un visionnaire; et moi, je perdis un grand ami.

J'ai eu la chance dans ma vie de côtoyer des personnes comme Eli, des femmes et des hommes, des entrepreneurs, des chercheurs, des philanthropes, qui non seulement ont enrichi ma vie professionnelle, mais ont aussi nourri ma vie personnelle. Au début des années 2000, par exemple, le coup de sonnette d'un voisin à l'arrière de la maison m'ouvrit les portes d'un monde qui m'était jusqu'alors totalement inconnu et marqua le début d'une histoire personnelle inspirante. Mon voisin, le comptable Joe Schlesinger, me demanda si je pouvais bavarder un petit moment avec lui. Un de ses clients souhaitait faire affaire avec Pharmascience. Ancien « boat people », Bui Nam avait fui le Vietnam du Sud tombé sous le joug des Viêt-congs à la suite du départ des troupes américaines en 1975, pour s'installer au Canada où il entreprit de reconstruire sa vie à Montréal. Ce ne fut pas facile. Propriétaire d'un motel pendant quelque temps, il dut mettre les clés sous la porte en raison d'un ralentissement économique. Pharmacien

dans son pays natal, il avait dirigé, avant la guerre, la plus importante société pharmaceutique d'Hô Chi Minh-Ville, anciennement
Saigon. Au début des années 2000, le pays s'ouvrant de plus en plus
sur le reste du monde, Bui envisagea de retourner au Vietnam et de
réintégrer le domaine pharmaceutique. Il attendait de moi que je lui
donne la possibilité de vendre quatre de nos formulations. Nous
conclûmes donc une entente et je lui procurai, en exemption de redevances, les formulations d'un produit associé au Tylenol.

Peu de temps après le début de notre partenariat, Roz et moi partîmes en croisière en Asie du Sud-Est à bord du *Seaborne*. Combinant
une fois de plus les affaires au plaisir, je décidai d'en profiter pour
rendre visite à mon nouvel associé. Roz et moi étions loin de nous
douter de la surprise qui nous attendait. Bui Nam vivait dans un véritable palais. Je ne sais combien de domestiques allaient, venaient, cou-
raient dans tous les sens dans l'immense maison de six étages remplie
d'antiquités. Lorsque Roz demanda à Bui Nam d'où venaient toutes
ces œuvres d'art, il lui répondit qu'il avait parcouru tout le pays pour
se les procurer. Apparemment, personne ne savait qu'il possédait de
tels trésors. Il poursuivit en nous précisant que ses affaires – il vendait
des produits pharmaceutiques, sa femme des produits cosmétiques –
allaient bien. Je jetai un coup d'œil à Roz, qui sans nul doute devait
penser, tout comme moi : « C'est le moins qu'on puisse dire ! »

Je me souviens avoir été surpris aussi de constater, lors de ma visite
à l'ambassade canadienne au Vietnam, que les gens qui travaillaient
là avaient entendu parler de Pharmascience. Il semble que le nom de
notre société figurait de façon très visible sur un immense panneau
d'affichage annonçant l'un de nos quatre produits que distribuait la
société de Bui Nam.

En fait, notre relation d'affaires avec Bui Nam ne dura pas, mais
lors de ce voyage et de visites subséquentes, je fus frappé par le
caractère industrieux de ce pays et de ses habitants, des femmes en
particulier. On avait l'impression qu'elles s'affairaient sans arrêt. On
les voyait courir partout, notamment construire des routes à la main.
Si le Vietnam présentait encore des aspects archaïques, j'eus le sentiment que ce pays était appelé à connaître une solide croissance
industrielle. J'y retrouvai l'éthique de travail des gens de la génération de mon père, cette capacité à persévérer en dépit des difficultés.
Je me souviens de m'être dit : « Ces gens iront loin ».

Je m'en voudrais de ne pas mentionner que mon premier contact
avec l'ingéniosité vietnamienne coïncide avec ma première rencontre

avec Thomas Hecht de Continental Pharma vers la fin des années 1960. À l'époque, Tom et Continental Pharma importaient un produit antituberculeux expérimental appelé Isoxyl qu'un prince vietnamien, le professeur N.P. Buu-Hoi, qui travaillait pour Continental Pharma SA en Belgique, avait mis au point et dont Tom confia par la suite la distribution exclusive au Canada à Winley Morris. Mais l'histoire ne s'arrête pas là.

Tom rencontra le prince Buu Loc, dernier premier ministre d'Indochine et cousin germain de l'empereur du Vietnam Bao Dai, à Nice, dans la France de Vichy en 1941. Et c'est Buu Loc qui fit entrer son cousin, le prince Buu-Hoi, membre renommé du Conseil national français de la recherche à Continental Pharma, où il dirigea les activités de recherche de la société.

Je dois ajouter que c'est en quittant l'Europe pour fuir les nazis que Tom et sa famille firent la rencontre du prince Buu Loc et nouèrent des liens d'amitié avec lui. Leur fuite fut facilitée par l'intervention du consul portugais à Bordeaux, en France, le général de Sousa Mendes, qui aida des milliers de réfugiés juifs à obtenir des visas de transit portugais et fut honoré à Jérusalem du titre de « Juste parmi les Nations » par le Mémorial du souvenir des martyrs et des héros de l'Holocauste Yad Vashem. La famille Hecht s'installa à Montréal.

Pendant ses vacances en Sicile en 1970, Tom entendit parler d'une société qui fabriquait un autre agent antituberculeux, l'Ethambutol. Il m'en informa aussitôt et nous réussîmes à importer la matière première avant l'émission du brevet au Canada. Ayant réussi à en faire entrer suffisamment pour en avoir à disposition pendant des années, nous nous taillâmes une belle part du marché canadien de l'Ethambutol. Depuis notre première collaboration, Tom et moi entretenons une amitié précieuse et sincère.

En rentrant à Montréal à la fin de mon premier voyage au Vietnam, j'étais convaincu que nous devions créer une filiale là-bas. Nous prîmes donc des dispositions pour qu'une de nos adjointes administratives, d'origine vietnamienne, Hien Nguyen, partage son année entre Montréal et Hô Chi Minh-Ville et assure la liaison avec nous. Nous obtînmes notre permis commercial en février 2006 et ouvrîmes notre bureau de représentation l'année suivante. Même si nous n'avons pas encore obtenu les résultats escomptés, nous faisons toujours affaire au Vietnam et continuons d'explorer de nouvelles possibilités. Nous avons réalisé notre toute dernière percée dans la région avec l'expansion de nos activités en Corée du Sud, qui devrait se concrétiser en 2014. Une fois encore, David a pris la direction des opérations et conclu une entente avec la société Korea Kolmar Holdings Co. Ltd basée à Séoul, le plus grand fabricant de produits cosmétiques en Corée du Sud. Le projet, tel que décrit dans le quotidien *The Gazette*, consiste à « obtenir l'approbation réglementaire de la Corée pour vendre des médicaments bioéquivalents destinés à traiter divers troubles psychiatriques ».

Comme l'explique David dans une entrevue avec *The Gazette*, cette coentreprise « nous permettra d'établir solidement notre présence sur le marché coréen, et l'expertise locale dans le cadre de ce partenariat est un atout majeur ». Il ajoute que ce projet « s'inscrit dans la stratégie de Pharmascience visant à prendre de l'expansion à l'étranger et à augmenter le volume des exportations de notre usine de Montréal ». Grâce à David, le succès de nos opérations internationales nous porte à être confiants dans les possibilités d'avenir de Pharmascience à l'échelle mondiale.

◆

Comme je l'ai déjà dit plusieurs fois, Roz peut en témoigner, j'ai toujours profité de nos voyages autour du monde, y compris de notre voyage de noces, pour conjuguer affaires et plaisir, mais s'il y a un pays où j'eus toujours plaisir à aller, c'est Israël. En fait, bien plus qu'un plaisir, ce fut un privilège, particulièrement en tant que Juif, de voir cette petite nation éprouvée devenir un exemple éclatant de progrès et un pays plein de promesses au sein de la région.

J'ai eu la chance aussi de constater sur place ce qu'a signifié la création de l'État d'Israël pour les Juifs et l'histoire du monde. Elle a forcé le monde à reconnaître enfin, après deux mille ans d'errance, le droit inné des Juifs à leur identité nationale. Un accomplissement remarquable et chargé d'émotion.

12

Retour au pays

D'abord, ils cherchaient des socialistes; comme je n'étais pas socialiste, je ne suis pas intervenu. Puis ils sont revenus pour chercher des syndicalistes; comme je n'étais pas syndicaliste, je ne suis pas intervenu. Puis ils sont revenus chercher les Juifs; comme je n'étais pas Juif, je ne suis pas intervenu. Enfin, ils sont venus me chercher et il ne restait plus personne pour me défendre.

Martin Niemoller

Si, en raison de mon attachement envers Israël, j'ai toujours gardé l'œil sur l'avenir de mon pays, mon attachement envers l'Ukraine résulte de mes racines profondément ancrées dans le passé. Inutile de dire que ce passé était loin d'être heureux. Au cours de la deuxième décennie du vingtième siècle, lorsque mes parents quittèrent la Russie pour entreprendre le pénible voyage vers l'Amérique du Nord, ils échappèrent à la persécution et cherchèrent une terre pouvant leur ouvrir des possibilités à eux-mêmes, mais avant tout à leurs enfants. Jamais ils n'auraient pu prévoir toute la profondeur de la misère qu'ils fuyaient.

C'est ma grand-mère maternelle Vallie qui en a subi le pire. Au déclenchement de la Deuxième Guerre mondiale, ses filles Golda et Hava, qui étaient déjà grandes et habitaient dans la ville voisine de Kiev, l'enjoignirent de quitter le petit village ukrainien de Zvenyhorodka pour venir vivre avec elles. De façon tragique, comme tant d'autres personnes, Vallie attendit trop longtemps et fut devancée par la progression des forces militaires allemandes. Elle parvint brièvement à trouver refuge dans la cave à provisions d'un voisin. Mais la famille ukrainienne qui la cachait reçut alors un avertissement glacial de la police ukrainienne: toute personne qui abritait des Juifs serait exécutée. On ne pouvait sous-estimer l'enthousiasme des policiers locaux occupés à encercler les Juifs, de sorte que Vallie n'avait plus le choix : elle dut s'enfuir seule. Ayant furtivement quitté son dernier abri, ma grand-mère ne tarda pas à être capturée, avec beaucoup d'autres, et exécutée dans une forêt isolée. Elle mourut en 1941, au cours d'un des nombreux massacres à survenir en temps de guerre en Ukraine. Le plus horrible de ces massacres fut celui de Babi Yar, au cours duquel, les 29 et 30 septembre 1941, les survivants juifs de Kiev, soit trente-trois mille hommes, femmes et enfants, furent encerclés par les nazis et leurs collaborateurs ukrainiens, amenés dans un ravin en bordure de la ville et abattus. Babi Yar allait devenir le terme générique pour désigner les massacres semblables dans toute l'Ukraine.

L'un des deux frères de ma mère, Motel, qui était professeur et mathématicien, trouva la mort alors qu'il combattait au sein de l'armée soviétique pendant les premiers jours de l'invasion allemande. Il avait tout de suite été envoyé au front et n'en revint jamais. Mon autre oncle, Mechel, qui était soldat lui aussi, survécut à la guerre. Pour la plupart, mes tantes et mes cousins furent exilés vers l'intérieur du territoire soviétique, vers Tachkent, la capitale de la république de l'Ouzbékistan, une des principales régions musulmanes de ce qui était alors l'Union soviétique. La plupart des membres de la famille de ma mère y furent envoyés pour des raisons de sécurité, mais n'y trouvèrent que misère et mauvais traitements.

Nous ne fûmes mis au courant de tout cela qu'à la fin de la guerre, même si ma mère avait toujours craint le pire. Ce n'est que lorsqu'elle finit par avoir des nouvelles de Mechel qu'elle apprit la mort de sa mère et celle de son frère. Elle fut aussi mise au courant du sort réservé à ses sœurs, ainsi qu'à ses neveux et nièces, et à quel point l'existence demeurait difficile pour eux. Mon oncle Mechel écrivit à sa sœur Ethel pour lui demander un manteau d'hiver. Il gelait et était affamé. Ma mère lui envoya le manteau en question dans le premier colis qu'elle fit parvenir à sa famille en Union soviétique. Elle en envoyait au moins quatre par an, achetant des articles dans le magasin ABC du boulevard Saint-Laurent. Il ne s'agissait pas seulement de leur expédier des choses utiles, comme des vêtements chauds, mais, surtout, des choses additionnelles à vendre ou à troquer contre de l'argent ou des aliments.

C'est en 1962 que ma mère eut enfin l'occasion d'aller rendre visite à sa famille. Elle passa trois semaines à Kiev, la capitale de l'Ukraine, et je me souviens qu'à son retour, lorsque le douanier

canadien lui demanda ce qu'elle rapportait au pays, elle lui répondit
en russe. Elle n'avait parlé que le russe et le yiddish pendant son
voyage et vivait probablement un choc culturel. Elle a dû s'imaginer
qu'elle avait remonté le temps jusqu'à cette journée de 1924 où elle
avait immigré au Canada avec mon père et ma sœur Luba.

Bien entendu, le retour de ma mère en Ukraine fut chargé d'émotion. Le fils de Mechel, mon cousin germain Valentine (Val), l'attendait à son arrivée ; je vais le laisser raconter ce moment :

L'arrivée de ma tante Ethel a été un événement particulier. Imaginez toute la *mespocha* [la famille] l'attendant sur le tarmac. À cette
époque, il n'y avait pas de portes d'embarquement dans les aéro-
ports. Nous étions là à l'attendre tout près du lieu où l'avion atter-
rissait. C'est comme ça qu'on faisait en Europe alors. L'avion
arrivait et on se trouvait tout juste à côté. Qui était présent ce
jour-là ? Ou plutôt, qui n'y était pas ? Il y avait les survivants
parmi ses frères et sœurs, mon père, son frère et ses deux sœurs,
Golda et Hava, ainsi qu'un énorme contingent de cousins et cou-
sines : quarante personnes en tout peut-être, dont moi-même.
Donc, l'avion atterrit et nous voyons une toute petite dame descendre l'escalier. Souvenez-vous qu'il y avait quarante-cinq ans
qu'ils s'étaient vus et voilà mon père et mes tantes qui s'écrient
presque à l'unisson : « La voilà ; c'est elle ! C'est Ethel ! ». Comment
ont-ils fait pour la reconnaître ? Je n'en ai aucune idée. Mais j'en
ai été témoin. Je me souviens aussi que mon père et moi sommes
entrés dans la pièce où elle répondait aux questions des douaniers
soviétiques. Elle a vu son frère, mon père, et bien qu'il était à peine
âgé de dix ans la dernière fois qu'elle l'avait vu – il en avait maintenant cinquante-six –, elle l'a tout de suite reconnu. Elle l'a fixé
des yeux et lui a dit : « le regard ; le regard ne change pas ».

Nous avons fait notre possible pour l'aider à traverser les
douanes sans perdre de temps et sans embûches, mais il ne faut
pas oublier que les agents des douanes soviétiques ne travaillaient pas seuls. Ils avaient toujours avec eux les redoutables
agents de la police secrète, le KGB, occupés à donner des ordres
et à mener leurs affaires. Venant tout juste d'arriver, elle s'efforçait de répondre à leurs questions malgré ses difficultés en russe.
Comme je connaissais quelques mots d'anglais, j'ai essayé de l'aider, mais j'ai alors entendu une voix autoritaire me dire : « jeune
homme, ne vous occupez pas de ça ». Ce n'était pas la voix d'un

douanier, mais bien celle d'un agent du KGB. En fait, c'est à dessein qu'ils ne lui facilitaient pas la tâche. On le comprend bien, elle était extrêmement tendue. Mais tandis qu'elle expliquait à qui étaient destinés tous les cadeaux qu'elle rapportait du Canada, elle dit à l'un des douaniers : « voilà, ça, c'est pour vous », en lui tendant un de ses cadeaux emballés. C'était bien sûr intelligent de sa part : partie depuis très longtemps, elle n'avait pas oublié comment les choses fonctionnent dans notre partie du monde. Après quoi, on nous a tous laissés partir. »

Pour ma mère, ce fut une visite pénible et chargée d'émotion, rendue encore plus difficile par les contraintes imposées par la paranoïa bureaucratique caractéristique des Soviétiques (chose que j'allais vivre à mon tour quelques années plus tard en me rendant en Union soviétique). Ainsi, elle n'eut pas le droit de se rendre à l'endroit où sa mère était morte. Dans le souvenir de Val :

Nous avions fait une demande pour nous rendre au cimetière, près de Zvenyhorodka, mais les fonctionnaires ont multiplié les excuses. En fait, on nous a conseillé de la décourager d'entreprendre ce périple : « Dites-lui qu'il n'y a pas d'hôtels là-bas, pas d'avions. Dites-lui qu'il n'y a pas de bon moment pour s'y rendre. Dites-lui que sa famille ne peut pas l'accompagner. » Nous avions prévu de louer une voiture, de faire l'aller-retour le même jour, et de la faire accompagner par une autre personne. Elle se l'est vu refuser malgré tout. Tante Ethel nous a simplifié les choses en nous disant de ne pas nous en faire. Elle nous a dit qu'elle irait au cimetière lors de sa prochaine visite. Bien entendu, il n'y aurait pas de prochaine visite. Nous avons eu une soirée mémorable. Elle avait dû descendre à un hôtel plutôt que de loger chez un de ses proches, mais un soir, elle est venue à l'appartement de mon père, où toute la famille était réunie. Elle s'est enfin sentie chez elle.

En dépit de la distance et des obstacles placés sur le chemin de ma mère, son attachement témoigne de l'importance qu'elle accordait à sa famille dans sa vie. On peut habiter à un coin de rue de ses parents les plus proches et vivre une relation aussi fragile que du verre. Ou, comme dans le cas de ma mère, vivre à l'autre bout du monde et entretenir des liens indestructibles. Jeune homme, je tirai cet enseignement en voyant ma mère envoyer des colis à sa famille en Ukraine année après année. Après son décès – six ans avaient alors passé depuis ce voyage pour revoir sa famille –, Roz et moi avons maintenu la tradition d'expédier des colis. Mais j'étais curieux de rencontrer ces gens que je n'avais jamais vus. « Loin des yeux, loin du cœur », me disais-je aussi. Je craignais que, si Roz et moi n'avions pas une relation directe et personnelle avec ces personnes, nous serions tentés d'interrompre l'envoi de colis. En 1973, Roz et moi fîmes donc le voyage jusqu'à Kiev.

Ce serait peu dire que d'affirmer que ce fut un voyage intéressant. Dès notre arrivée ou à peu près, nos parents commencèrent à passer nous voir à l'hôtel. Comme on pouvait s'y attendre, leur accueil fut chaleureux, mais il y eut aussi une certaine réticence de leur part. Je remarquai que chacune des personnes venues nous voir dans notre chambre pointait le doigt vers le plafond. C'était un message clair : nous devions faire attention à ce que nous disions, car, en Union soviétique, on pouvait être sûr qu'il y avait toujours quelqu'un pour nous écouter.

Il y avait aussi des gardes à tous les étages de l'hôtel et je compris très vite quel était leur rôle : dès que Roz et moi quittions notre chambre, les gardes venaient fouiller dans nos bagages. C'est ainsi que nous fîmes connaissance, un peu brutalement, avec un état policier.

Et, de fait, le séjour que nous fîmes en Union soviétique fut édifiant. S'il ne m'est pas souvent arrivé de voyager sans envisager d'une manière ou l'autre de faire des affaires dans le pays visité, je peux affirmer sans crainte de me tromper que je n'entretenais aucune pensée de la sorte à cette occasion.

La partie la plus mémorable du voyage fut sans doute un souper de famille auquel Roz et moi fûment invités, qui rappelait le fameux souper organisé onze ans plus tôt en l'honneur de ma mère. Cette fois-ci, la famille se rassembla dans le petit appartement de ma tante Hava. Il était si petit que je me demandai comment nous allions tous pouvoir y entrer, sans compter les autres membres de la famille et les amis qui ne cessaient d'arriver. Mais tout le monde ferma les yeux sur ces inconvénients. Ils en avaient l'habitude. Ils se contentèrent de retirer une des portes de l'appartement de ses charnières pour en faire une longue table de salle à manger. C'est lors de cette soirée que mon oncle Mechel m'amena dans l'entrée – il savait très bien ne pas pouvoir parler librement, même chez sa sœur – et me chuchota en yiddish qu'il voulait venir me rendre visite au Canada. Il fallut préparer un peu le voyage, mais il eut lieu l'année suivante. En un certain sens, nous avions mal planifié son arrivée à Montréal, car elle coïncida avec le début d'un cours d'une durée d'un mois, organisé par ICN, que je devais suivre à l'Université Harvard. Au début, oncle Mechel et Roz éprouvèrent quelques problèmes de communication, car il ne parlait que russe et yiddish, langues que Roz ne connaissait ni l'une ni l'autre. Mais ils finirent par s'arranger. Mechel consacra beaucoup de temps à fréquenter la bibliothèque publique juive de Montréal. Il y trouva des livres dont la lecture, voire même l'accès, lui était interdit, comme la fameuse saga de la répression russe, *L'archipel du Goulag* d'Alexandre Soljenitsyne. Le séjour de Mechel dura trois mois, de sorte qu'avant son départ, il avait déjà pris la décision d'immigrer au Canada avec sa famille à la première occasion. Voici le souvenir qu'a conservé Val du retour de son père en Union soviétique :

> Il avait fait un séjour merveilleux à Montréal, si bien qu'à son retour chez nous, nous eûmes une réunion. Cette fois, tout le monde s'est retrouvé dans mon appartement et on lui demanda : « Alors, que penses-tu du Canada ? ». Il ne répondit pas, se contentant de montrer le plafond du doigt. Il ne faisait confiance à personne. Il ne pouvait parler ouvertement nulle part. Mais nous habitions près d'une forêt quasi millénaire et lui et moi partîmes y faire une promenade. « Papa, dis-moi à quoi cela ressemble vraiment », lui demandai-je. Il me regarda et me dis : « Si tu y vas, j'irai aussi. » Dès ce moment-là, chaque fois qu'on lui demandait s'il y avait des perspectives intéressantes au Canada, il répondait par la négative. En privé, par contre, lorsqu'il savait que personne ne l'écoutait, il répondait : « Oui, c'est incroyable ce qu'on y trouve comme possibilités. »

Il fallut un certain temps à Mechel pour voir son rêve se réaliser. C'est son fils aîné, Joseph, qui fut le premier à immigrer au Canada avec sa famille. Il était boucher et je l'aidai à se trouver du travail dans une boucherie casher de Toronto. Cela se passait à la fin des années 1970, mais c'est au début des années 1980 que les choses commencèrent vraiment à changer en Union soviétique, surtout pour les Juifs. Revoici Val :

> J'ai présenté une demande pour ma famille et moi en 1979, mais nous avons essuyé des refus pendant deux ans. On nous

répondait simplement ceci : « Nous ne sommes pas prêts à vous laisser partir. » C'est tout. Mais lorsque Ronald Reagan est arrivé au pouvoir en 1980, nous savions que les choses avaient changé. Nous savions que les Soviétiques ne voulaient rien entendre de Jimmy Carter, le prédécesseur de Ronald Reagan, mais avec ce dernier, nous savions que ce serait bientôt notre heure. Nous savions que nous allions pouvoir partir sous peu. Les Soviétiques craignaient Reagan. Il avait une personnalité tellement forte. Ils se sentaient incapables de lui tenir tête. Je suis venu ici en 1981, le 26 octobre pour être précis. Je n'oublierai jamais ce jour. Nous faisions partie des familles autorisées à partir. C'était comme si le gouvernement soviétique disait au monde occidental : « Vous en voulez des Juifs ? En voilà. » Nous savions qu'il nous fallait saisir cette seule chance. Ils appelaient et demandaient : « Vous êtes prêts à partir ? ». Il fallait être prêt.

À mon arrivée au Canada, j'avais trente-quatre ans. Je suis venu avec ma femme, mes parents et mes enfants. Nous n'avons cependant pu emmener les parents de ma femme. Ils ont dû signer une déclaration devant le KGB attestant qu'ils s'opposaient à notre départ. Une sorte de torture bureaucratique. Le gouvernement voulait s'assurer de nous faire payer le prix de notre départ, un prix très élevé. La déclaration, fausse bien sûr, que mes beaux-parents ont dû signer semblait destinée à s'assurer que jamais ils n'obtiendraient l'autorisation de quitter l'Union soviétique. Cela signifiait que, selon toute vraisemblance, ils ne reverraient jamais leurs enfants et leurs petits-enfants : un sacrifice énorme qu'ils ont fait pour nous.

En réalité, Ella, la femme de Val, dut attendre dix ans avant de revoir ses parents. À ce moment, Val parvint à les parrainer pour les faire venir au Canada. Ingénieur civil, il ne trouva pas de travail dans son domaine et finit par travailler pour Pharmascience dans le secteur commercial. Bien des années plus tard, le fils de Val, Boris, ayant étudié à McGill et Harvard et obtenu un doctorat en microbiologie, vint lui aussi travailler pour Pharmascience et devint directeur de la société. Boris épousa Debbie Finkelberg – la cousine germaine de Dana, la femme de Jonathan – et ils eurent deux enfants. Elena, la sœur jumelle de Boris, qui occupait un poste de directrice de la publicité, s'épanouit elle aussi dans son nouveau pays. Elle épousa Michel Bendayan et eux aussi eurent deux enfants.

Comme je l'ai mentionné, jamais je n'avais envisagé de faire des affaires en Ukraine ni d'y retourner pour rendre visite à la famille. Toutefois, lorsqu'il devint évident, au début des années 1990, que l'Union soviétique, sous Mikhaïl Gorbatchev, était sur le point de s'effondrer, je changeai d'avis pratiquement du jour au lendemain. C'est aussi vers ce moment-là que je reçus un appel téléphonique d'Abraham Katzellenbogen, que tout le monde au sein de la communauté connaît sous le nom de M. Bogen. Il travaillait pour le bureau local de l'Association d'aide aux immigrants juifs (la JIAS), un organisme qui aide les Juifs à bien s'établir au Canada et dans le monde entier. M. Bogen m'expliqua qu'il avait un visiteur, un dénommé Pavel Melekhov, qui travaillait dans l'industrie pharmaceutique soviétique et venait d'arriver au Canada en provenance de Vienne. Souhaitant rester dans ce pays, il avait absolument besoin de se trouver un parrain.

Comme il allait finir par devoir se trouver aussi un emploi, M. Bogen se demandait si j'accepterais de le rencontrer. Lors de cette rencontre avec Pavel (Paul), j'appris qu'il avait été directeur de l'exploitation de toutes les usines de production d'antibiotiques en URSS. À l'époque, nous n'avions pas d'emploi à la mesure de ses compétences et de son expérience. Je lui expliquai que Pharmascience était encore une assez petite entreprise – nous étions en février 1991 – et que nous commercialisions des produits finis sans nous occuper de la production de matières premières, qui était son champ d'expertise. En réalité, tout ce que j'avais à lui offrir était un poste de commis à l'inventaire. Ce serait bien peu dire que d'affirmer qu'il était surqualifié pour le poste. Je lui expliquai néanmoins qu'il pouvait accepter cet emploi avec la promesse que, en cas d'ouverture d'un poste convenant mieux à ses compétences, sa candidature serait envisagée. Paul n'eut pas la moindre hésitation, ce qui est tout à son honneur. Il accepta le poste de commis à l'inventaire.

« Mon entrevue avec Morris eut lieu quelques jours après mon arrivée au Canada. J'avais donc les poches vides, se souvient Paul. Mais en rencontrant Morris, en lui parlant, j'ai senti qu'il y avait des possibilités d'avancement au sein de Pharmascience. Quand Morris m'a embauché, je suis convaincu qu'il croyait que la situation allait débloquer en Union soviétique. De ça, je suis totalement convaincu. »

Paul se trompe sur ce point. Je n'ai jamais été très fort en pronostics historiques ou politiques. Rien n'indiquait que la situation en Europe de l'Est, en particulier en Union soviétique, allait changer de façon aussi radicale et que cette évolution allait avoir une profonde incidence sur Paul et Pharmascience. Pourtant, c'est vrai que l'effondrement de l'Union soviétique sous la houlette de Gorbatchev peu après l'arrivée de Paul à Pharmascience ouvrit toutes grandes les portes des échanges commerciaux avec ce qui semblait être une nouvelle Russie. Au cours d'une discussion avec Paul, je lui demandai s'il aimerait retourner en Russie et rétablir ses vieux contacts au sein de l'industrie. Sa réponse fut pragmatique : « Oui, dit-il, si nous pouvons faire des affaires là-bas, je serais heureux d'y retourner. »

Nous conclûmes une entente : Paul allait diviser son année en deux, travailler six mois en Russie et les six mois restants au Canada, où son épouse, Irina Tsyskovskaia, et leur jeune fils, Denis, allaient rester. Presque tout de suite, David, Paul et moi-même nous rendîmes à Saint-Pétersbourg, autrefois appelée Leningrad et ville natale de Paul, où nous ouvrîmes notre bureau. En quelques mois, Paul parvint à obtenir une commande de l'armée russe concernant un antibiotique, le Cefazolin pour injection. Paul possède encore des photos de lui posant avec David, moi-même et d'éminents chercheurs du fameux Institut Pasteur. Pourtant, en dépit de ce début prometteur, la Russie était un pays instable, aux prises avec énormément de chaos et d'anarchie. C'était l'équivalent en Europe de l'Est du *Far West*. Je me souviens d'un appel téléphonique de Paul au début de cette entreprise, au cours duquel il me dit : « Je ne me sens pas à l'aise pour travailler dans cet environnement. » Il ne se sentait pas en sécurité, à juste titre, si bien que nous avons décidé de déménager nos affaires à Kiev. Sans être exceptionnelle, la situation était tout de même meilleure. Il s'avéra que j'avais encore un cousin, le mari d'une cousine, qui occupait un poste de haut fonctionnaire au ministère de la Santé. Nous prîmes donc ce que nous considérions comme des dispositions avec ce cousin, mais il ne nous fallut pas un jour pour nous apercevoir qu'on ne pouvait lui faire confiance. Paul décida alors de prendre lui-même la direction des opérations et installa son nouveau bureau de Kiev sur le campus d'un hôpital universitaire. Le 24 novembre 1994, notre société ukrainienne fut constituée en personne morale.

« Pourquoi un hôpital ? », lui demandai-je.

« Parce que c'est le meilleur gage de sécurité », m'expliqua Paul.

Les gardes de sécurité patrouillaient à l'extérieur de l'hôpital vingt-quatre heures sur vingt-quatre et Paul fit installer une porte en acier à son bureau. Voici Paul qui explique les raisons de notre remarquable et rapide réussite dans cette région ainsi que de sa perpétuation :

Si nous nous sommes installés à Kiev, c'est parce qu'il y existe une tradition de la fabrication. Pourtant, même dans ces conditions, au moment du lancement de notre entreprise, nous avons été témoins de l'effondrement total de l'industrie médicale et pharmaceutique … Au cours des quelques années qui ont suivi, la situation économique a commencé peu à peu à s'améliorer et nous avons fini par pouvoir vendre les produits que nous fabriquions ici au Canada. Nous comptons aujourd'hui plus de soixante-dix employés, des médecins pour la plupart. Nous avons un grand bureau à Kiev. Nous sommes la seule société canadienne à avoir un bureau de cette envergure en Ukraine. Nous sommes aussi une personne morale et possédons toutes les licences nécessaires pour fabriquer nos produits et les exporter vers la Russie, la Moldavie, la Lituanie, la Géorgie, de nombreuses anciennes républiques.

Les affaires sont en pleine croissance. Ces endroits – la Russie, l'Ukraine et tous ces nouveaux pays – demeurent bien sûr très dangereux. Nous avons eu de la chance, mais j'ai aussi été très prudent. Au lancement de notre entreprise, j'ai dit à Morris que ma principale priorité était de ne pas perdre d'argent. Mais nous avons réalisé des profits dès la première année, en fournissant des antibiotiques à l'armée, ainsi qu'au ministère de la Santé. À quoi tient notre réussite ? Un point important est que je m'exprimais mieux en russe qu'en anglais. Je savais aussi comment éviter les risques et les problèmes. Dans ce pays, nombreux sont ceux qui cherchent à profiter des étrangers. Selon eux, il faut toujours tricher avec les étrangers. À mes yeux, il suffisait de connaître les règles du jeu. Les voici : premièrement, ne pas croire aux promesses ; deuxièmement, se fier à sa propre bonne volonté et à sa connaissance de la manière de réussir en affaires.

Je me dois d'ajouter que j'ai eu la chance de rencontrer beaucoup de gens bourrés de talent, aussi bien en Union soviétique qu'au Canada, mais que jamais dans ma vie, je n'ai rencontré quelqu'un comme Morris Goodman. En plus d'être un grand entrepreneur, c'est un chercheur extrêmement doué, l'un des plus grands esprits scientifiques que j'aie rencontrés, en réalité. Ce n'est pas une coïncidence si l'on retrouve le mot « science » dans le nom de son entreprise. Morris est quelqu'un de très logique. Il n'a peut-être pas le niveau de connaissances en mathématiques ou en physique qu'un professeur peut avoir, mais il a un mode de raisonnement entièrement méthodologique. Je sais aussi que beaucoup de personnes travaillent pour Pharmascience parce qu'elles sont impressionnées par Morris. Quand je suis en Ukraine, je m'efforce d'imiter son comportement. Je suis très content de parler de Morris. Sans lui, Pharmascience n'aurait pu naître. Sans Morris, je ne serais pas là. Les gens qui ont quelqu'un comme Morris dans leur vie sont des gens heureux.

Paul va bien trop loin dans ses éloges. C'est en grande partie grâce à lui si les deux gouvernements, celui de l'Ukraine et celui du Canada, donnèrent leur aval à notre entreprise commerciale. De surcroît, depuis sa base de Kiev, Paul commercialise nos produits dans de nombreux pays musulmans aux alentours et dans toute l'Europe de l'Est, notamment la Lituanie et l'Estonie. Il partage encore son temps entre Kiev et Montréal, et son épouse, qui est titulaire d'un doctorat en chimie, a travaillé à l'Université de Montréal et œuvre désormais au sein des services réglementaires de Pharmascience. Tous deux ont accompli des choses remarquables, non seulement pour Pharmascience, mais aussi pour notre pays. Ce sont de parfaits exemples des possibilités que le Canada a toujours offertes tant à ses citoyens qu'aux immigrants, à des gens comme Paul et comme mes parents, en fait.

◆

Il y a une autre chose que la chute de l'Union soviétique et l'établissement subséquent d'une tête de pont par Pharmascience en Ukraine rendirent possible. En 1994, j'eus la possibilité de faire ce que ma mère n'avait pas eu l'occasion de faire au cours de son séjour dans son pays natal une trentaine d'années auparavant: je me replongeai dans le passé tragique de ma famille et me rendis dans le village où ma grand-mère était morte. Au cours d'une de mes premières visites là-bas, un voyage d'affaires à Kiev avec David, je rencontrai mon cousin germain Siena, le fils de ma tante Golda, et David, Paul Melekhov, lui et moi louâmes une voiture pour aller jusqu'à Zvenyhorodka voir la maison dans laquelle ma grand-mère avait vécu. Mes cousins s'arrangèrent pour expliquer à l'occupante de la maison qui j'étais et lui demandèrent si je pouvais jeter un coup d'œil. Elle accepta, mais il n'y avait pas grand-chose à voir. Ce que j'y vis m'apparut toutefois saisissant: c'était tout petit, un taudis en fait. Je me rappelle encore de mon étonnement devant le poêle, façonné de terre, étonnement plus grand encore de constater qu'il y avait des gens qui avaient vécu, et vivaient encore, comme ça. Je voulus aussi voir l'endroit où ma grand-mère était enterrée, de sorte que je fis le poignant voyage qu'on avait refusé à ma mère toutes ces années auparavant. Un villageois nous emmena dans la forêt où ma grand-mère et ses camarades juifs avaient été exécutés. Là non plus, il n'y avait pas grand-chose à voir, mais ce qu'on avait devant les yeux n'en donnait pas moins froid dans le dos : aucun monument pour rappeler les faits, aucune dédicace comme au Babi Yar de Kiev, par exemple. Dans la municipalité de Zvenyhorodka, il n'y avait aucun signe de reconnaissance que des choses horribles s'y étaient produites, rien pour indiquer le terrible crime qui avait été perpétré sur cet obscur lopin de terre, où tant de gens avaient été regroupés pour être assassinés, pour la simple raison qu'ils étaient Juifs. Ce que j'y vis me brisa cependant le cœur. Je vis deux monticules de terre : un pour les adultes, puis, à côté de ce premier monticule, un autre, plus petit. C'était pour les enfants innocents qui avaient été assassinés.

13

Investir dans les personnes : deux études de cas

Un homme ne devrait jamais cesser d'apprendre.
Maimonide

Après tout ce temps, je devrais être immunisé contre les surprises. De fait, on pourrait sans doute me pardonner de croire que, sur le plan des affaires, j'ai tout vu. Mais en vérité, jamais je n'ai ressenti ce sentiment en travaillant dans le secteur pharmaceutique. Je me sens constamment stimulé, véritablement revigoré par les nouvelles occasions, l'espoir renouvelé que je ressens chaque fois que j'entends parler de la découverte d'un médicament ou d'un nouveau traitement. Bien franchement, c'est pour cette raison que je viens encore travailler chaque jour rempli d'enthousiasme et de curiosité, m'attendant toujours à une bonne surprise. Et encore, jamais je n'aurais pu prédire ce qui se produisit il y a quelques années lorsqu'un vieux médicament, dont j'avais entendu parler une quarantaine d'années auparavant, réapparut et donna des résultats stimulants et diablement prometteurs pour combattre une forme extrêmement virulente de cancer. Qui plus est, la personne qui effectuait la recherche fondamentale sur ce vieux médicament le faisait à deux pas de chez moi ; en réalité, cette chercheuse travaillait à ma propre alma mater, l'Université de Montréal.

Au printemps de 2009, Roz et moi assistâmes à une réception à l'Université de Montréal donnée en l'honneur de mon vieux camarade de classe Jean Coutu et de son épouse, Marcelle, qui venaient y annoncer le versement d'un don important à l'Institut de recherche en immunologie et en cancérologie (IRIC) de l'Université. Dès mon arrivée ou presque, je fus abordé par un chercheur universitaire qui me demanda si j'avais eu l'occasion de voir un article publié tout récemment dans la revue médicale *Blood*. Je n'avais pas encore eu le temps de lire *Blood*, mais j'avais lu dans *The Gazette* un article inspiré de cette recherche. Elle avait aussi fait l'objet d'un reportage national au réseau CTV, dont j'avais eu vent et qui portait un titre alléchant du genre « Un médicament antiviral rempli de promesses pour combattre le cancer ». Le point essentiel de l'émission de télévision et de l'article de journal était que onze patients montréalais ayant contracté une leucémie myéloblastique aiguë (LMA) étaient traités avec du Ribavirin. Aucun autre traitement n'ayant donné de résultats pour ces patients, celui-ci était considéré comme un dernier recours. En dépit de la gravité de leur état, le médicament donnait des résultats remarquables. D'après le reportage de la CTV, en quelques mois, l'état de neuf des patients s'était amélioré. De plus, ce traitement se démarquait de la chimiothérapie ordinaire en ce qu'il ne présentait aucun effet secondaire débilitant ou dangereux. Un des patients, Fred Klamph, sur lequel un des reportages de nouvelles télévisées avait porté, se sentait suffisamment bien pour aller faire de la plongée autonome en Floride.

La chercheuse principale, de l'Université de Montréal, était Katherine Borden, avec qui la CTV avait aussi mené une entrevue. Elle répondit ceci : « Chez plusieurs patients, nous avons eu des rémissions, ce qui est tout à fait inédit. Et, au sein d'un autre sousgroupe de patients, nous avons observé des baisses vraiment spectaculaires du nombre de cellules leucémiques ; même que chez certains patients, nous ne pouvions presque plus ou plus du tout déceler la leucémie. Pour nous, c'était vraiment stimulant d'avoir des patients qui se sentent bien et peuvent mener une vie normale sans devoir rester à l'hôpital, malades en permanence, l'état habituel des leucémiques, et c'est ce qui explique notre enthousiasme. »

Cela ne pouvait qu'être encourageant d'un point de vue médical. Pour moi, cependant, cette histoire revêtait aussi un aspect personnel. C'est en 1971 que j'avais entendu pour la première fois parler du Ribavirin, au cours de cette période charnière de mon existence où j'avais entrepris de vendre Winley-Morris à Milan Panic et ICN. C'est à cette époque, dans les laboratoires d'ICN, que l'on avait découvert le Ribavirin et, comme je l'ai mentionné plus tôt, Panic s'y était accroché comme à une bouée de sauvetage, vantant ses mérites comme traitement possible du rhume et misant dessus pour assurer sa réputation et celle d'ICN sur les marchés boursiers. Cela faisait partie de son argumentation au moment où il s'efforçait de me convaincre de vendre Winley-Morris. Il s'avéra, bien entendu, que le Ribavirin ne servait nullement à soigner le rhume, mais, une vingtaine d'années plus tard, après mon départ d'ICN, il était réapparu, combiné cette fois avec l'Interferon, comme traitement efficace de l'hépatite C. Cette percée sauva carrément la mise d'ICN et de Panic, et cela le temps de le dire. En vérité, ce fut leur bouée de sauvetage.

Revenons à nos moutons : est-ce que je savais quoi que ce soit du Ribavirin ? Oui, on pouvait dire que j'en connaissais un rayon sur le Ribavirin. En entendre parler lors de la réception en l'honneur des Coutu dans ce contexte tout neuf et enthousiasmant était un peu comme entendre parler d'un ami qu'on a depuis longtemps perdu de vue, qui serait subitement revenu en ville, souhaitant reparler du bon vieux temps. Donc, lorsque ce chercheur de l'Université de Montréal me demanda si j'aimerais que l'on me présente la D^{re} Borden, l'auteure de l'article paru dans *Blood*, comme on pouvait s'y attendre, je lui répondis : « de fait, je parie que je pourrais lui raconter, au sujet du Ribavirin, des choses qu'elle ignore complètement ».

La D^{re} Katherine Borden, ou Kathy, comme je l'appelle maintenant, est une Montréalaise de naissance qui, comme elle le dit elle-même, a vécu partout. Elle a aussi consacré beaucoup de son précieux temps à faire ce que même les meilleurs chercheurs ne peuvent éviter de faire : pourchasser les bourses de recherche. Elle avait travaillé au prestigieux Mount Sinai Hospital de New York avant d'arriver à l'Université de Montréal en 2004. Elle est actuellement professeure titulaire à l'IRIC et titulaire d'une chaire de recherche du Canada. Comme tant de chercheurs talentueux que j'ai rencontrés et avec lesquels j'ai collaboré au fil des années, c'est une femme impressionnante – brillante et très simple à la fois. Elle vient travailler en chaussures de sport et consacre ses journées à résoudre les mystères les plus insondables de la maladie et de la mortalité. Avec le Ribavirin, elle avait l'occasion d'accomplir des miracles, de redonner espoir aux patients en plus de prolonger leur existence dans une mesure impossible à envisager autrement. Cela avait manifestement décuplé son dévouement envers son travail et, l'ayant rencontrée, cela décupla ma volonté de lui offrir toute l'aide que je pouvais.

Comme la plupart des chercheurs que j'ai rencontrés, Kathy est à la fois entièrement dévouée à ce qu'elle fait et régulièrement contrariée par les restrictions qui ne cessent de dresser des obstacles à ses réalisations. Lors de notre rencontre, elle était en train de surmonter certains de ces obstacles et, comme elle le raconte elle-même, cette rencontre tomba vraiment à pic. Trop beau pour être vrai, c'est un peu comme cela qu'elle s'en souvient :

> Je n'avais jamais rencontré Morris. Une personne présente à la réception m'a dit que cet homme avait des renseignements à me donner. En fait, il en avait beaucoup. Il me raconta ses souvenirs très divertissants concernant le Ribavirin, qui remontaient à la vente de sa société, Winley-Morris, à ICN au début des années 1970. En parlant à Morris, j'eus le sentiment qu'il parlait de ce médicament comme « celui qui était passé entre les mailles du filet ». Au terme de notre entretien, Morris finit par me dire que Pharmascience allait fabriquer du Ribavirin pour notre prochaine série de tests et me le fournir gratuitement. Je me dis bien sûr que ce serait merveilleux. Mais je dois avouer que, comme chercheuse fréquentant régulièrement ce genre de réceptions, je sais qu'on y rencontre beaucoup de gens qui viennent vous faire toutes sortes de propositions, dont vous n'entendez plus jamais parler. La vie m'avait appris que cette expérience allait vraisemblablement se répéter dans ce cas-ci. Mais je ne connaissais pas encore Morris. Il est passé de la parole aux actes. Sa décision de fournir gratuitement les médicaments pour ma recherche a constitué un réel atout. À l'époque, elle fut une véritable bouée de sauvetage. Si Morris n'avait pas embarqué à ce moment-là, cette recherche aurait tout simplement pu prendre fin. Cela a certainement rendu possible une bonne part de nos travaux. Désormais, les patients prennent le médicament fabriqué par Pharmascience … contre la leucémie. Nous aspirons à voir les effets du Ribavirin lorsqu'on l'administre beaucoup plus tôt aux patients. Jusqu'à présent, on ne s'en est servi que comme médicament de dernier recours. Nous voulons maintenant le faire approuver, peut-être en le combinant avec un autre médicament, et poursuivre notre recherche sur des patients à des stades moins avancés de la maladie.

En plus de fournir à Kathy le Ribavirin dont elle avait besoin pour les études cliniques réalisées par les docteurs Wilson Miller Jr et Sarit Assouline au Centre Segal de l'Hôpital général juif, j'eus également l'occasion d'aider Kathy sur d'autres plans. Par exemple, elle mène actuellement de la recherche en combinant le Ribavirin avec la Cytarabine, un médicament plus ancien utilisé en chimiothérapie traditionnelle. La clé à cet égard consiste à maintenir les doses de Cytarabine à un faible niveau, de façon à ce que ce médicament demeure efficace sans provoquer les effets secondaires habituels. Ainsi, les patients pourraient suivre ce traitement à domicile. Kathy pourra faire breveter cette combinaison, ce qu'elle ne peut faire en administrant uniquement du Ribavirin. J'ai donc demandé à des avocats de Pharmascience spécialisés en propriété intellectuelle de travailler à l'obtention d'un brevet pour cette facette de sa recherche. Si nous y parvenons, cela permettrait à l'Université de Montréal de se faire verser des redevances. Si le traitement est approuvé, il pourra être administré à des patients à un stade plus précoce de leur maladie.

Le genre de recherche que fait Kathy Borden s'apparente à courir un marathon. La bonne nouvelle est qu'elle vient de me faire parvenir un courriel m'informant qu'elle venait de recevoir une subvention de trois ans, totalisant six cent mille dollars, de la Leukemia and Lymphoma Society (LLS) des États-Unis. Cette subvention revient à l'expression d'un vote de confiance massif envers ses travaux. Plus précisément, cela signifie qu'elle est en mesure de les poursuivre, c'est-à-dire de pousser plus loin ses expériences. Selon Kathy, c'est aussi simple que ça : « Pas d'argent, pas de tests ! »

Un autre courriel que m'a adressé dernièrement Kathy est venu résumer l'attachement que j'ai ressenti toute ma vie envers la recherche et la raison pour laquelle le slogan de Pharmascience a toujours été « créer la différence ». Elle m'écrivait pour me tenir au courant de l'évolution du dossier du Ribavirin et m'a raconté l'histoire d'une fillette de San Diego qui avait contracté la LMA après avoir subi une chimiothérapie destinée à traiter son neuroblastome alors qu'elle n'avait que cinq mois. Elle a maintenant deux ans et son état ne s'est pas amélioré après deux périodes de chimiothérapie. Dernièrement, son père a approuvé un traitement au Ribavirin. Après trois jours à peine, son analyse de sang présentait de remarquables résultats. Et si son père sait très bien que ce traitement a peu de chances d'aboutir, il a confié à Kathy toute sa gratitude envers le Ribavirin, car il ne pouvait se résoudre à infliger à sa fille une nouvelle période de chimio pénible et vraisemblablement inefficace. Il cherchait désespérément à essayer quelque chose qui ne la rendrait pas malade comme un chien. Il espérait que le Ribavirin allait lui permettre de se rétablir suffisamment et lui laisser assez de temps pour recevoir un jour une transplantation de moelle osseuse. On peut comprendre que ce père dans tous ses états espérait un miracle et, même si le Ribavirin n'est peut-être pas encore un médicament miracle, il a eu un effet miraculeux : il redonne espoir à cet homme et à sa fillette, alors que tout espoir semblait perdu auparavant.

Kathy Borden et l'Hôpital général juif poursuivent leur recherche clinique avec le Ribavirin. Dernièrement, les résultats qu'ils ont obtenus ont attiré l'attention de producteurs de la CTV, qui nous ont demandé, à Kathy et à moi, de passer à leur émission nationale du matin, *Canada AM*, pour parler des travaux de recherche de Kathy.

Simultanément, à mon insu, un nouveau médicament, le Sofosbuvir, progressait dans les dédales du système de réglementation de Santé Canada, qui pourrait en approuver la vente comme traitement oral de l'hépatite C. Il s'agirait de la première préparation orale pour soigner cette maladie et elle viendrait remplacer l'Interferon, qui a longtemps été le traitement de prédilection. Comme l'Interferon, pour atteindre un maximum d'efficacité, le Sofosbuvir doit être pris avec le Ribavirin. Les comprimés de Ribavirin ne sont cependant approuvés à l'heure actuelle qu'avec l'Interferon. À la suite de notre passage à la télévision, on a demandé à Pharmascience de présenter une demande à Santé Canada en vue d'obtenir un avis de conformité destiné à commercialiser séparément le Ribavirin. Selon nos prévisions, ce médicament devrait se retrouver sur le marché au début de l'année 2015.

En ce qui me concerne, l'aventure du Ribavirin a commencé en 1971, après que j'eus vendu ma petite entreprise à ICN et son incidence sur ma vie se fait encore sentir en 2013. Comment faire mieux ?

Sur le plan des affaires, je dois admettre qu'il m'est arrivé de pécher par excès de prudence, d'être trop réticent à jeter les fameux dés. Mes affiliations avec des entrepreneurs et des hauts dirigeants d'entreprises comme Milan Panic ou Shaul Eisenberg m'ont convaincu que je n'étais pas ce genre d'hommes d'affaires aventureux. Par contre, quand il est question de prendre des risques avec les gens, je fonctionne très différemment. Par exemple, dès le jour où j'ai rencontré Kathy Borden et où elle a commencé à me parler de ses travaux, je savais que j'allais miser sur elle et tout faire pour l'aider.

Bien entendu, dans le cas de Kathy, je soutenais un projet de recherche et non une entreprise commerciale. Par contre, mes premiers contacts avec Ronald Reuben il y a une vingtaine d'années eurent toutes les apparences d'un énorme risque financier. En 1992, Roz et moi étions en route vers la Floride lorsque je reçus un appel de Michael Cape, le directeur de Marcelle Cosmetics. Je le

connaissais depuis longtemps et Roz était allée à l'école secondaire
avec Pearl, l'épouse de Michael. En fait, Pearl et Michael et Roz et
moi nous sommes mariés le même jour et avons fait notre voyage de
noces ensemble en 1961 sur l'*Empress of Britain*, qui nous conduisit en Europe.

Michael m'appelait à la suite d'une demande de Barry Shapiro, un
avocat qui tâchait de venir en aide au petit Reuben – Ronald devait
avoir vingt-quatre ans à l'époque. Ronald était sur le point de perdre,
au profit de son associé, l'entreprise qu'il avait lancée. De fait, il
semblait bien que Medicom, son entreprise de fournitures médicales
et dentaires, était sur le point de lui échapper. La situation était complexe, mais le nœud de l'affaire était, comme Michael Cape me l'expliqua, que le jeune Reuben se trouvait dans une situation embêtante.
Et tout cela lui tombait dessus alors que la santé de sa mère était
défaillante. Il avait été élevé en Israël et son père était parti quand il
était encore enfant. Il n'avait donc pas de parents à qui se confier.
Lorsque je l'appelai à partir d'une cabine téléphonique à l'aéroport
de Montréal, Ronald m'expliqua qu'il n'avait pas « les ressources
financières nécessaires pour demeurer propriétaire de Medicom ».
Je lui demandai de combien d'argent il avait besoin. Deux cent mille
dollars, répondit-il. Il semblait à la fois sincère et vraiment dans le
pétrin. M'en remettant au respect que je vouais à Barry Shapiro et à
Michael Cape et me fiant à leur bon jugement dans cette affaire, je
communiquai avec notre personnel des finances pour lui demander
de transférer le montant dont Ronald avait besoin dans son compte.
Je me dis que j'allais vérifier ce qu'il en était au retour de mes vacances
en Floride. Je ne me souviens plus très bien de cet appel téléphonique,
mais Ronald, bien sûr, lui s'en souvient. Voici sa version :

Je venais de passer une année très pénible avec mon associé.
J'avais tout investi dans Medicom. Je n'avais même pas terminé
mes cours à l'université ; j'avais abandonné le dernier à McGill
pour lancer cette entreprise. Je ne possédais rien d'autre. Je ne
savais plus quoi faire. Alors, quand Morris m'a appelé pour me
dire : « Je comprends que tu es dans le besoin », je lui ai très rapidement raconté mon histoire au téléphone. Je me souviens qu'il
ne m'a pas interrompu, se contentant de m'écouter jusqu'au
bout. Puis il a fini par dire : « Voyons ce que nous pouvons faire. »
Ce qu'il a fait, c'est un investissement dans Medicom sous la
forme d'un prêt de deux cent mille dollars, ajoutant que, lorsque

Medicom le rembourserait, nous deviendrions associés à parts
égales. Ce montant suffisait à rembourser l'autre associé. Je
me rappelle m'être présenté à une réunion avec les avocats de
Medicom un chèque de Morris en main – que je n'avais par
ailleurs pas encore rencontré –, je l'ai déposé sur la table et ça
les a laissés bouche bée. Jamais ils ne m'auraient cru capable
de verser cet argent. En réalité, ils avaient compté sur mon
incapacité d'y parvenir.

À mon retour de Floride, je m'aperçus que la situation de Ronald
Reuben et de Medicom était pire que je l'avais cru. Avec ma bonne
volonté impulsive, je m'étais enfoncé dans les problèmes financiers
d'un autre. Et l'ampleur de ces problèmes financiers constitua une
surprise pour Ronald également. Voici le souvenir qu'il a gardé d'une
période extrêmement pénible de son existence :

J'avais vérifié les états financiers et je savais que Medicom n'obtenait pas d'excellents résultats, mais c'était correct. C'est du
moins ce que je croyais. Mais une fois que j'ai pris les choses en
main, j'ai compris à mesure que je décortiquais les comptes que
nous perdions de l'argent et, pire encore, que l'entreprise était
techniquement en faillite. Et c'était moi le crétin qui venait de
l'acheter. Non seulement ça, mais j'y avais entraîné Morris, un
type que je n'avais jamais vu, et je lui avais attiré des problèmes.
Je me souviens de notre première rencontre avant la Pâque juive,
alors qu'il me fallait lui dire la vérité concernant les finances de
mon entreprise. Nous nous trouvions dans les bureaux de
Pharmascience et Morris a piqué une crise. J'avais vingt-quatre
ans et je me sentais misérable. Ma crédibilité ne valait plus un
sou. J'avais l'air d'un voleur. Comment pouvais-je ignorer à ce
point l'état de mes propres finances ? Ce que j'ignorais, bien sûr,
c'est que, pendant que je me concentrais sur la vente en dehors
du bureau, mon associé était à l'intérieur, occupé à trafiquer les
livres. Lorsque la réunion avec Morris et les membres de son
personnel a fini par se terminer, je tremblais comme une feuille.
Je me sentais moins que rien. C'est à ce moment-là que Morris
m'a fait signe de le rejoindre et m'a demandé : « En passant, que
fais-tu pour la Pâque ? » Je lui ai répondu que j'étais seul à
Montréal, ce à quoi il a rétorqué : « Viens me voir à la maison
pour le seder. » Je m'en souviens encore et, pourtant, chaque fois

que je raconte cette histoire, j'en ai la chair de poule. Morris a été d'une gentillesse envers moi que personne n'avait jamais eue auparavant. Mais c'est un des traits de son caractère. Il peut être d'une intransigeance absolue. Il peut cerner un problème ou une difficulté en un rien de temps. Mais, d'abord et avant tout, je me souviens de cette preuve de gentillesse. À partir de ce moment, je n'ai plus eu qu'une chose en tête : je voulais gagner sa confiance, le remercier de sa gentillesse.

Ronald était déterminé à me rembourser mon investissement et il trima dur pour cela. « D'accord, lui dis-je, es-tu prêt à retrousser tes manches ? Si c'est le cas, Bernie Grossman (le directeur général de Pharmascience) et moi-même viendrons te voir à ton bureau une fois par semaine pour t'aider dans la marche de tes affaires. » Pendant l'année qui a suivi, Ronald travailla de cinq heures du matin à une heure le lendemain matin. Il ne vivait plus que pour son entreprise. Il était marqué, ayant vu le monde des affaires sous son plus sombre visage, et je tentai de l'aider à rebâtir sa confiance. Je pris le temps de lui montrer comment réussir en affaires. Je lui montrai aussi que je lui faisais confiance. Résultat : Medicom finit par devenir une entreprise très fructueuse, passant d'une société au bord de la faillite à un chiffre d'affaires de deux cents millions de dollars et exerçant ses activités en Amérique du Nord, en Europe et en Asie. Medicom a fêté son vingt-cinquième anniversaire en 2013. De surcroît, en 2003, Ronald reçut le prix Sam Steinberg de la Fédération CJA remis au « jeune entrepreneur juif de l'année » et, en septembre 2013, il se vit décerner le prix Ernst & Young de l'entrepreneur de l'année au Québec.

Je suis fier de pouvoir dire que Ronald, qui a maintenant pris pour épouse Miriam Dahan, une dentiste, avec laquelle il a eu deux enfants, Emma et Aiden, me perçoit comme un modèle qui l'a aidé à prendre un nouveau départ dans la vie, à la fois comme homme d'affaires et comme père de famille.

À propos de notre relation, Ronald eut l'amabilité d'affirmer ceci : « Morris Goodman a changé ma vie. Je ne lui dois pas simplement beaucoup ; je lui dois tout. Je sais qu'il s'est bâti une réputation de philanthrope ces dernières années, mais je crois que sa philanthropie me rejoint également, que, dans un certain sens, elle a commencé par moi. J'en suis le fruit. Quoi qu'il en soit, au bout du compte, Morris, c'est la gentillesse incarnée. Il n'avait aucune raison de faire preuve de gentillesse envers moi et il l'a fait. Il n'avait aucune raison d'avoir confiance en moi, mais il l'a fait. Et ça a fait une sacrée différence. »

Au cas où vous commenceriez à croire que j'ai toujours misé sur les bonnes personnes, permettez-moi de rectifier le tir. Je pourrais raconter deux autres cas qui auraient pu prendre une tournure bien différente de ce qui s'est passé avec Kathy et Ronald. Il y a bien des années, une secrétaire travaillant au service de Pharmascience me demanda de cosigner avec elle une demande de prêt bancaire. Elle empruntait de l'argent pour s'acheter une maison avec son mari. Un mois plus tard, ils déclarèrent faillite et je finis par rembourser le prêt. Je ne revis jamais mon argent.

Une autre fois, l'un des membres de la Congrégation Saar Hashomayim, que je ne connaissais pas personnellement, vint me voir dans mon bureau à Pharmascience pour me demander un prêt. Il me dit traverser une situation financière difficile. Étant vice-président de la Shaar à l'époque, je me sentis obligé de faire preuve de plus de confiance et de charité que je ne l'aurais fait autrement. Je lui prêtai dix mille dollars. Il me remit des chèques postdatés, qui finirent tous par se révéler sans provision. Jamais je ne récupérai mon argent. Il continue de venir à la synagogue, mais étonnamment, ne m'adresse jamais la parole quand je le rencontre.

Tout en étant déçu de certaines erreurs de jugement que j'ai pu faire, je retire une bien plus grande satisfaction de mes réussites que je n'éprouve de regrets causés par mes échecs. Je continue à faire confiance aux gens, à apprendre d'eux et à investir en eux, autant sur le plan financier qu'individuel. En réalité, je sais que si je laissais les mauvaises expériences exercer une influence sur ma confiance envers les gens, c'est ma propre qualité de vie, ainsi que la satisfaction que je retire du fait de donner, qui s'en trouverait fortement réduite.

14

Cultiver la différence

On gagne sa vie avec ce que l'on reçoit, mais on la bâtit avec ce que l'on donne.

Citation attribuée à Winston Churchill

Dès le début de ma carrière, ma réussite dans le secteur pharmaceutique fut inextricablement liée à l'évolution du marché des médicaments génériques. J'observai la croissance de ce secteur et y pris part, non seulement sur le plan de sa viabilité commerciale, mais aussi sur celui de sa respectabilité et de son importance croissante pour la société. Souvenez-vous que les multinationales me traitèrent de « pirate » lorsque je me mis à vendre des médicaments génériques dans les années 1950 et 1960. Dès les années 1990, cependant, la situation évolua considérablement et je suis fier aujourd'hui du rôle que Pharmascience a joué et continue de jouer dans la transformation du commerce des médicaments.

Ainsi, nous prîmes part à une initiative particulièrement révolutionnaire, orchestrée par l'énorme multinationale Eli Lilly, qui a son siège social à Indianapolis. Créée il y a 137 ans, Eli Lilly est aujourd'hui la dixième société pharmaceutique en importance dans le monde. En 1996, Lilly fut cependant confrontée à d'importantes difficultés dont les répercussions finirent par prendre une vaste ampleur. Elle était en effet sur le point de perdre la protection de son brevet canadien sur la Fluoxetine, un antidépresseur avant-gardiste mieux connu sous sa marque commerciale Prozac. En 1974, on découvrit que la Fluoxetine constituait un traitement efficace pour la dépression, de même que des états comme le trouble obsessivo-compulsif, la boulimie, l'anorexie et autres troubles paniques. Très tôt, on s'aperçut que le Prozac était davantage qu'un nouveau médicament. Tantôt pour le meilleur, tantôt pour le pire, il marqua l'esprit de l'époque, caractérisé par un désir implacable d'autoamélioration.

Le Prozac inspira des succès de librairie – *Prozac: le bonheur sur ordonnance* et *Prozac Nation* – qui n'en faisaient ni l'éloge ni la critique; il trouva aussi une place de choix dans la culture populaire à titre de premier médicament dans son genre, c'est-à-dire, le premier d'une nouvelle vague de médicaments dits du « bonheur sur ordonnance ». Par conséquent, la marque Prozac jouit également d'un immense succès sur le marché. Dans les années 1990, toutefois, son brevet arrivant à expiration, le président d'Eli Lilly au Canada, Nelson Sims, était déterminé à s'opposer à l'absorption du Prozac par le marché générique, du moins pas sans élaborer une nouvelle stratégie pour l'empêcher. À cet égard, Sims et Lilly se dissocièrent des autres multinationales: plutôt que de s'opposer à un secteur générique en pleine croissance, Eli Lilly prit la décision d'y adhérer. Sims estima que Lilly aurait intérêt à tirer profit du marché des médicaments génériques plutôt que de perdre quatre-vingt-dix pour cent de ses profits une fois le brevet arrivé à expiration. Cela allait prendre un certain temps et des arguments, mais toutes les multinationales finirent par suivre le modèle établi par Lilly au Canada avec le Prozac. À cet égard, Nelson Sims fut un pionnier.

Cela explique aussi pourquoi Sims se mit en quête d'un partenaire canadien pour le Prozac et finit par approcher Pharmascience. Pourtant, je savais que nous n'étions pas son premier choix; je savais qu'il avait envisagé d'autres sociétés canadiennes avant nous. C'était tout à fait compréhensible puisque, à cette époque, nous n'étions sans doute que le cinquième ou sixième fabricant de médicaments génériques en importance au Canada. En toute honnêteté, j'ignore encore exactement ce qui l'amena à porter son choix sur Pharmascience. Si on me demandait de le deviner, je dirais que Nelson Sims le fit parce qu'il nous trouvait dignes de confiance et croyait que nous allions tenir parole. Il en avait pour preuve notre solide réputation sur le marché. Je suppose qu'on pourrait dire que Pharmascience lui semblait un bon choix. Cela faisait aussi tout à fait notre affaire, encore plus même.

Pour dire les choses sans détour, on ne saurait surestimer ce que cela signifiait pour nous – une entreprise assez petite et jeune – de signer l'entente de distribution en juin 1995 et d'avoir le droit de produire la version générique du Prozac. Après tout, le Prozac était alors l'un des dix médicaments les plus souvent prescrits au Canada. De surcroît, nous allions être en mesure de lancer notre produit sur le marché quatre mois entiers avant l'expiration du brevet de Lilly sur le Prozac. Cette longueur d'avance signifiait que toutes les

pharmacies du pays allaient devoir acheter un flacon de PMS-Fluoxetine auprès de Pharmascience.

Notre partenariat avec Eli Lilly comptait aussi des avantages complémentaires. Presque sur-le-champ, nous pûmes devenir partenaires de dix autres multinationales uniquement parce que Lilly avait porté son choix sur nous pour le Prozac. Alors âgé de vingt-six ans, mon fils Jonathan, qui était devenu vice-président responsable du développement commercial pour Pharmascience, prit une part importante à la signature de sept de ces ententes et à la concrétisation de celle signée avec Lilly.

Parmi les autres grandes entreprises que nous avons fini par représenter, on peut citer AstraZeneca, Novartis, Alcon, Roche, Fournier, Schering-Plough, Purdue Pharma et Janssen Pharmaceuticals, une division de Johnson & Johnson. Tout cela pour dire que notre association avec Eli Lilly fut bien davantage qu'une entente commerciale ; elle transforma Pharmascience de fond en comble. Elle nous apporta plus que des ventes : elle nous conféra les actifs intangibles que sont le pouvoir, le prestige et la crédibilité.

Ce fut sans doute Sheila McGovern, chroniqueuse économique pour *The Gazette*, qui résuma le mieux, dans un article daté du 15 avril 1996, notre joie face à cette faveur du destin :

> Les gens sont heureux à Pharmascience, une entreprise montréalaise. Ils ont obtenu le Prozac. Bien entendu, ils ne prennent pas la vedette des antidépresseurs. Ils le vendent sous sa forme générique ... dans les mêmes gélules couleur vert et crème que le créateur de ce médicament, Eli Lilly – et cela, vingt-cinq pour cent moins cher que l'original.
>
> Mais à l'encontre d'autres fabricants canadiens de produits génériques, Pharmascience n'est pas coincé dans une bataille juridique avec Eli Lilly, qui a obtenu une injonction provisoire interdisant tous les autres médicaments génériques d'aspect semblable sur le marché. Pharmascience le fabrique en réalité avec la bénédiction d'Eli Lilly. Tous les autres producteurs de produits génériques ne sont pas aussi ravis.

Et elle avait raison : nous étions aux anges !

J'ai signalé en passant que l'arrivée de Jonathan à Pharmascience avait coïncidé avec l'entente avec Lilly. Le moment n'était pas seulement bien choisi – car Jonathan, ayant obtenu à la fois un diplôme de droit et une maîtrise à McGill et ayant étudié à la London School of Economics, avait tout ce qu'il fallait pour négocier avec une société comme Lilly –, mais c'était aussi une curieuse coïncidence. Jonathan connaissait Eli Lilly. Alors qu'il fréquentait encore la faculté de droit, il avait obtenu un travail d'été dans les bureaux de Lilly à Scarborough, en Ontario. Cela lui permit de se faire un excellent contact là-bas, Barry Fishman, mais il y connut aussi quelques difficultés, dont il n'était pas responsable. Voici le souvenir que Jonathan a gardé de son étrange première journée chez ce géant de l'industrie pharmaceutique :

Quelqu'un me faisait visiter les bureaux quand on m'a présenté une femme qui, ayant entendu mon nom, m'a demandé si j'étais par hasard un parent de Morris Goodman. J'ai répondu qu'il était mon père. Le lendemain, on m'a amené dans le bureau d'un v.-p. pour me dire qu'on était très ennuyé par ma relation avec Pharmascience. Je ne serais pas congédié, mais on me dit très clairement que je ne serais pas autorisé à arriver tôt le matin au bureau, ni à le quitter tard le soir, ni à travailler pendant les fins de semaine. On m'a confié aux bons soins de la responsable du service des diagnostics, qui m'a demandé de rédiger une étude de faisabilité sur la fabrication au Canada. Ce à quoi j'ai répondu : « En fait, vous souhaitez que je ne fasse rien de tout l'été. » Elle n'a rien dit, ce qui était en soi une réponse. C'était effectivement ce qu'elle voulait. Pour cette tâche, ce travail inutile, elle m'a donné un grand bureau au sous-sol. J'ai appelé mon père pour lui raconter ce qui m'arrivait. Il s'est fâché et m'a dit de m'en aller de là. « Sors de là tout de suite », a-t-il dit. Je ne pouvais pas le faire ; je venais juste de trouver un appartement. Je suis donc resté jusqu'à ce que je trouve un meilleur emploi, chez Bain and Company, un cabinet-conseil en gestion bien connu. Le peu de temps que j'ai passé là n'a toutefois pas été entièrement perdu. Pendant que je travaillais pour Lilly cet été-là, Barry Fishman et moi sommes devenus de bons amis. Quelques années plus tard, nous nous sommes retrouvés, puisqu'il faisait partie de l'équipe de négociateurs de Lilly chargée de conclure l'entente sur le Prozac avec Pharmascience.

Sans surprise, le chiffre d'affaires de Pharmascience doubla au cours de la première année où nous avons commercialisé la Fluoxetine. Par conséquent, nous nous mîmes à embaucher de nouveaux employés.

Au bout de quelques années, l'espace se mit à manquer cruellement. Dès la fin des années 1990, il devint évident que Pharmascience devait regrouper ses divers bureaux en un seul endroit. C'est alors que nous achetâmes notre édifice du 6111, avenue Royalmount, que nous occupons encore aujourd'hui.

Une fois de plus, Jonathan s'avéra l'homme de la situation pour trouver un édifice qui allait nous convenir comme siège social. En réalité, tout le mérite de cette acquisition lui revient. Il fit preuve de beaucoup de vision dans cet achat : en plus de combler un besoin pressant pour notre société, ce nouvel édifice se révéla une excellente affaire. Voici le souvenir que Jonathan a gardé de cette transaction :

> Depuis des années, Pharmascience occupait plusieurs bâtiments, tous situés dans un rayon de cinq kilomètres, et c'était comme si notre expansion s'effectuait de façon aléatoire. Tout cela manquait de cohésion. Je me suis dit qu'il vaudrait mieux tout rassembler sous un même toit, dans un seul endroit. Je cherchais également à faire un investissement. Sur le plan de la diversification, c'était une bonne idée pour ma famille d'avoir des biens immobiliers. C'est pourquoi j'ai commencé à chercher un édifice qui ferait l'affaire. Cela a pris un certain temps, mais j'ai fini par tomber sur cet édifice appartenant au géant de l'aviation Lockheed Martin. C'était à peu près au moment de la réélection de Jean Chrétien, alors qu'il avait décidé de mettre un terme à un énorme et très médiatisé contrat sur l'achat d'hélicoptères pour l'armée canadienne que le gouvernement précédent de Brian Mulroney avait octroyé à Lockheed. Pour cette raison et d'autres motifs financiers, Lockheed était très pressée de vendre.
>
> La visite de l'édifice situé avenue Royalmount s'est révélée intéressante. Certaines parties du bâtiment étaient et sont encore assez spéciales. Comme la cage de Faraday, par exemple : la meilleure description qu'on peut en donner est celle d'un espace de vingt mille pieds carrés entièrement revêtu de plomb : les murs, le plancher, tout ! Il n'y a aucun joint sauf autour de la porte. Il est expressément conçu pour être à l'abri des espions – des satellites, par exemple. C'est manifestement le genre de choses dont on a besoin pour le marché de la défense. En réalité, cette cage de Faraday me porte à croire que Lockheed Martin avait l'intention d'occuper longtemps l'immeuble, puisqu'il allait

vraisemblablement coûter des centaines de milliers de dollars pour démolir cette pièce. En fait, cette excentricité dans la structure du bâtiment a fini par tourner à notre avantage. Nous avons négocié une entente en vertu de laquelle nous faisions l'acquisition du bâtiment et Lockheed Martin demeurait locataire de l'étage supérieur. Ses dirigeants ont même laissé tous les meubles. De surcroît, l'entente était telle que, s'ils restaient pendant toute la durée du bail, ils paieraient pratiquement l'ensemble du bâtiment. Et c'est exactement ce qui s'est passé : le renouvellement du bail de Lockheed a expiré en 2011.

Pour mon père, l'achat de cet édifice représentait malgré tout une dépense importante. Cela ne lui semblait pas non plus un bon investissement, pas au début en tout cas. À bien des égards, mon père est un homme prudent. Il a toujours eu pour approche de protéger ses arrières. Bref, c'était une décision qui demandait du courage, mais, au bout du compte, mon père n'en manque pas. Et la décision de déménager et d'acheter la propriété sise avenue Royalmount a rapporté : aujourd'hui, le bâtiment a été agrandi à deux reprises et sa valeur est plusieurs fois supérieure à son prix initial.

Jonathan tint toujours pour acquis qu'il évoluerait dans le secteur pharmaceutique. Dans un profil publié dans le magazine de son université, *McGill News*, Jonathan expliqua de la manière suivante son attrait précoce pour le secteur pharmaceutique : « La plupart des jeunes grandissent en regardant leur père suivre les sports à la télé. Mon père à moi passait son temps à lire des périodiques médicaux. Plutôt que de trouver des exemplaires de *Sports Illustrated* dans toute la maison, j'ai feuilleté des numéros du *New England Journal of Medicine*. » Pendant ses vacances d'été, Jonathan travaillait à Pharmascience, reprenant le même emploi que David pendant ses propres vacances d'été – visiter les pharmacies des hôpitaux et se frotter aux difficultés de la vente. Il travailla aussi à l'entrepôt, à faire des livraisons, et il se familiarisa avec le fonctionnement de l'entreprise en partant du bas de l'échelle.

Le cheminement professionnel de Jonathan ne fut toutefois pas toujours droit ni aisé. En 1989, il fut accepté à la prestigieuse London School of Economics (LSE). C'est à ce moment-là aussi qu'il apprit être atteint de la maladie d'Hodgkin, une forme de cancer. Il dut quitter la LSE et l'Angleterre pour rentrer suivre un traitement au

Canada. Ces moments furent durs pour lui et pour nous tous. Pourtant, malgré sa maladie, jamais Jonathan n'interrompit ses études, obtenant son baccalauréat en 1989 à l'Université McGill. À ce moment, il hésita sur la voie à suivre. Je lui recommandai le droit. En 1990, il décida de suivre une combinaison de cours en droit et une maîtrise en administration des affaires, qu'il obtint en 1994. Tout en refusant de passer l'examen du Barreau du Québec – il ne souhaitait pas faire le « stage » –, il passa les examens du barreau dans les États de New York et du Massachusetts et réussit les deux.

Il faut aussi signaler qu'en 1999, pendant que Jonathan négociait l'acquisition de l'édifice de l'avenue Royalmount, il était déjà en train d'exploiter sa propre société pharmaceutique, Laboratoires Paladin inc., elle-même en voie de connaître une remarquable réussite commerciale.

Pendant que Jonathan suivait son propre chemin, David demeura à Pharmascience, dont il finit par devenir le directeur général en 2006. À ce poste, David parvint à transformer la société pendant une période économique difficile où il fut confronté à la pression qu'imposèrent au secteur pharmaceutique la multiplication des décisions gouvernementales et le resserrement de la réglementation. L'entreprise que j'avais lancée dans les années 1950 était devenue plus difficile à gérer, plus complexe et plus scientifique. Pharmascience eut la chance que David se trouvât au bon endroit au bon moment. Son esprit axé sur les processus se révéla extrêmement utile pour aider l'entreprise à répondre à ces nouvelles difficultés et réalités.

En plus de ces responsabilités, David ne ménagea jamais ses efforts pour que Pharmascience contribue à changer le cours des choses au sein de la communauté. Ainsi, il orchestra les campagnes annuelles de Centraide de Pharmascience, lors desquelles la société égalait les dons des membres de son personnel. C'est sous la direction de David que Pharmascience devint, entre toutes les sociétés pharmaceutiques du Québec, le plus important donateur de Centraide.

De plus, Pharmascience poursuivit avec enthousiasme ce que l'on appelle couramment aujourd'hui la pharmaphilanthropie, adoptant pour politique d'entreprise de faire don de médicaments aux nations les plus démunies du monde. Depuis 1995, Pharmascience, par l'entremise de Partenaires Canadiens pour la Santé Internationale (PCSI), a donné pour quelque trente-cinq millions de dollars en produits destinés à l'aide internationale. En 2007, le premier ministre Stephen Harper, assistant à l'inauguration du centre de distribution d'assistance médicale de PCSI à Mississauga, en Ontario, déclara ceci : « Toutes ces palettes remplies de produits médicaux et pharmaceutiques représentent la santé et l'espoir de dizaines de milliers d'enfants et d'adultes dans les pays en voie de développement. »

En 2008, PCSI rendit hommage à Pharmascience à titre de « principal donateur de médicaments », soulignant nos dons de plus de sept millions de dollars en médicaments de soins primaires à ses programmes d'assistance médicale dans plus de soixante pays. Pharmascience demeure parmi les principaux donateurs de PCSI.

Pharmascience réagit aussi aux catastrophes survenues dans le monde. En 2004, le tsunami qui frappa la Thaïlande et d'autres pays du Pacifique-Sud incita Pharmascience à faire des dons de médicaments d'une valeur de six cent mille dollars. C'est Mario Deschamps, notre président-directeur général du groupe Pharmascience, retraité depuis peu, qui en fit l'annonce officielle. Comme Mario le souligna à cette occasion, nous avons, en plus des médicaments, « ajouté des électrolytes pédiatriques destinés à empêcher la déshydratation chez les jeunes enfants ». Nous avons aussi encouragé les membres de notre personnel à faire des dons, que nous avons égalés.

En 2010, Pharmascience réagit au terrible tremblement de terre en Haïti en moins de vingt-quatre heures, expédiant tout un éventail de médicaments. Elle facilita aussi le désir des membres de son personnel qui souhaitaient prendre une part active au processus de secours humanitaire. Dans ce cas particulier, la catastrophe nous toucha de près – un certain nombre de nos mille quatre cents employés avaient des racines, des parents et des amis en Haïti – et, encore une fois, l'entreprise égala les dons faits par les membres de son personnel.

Dernièrement, le président de PCSI, Glen Shepard, a exprimé sa gratitude envers Pharmascience pour son « engagement soutenu à aider PCSI à améliorer l'accès aux médicaments et aux soins de santé dans les pays en développement ».

À l'automne de 1995, ne me sentant pas bien, j'eus une rencontre avec Ted Wise et nous finîmes par nous retrouver à discuter sérieusement de nos projets de succession. Le fils unique de Ted, Jeffrey, fraîchement diplômé de l'école de droit, n'était pas intéressé par la société, alors que David et Jonathan travaillaient déjà pour Pharmascience. Après avoir examiné un certain nombre d'options, nous en arrivâmes à la conclusion que Ted souhaitait se retirer alors que, de mon côté, je souhaitais garder l'entreprise pour mes fils et ma famille. Il nous suffit de dix minutes pour en venir à un accord sur le prix que

Ted souhaitait obtenir pour ses actions et, en septembre 1995, nous conclûmes la vente et l'achat de ses titres.

Pendant ce temps, Jonathan s'apprêtait aussi à prendre le contrôle de Geriatrix, une société cotée à la Bourse de Vancouver, qui avait été achetée par Joddes, la société de portefeuille de la famille Goodman. À la suggestion de Mark Piibe, ami de Jonathan, le nom Geriatrix devint Paladin inc. À ce moment, Ted utilisa une partie du produit de la vente de ses actions de Pharmascience pour l'investir dans Paladin. Il devint président du conseil d'administration de la société naissante et conserva le poste presque jusqu'à sa mort prématurée, le 8 août 2013. Jonathan est encore fier de souligner que Ted fit plus d'argent avec Paladin qu'il n'en fit jamais avec Pharmascience.

Lorsque Jonathan annonça son départ de Pharmascience en 1995 pour lancer Laboratoires Paladin inc. avec Mark Beaudet, un ancien collègue, je ne fus nullement surpris. Je compris l'empressement de mon fils à voler de ses propres ailes, à tracer sa propre voie. Car, après tout, j'avais ressenti la même chose à son âge. «Bien des chemins mènent au sommet de la montagne», me souviens-je d'avoir dit à Jonathan quand il me parla de son nouveau projet. «Et si ces chemins te mènent où tu veux aller, ils sont tous bons.» Je savais aussi très bien que les raisons qui poussaient Jonathan à lancer Paladin ne tenaient pas entièrement à la pratique des affaires, comme il l'explique:

À bien des égards, je ressemble à mon père. D'abord et avant tout, je suis extrêmement contrôlant et très mauvais gestionnaire. Bâtir une entreprise stimule bien plus mon intérêt que l'exploiter. Être gestionnaire et être entrepreneur font appel à des aptitudes différentes et je me sens beaucoup plus attiré vers l'entrepreneuriat. Mon père étant fait du même bois, je savais ne pas pouvoir travailler pour Pharmascience puisque je ne pourrais pas en être le patron. Je ne pourrais évidemment pas non plus remplacer mon père, puisqu'il était indispensable pour la société. Ayant mis le doigt sur le problème de mon rôle à Pharmascience, je savais qu'il me fallait lancer ma propre entreprise, même si je n'avais que vingt-sept ans à l'époque. J'ai fait part de mon plan à mon père: comme Pharmascience travaillait pour l'essentiel dans le domaine des médicaments génériques, j'allais travailler dans celui des médicaments spécialisés, plus précisément une partie de ce secteur où mon père obtenait alors un chiffre d'affaires de l'ordre de six millions de dollars. Mais ses représentants commerciaux étaient vieux et manquaient de motivation; fondamentalement, ils ne valaient rien. Mon père m'a donc dit que, si je parvenais à obtenir ces six millions de dollars par l'entremise de tierces parties, je pourrais m'occuper de ce secteur. C'était sa condition. La mienne était que j'allais obtenir cet argent en passant par des tiers et qu'il n'aurait aucun mot à dire sur ma manière de diriger l'entreprise. Il m'a répondu que, pour autant que j'utilise son argent à bon escient, il ne dirait rien. Et il n'a jamais rien dit.

Le sens des affaires de Jonathan m'a toujours laissé pantois. Il découle en partie de l'éducation qu'il a reçue à McGill et à la London School of Economics, sans parler de son séjour chez Bain. Chez lui, c'est aussi un talent naturel. Sa ténacité, sa détermination et son dynamisme font partie intégrante de sa personnalité.

Comme de raison, il se passionne aussi pour l'art de la négociation. Il le mit à l'évidence dans l'acquisition de notre édifice de l'avenue Royalmount, mais peut-être plus encore avec le lancement de Paladin. Jonathan se mit à recueillir l'argent dont il avait besoin auprès de trois institutions financières du Québec: RBC Marché des capitaux, Bio Capital et Innovatech du Grand Montréal. De son côté, Pharmascience investit ses six millions de dollars en produits, de sorte que la famille Goodman possédait au départ soixante-dix pour cent de la nouvelle société. Il est important de souligner que ses trois frère et sœurs accordèrent unanimement leur soutien à l'investissement de Pharmascience dans Paladin. À sa première émission, l'action de Paladin valait quatre dollars; deux décennies plus tard, elle se négocie à plus de cent dix dollars l'unité.

À tous points de vue, Paladin connut une remarquable réussite. À sa première année d'exploitation, elle fit un bénéfice de quarante et un mille dollars; ses profits dépassent aujourd'hui les cent quatre-vingts millions de dollars. Selon un article publié récemment dans *The Gazette*, «Paladin se dirige vers une seizième année de bénéfices records». En cours de route, les félicitations n'ont jamais manqué pour cette nouvelle puissance du secteur. En 2003, Jonathan et Mark Beaudet furent nommés Entrepreneurs de l'année dans la catégorie des soins de santé/sciences de la vie pour le Québec par Ernst & Young. Paladin reçut aussi des éloges de la part du *National Post*, du *Profit Magazine* et du *Montreal Business Magazine*, entre autres publications et organisations.

Paladin connut la réussite comme Jonathan l'avait envisagé, en se concentrant sur les médicaments spécialisés et en obtenant les droits, pour le Canada, sur de nouveaux médicaments prometteurs comme Plan B, également connu sous le nom de pilule du lendemain. C'est en 1999 que Paladin fit l'acquisition des droits sur ce controversé médicament. Aucune autre société commerciale ne voulait s'en mêler, mais Jonathan eut le pressentiment qu'il fallait le proposer aux femmes canadiennes. Le succès de la pilule du lendemain vint confirmer, dans le cas de Jonathan aussi, que la chance sert parfois mieux que l'intelligence. Cela semble être une caractéristique de la famille Goodman.

Dès le début, Jonathan parcourut le monde à la recherche de nouveaux produits. Très tôt, cela signifia prendre l'avion vers presque toutes les destinations européennes en plus de parcourir les États-Unis en tous sens. Il fit aussi de précieuses observations en étant, à un certain moment, un des quinze membres du conseil des Compagnies de recherche pharmaceutiques du Canada.

Je suis également fier que Jonathan ait trouvé le temps, en dehors de son travail pour Paladin, de s'investir dans les activités de la communauté. Ainsi, il y a quelques années, il organisa un tournoi de poker Texas hold'em, le premier du genre à Montréal, au profit d'une organisation caritative. Paladin fut aussi le plus important commanditaire du Cyclo-défi contre le cancer, un événement annuel en faveur du Centre Segal de l'Hôpital général juif. En trois ans, Jonathan recueillit des dons de plus de 1,8 million de dollars. Il s'investit aussi dans l'enseignement aux Juifs et donna une autre preuve de la combinaison unique de pragmatisme et d'esprit innovateur qui l'anime lorsqu'il transforma les concerts-bénéfice annuels de l'Organization for Rehabilitation through Training (ORT) à la Place des Arts de Montréal. L'ORT est une organisation mondiale qui accomplit un travail remarquable en faveur des enfants défavorisés, mais elle ne parvint jamais, et de loin, à vendre tous les billets du concert qu'elle présentait à Montréal. Jonathan eut l'idée de faire participer les élèves des écoles juives de Montréal à la vente de billets pour remplir la salle. La seule condition qu'il imposa était qu'un pourcentage de l'argent recueilli, proportionnel au nombre de billets vendus par les élèves, revint à leur école. Résultat: la salle fut remplie. En 2012, un montant de 1,9 million de dollars fut recueilli, soit le montant le plus important jamais amassé par cette organisation. Les efforts de Jonathan permirent également aux écoles juives de Montréal de recueillir un million de dollars. Ce sont la vision de Jonathan et sa confiance de pouvoir accomplir les choses de manière plus efficace et créative qui contribuèrent grandement à faire de cette activité de financement une réussite sans précédent.

En plus de son implication dans Paladin et de ses activités caritatives, Jonathan est devenu un père de famille dévoué. Il épousa Dana Caplan le 28 février 2004 à la Congrégation Shaar Hashomayim. Dana est titulaire d'un diplôme de premier cycle du Smith College en plus d'un diplôme en droit de McGill. Elle est parvenue à retenir Jonathan à la maison en lui offrant une vie qu'il adore et qui l'aide à équilibrer sa passion pour le travail. Nous connaissons Dana depuis qu'elle est toute petite, puisque ses parents, Mark et Judy Caplan, possédaient à Hampstead une maison avoisinant la nôtre. Dana est faite pour être mère, et Jonathan et elle ont trois jeunes enfants, Noah Ezra, Lilah Rose et Orly Anne (Anne étant le nom de la tante de Roz, du côté de sa mère). De fait, mes belles-filles, Mia et Dana, sont toutes deux de merveilleuses mères et nous ne pourrions demander mieux pour nos fils. Ils ont fait de bons choix.

Aujourd'hui, je ne pourrais être plus fier de ce que mes deux fils ont accompli dans leur vie personnelle ainsi que dans le monde des affaires. David a été solide comme le roc pour guider les pas de Pharmascience à l'aube du vingt et unième siècle. Pendant ce temps, Paladin a poursuivi son essor et atteint une capitalisation boursière de 1,3 milliard de dollars à l'automne 2013. Puis, au mois de novembre 2013, le conseil d'administration de Paladin accepta une offre d'achat de la société américaine Endo Health Solutions Inc. La valeur de Paladin a augmenté sur-le-champ à 2,4 milliards de dollars. Aujourd'hui, sa valeur dépasse largement celle de Pharmascience. C'est un succès phénoménal dont nous sommes tous très fiers.

Comme le dit Jonathan et comme le répète David, par chance, « il n'existe que deux personnes dont on ne peut être jaloux : un professeur envers son élève et un père envers son fils. Nous avons la chance d'avoir Morris Goodman à la fois pour père et pour professeur. Nous avons tellement appris en suivant son exemple. »

15

Roz

Ne reste pas à l'écart de ta communauté.
Pirkei Avot

Ni en hébreu ni en yiddish, il n'existe de mot désignant la charité. Ce n'est sans doute pas une coïncidence si ce mot n'existe dans aucune de ces deux langues. Pas plus que le fait que le mot le plus proche que la plupart d'entre nous utilisons pour le désigner soit *tzedekah*. La meilleure définition que l'on puisse donner de *tzedekah* est justice et cela sert à souligner la perception qu'ont toujours eue les Juifs de la charité, à savoir que ce qu'on fait pour autrui est inextricablement lié au devoir, à la justice sociale. C'est en suivant l'exemple d'autrui que j'ai pu assimiler cette notion unique. Enfant, étant éduqué par des parents qui trimaient extrêmement dur pour parvenir tout juste à joindre les deux bouts, j'observai que ni mon père ni ma mère ne manquaient jamais de remplir leur responsabilité d'aider les autres. Ils m'enseignèrent que donner à ceux qui sont dans le besoin est une obligation à la fois morale et religieuse. Et c'est aussi très gratifiant.

Mais ma véritable éducation, mon cours supérieur, en *tzedekah* me vint, et cela à n'en pas douter pendant les cinquante-deux dernières années, en regardant mon épouse, Rosalind, transformer en actes la pratique de la philanthropie. Dans un certain sens, l'ensemble de la famille Goodman suivit les traces de Roz. Pour elle, le *tzedekah* était une façon de vivre. Vous pouvez parler de mon épouse à n'importe qui au sein de la communauté juive de Montréal, tout le monde vous dira que le nom de Rosalind Goodman est synonyme de leadership. Son apport à la communauté juive de Montréal fut immense et permanent, ce qui lui valut sa réputation à l'échelle locale, nationale et internationale.

Le dévouement de Roz envers la communauté précède mon arrivée dans sa vie. Comme jeune étudiante à McGill, elle fut bénévole, puis secrétaire de Hillel, l'organisme international regroupant les étudiants juifs des campus de toute l'Amérique du Nord. Après notre mariage, elle trouva le juste équilibre entre ses responsabilités à l'égard de l'éducation de quatre enfants et de tâches encore plus astreignantes au sein d'organismes communautaires. Ses compétences croissantes en leadership furent mises à profit par toute une série d'organismes, en commençant par la Jewish Junior Welfare League, alors qu'elle était jeune mariée, puis par les écoles juives populaires et les écoles Peretz ainsi que l'école secondaire Bialik, que mes quatre enfants fréquentèrent et où elle œuvra comme bénévole.

Mais, comme elle serait la première à le reconnaître, Roz a une dette immense envers les dirigeants communautaires qui l'ont précédée, en particulier envers Dodo Heppner et Milly Lande. Je sais que Roz considère encore Dodo et Milly comme ses mentors. Et ce sont en fait Dodo et Bernice Brownstein qui recrutèrent Roz pour diriger la Division des femmes de la Fédération CJA (Combined Jewish Appeal).

Mais si Roz parvint à donner l'impression qu'il était facile de gravir les échelons de l'action communautaire, de la sollicitation de dons jusqu'à la présidence de la campagne de la Division des femmes de la Fédération CJA, c'est l'inverse qui était vrai. Il ne s'agissait pas de monter, soutient-elle, mais bien de plonger. Voici sa version des faits :

> Jamais je n'ai souhaité ni ne me suis attendue à quoi que ce soit en retour de mon implication communautaire. Pour l'essentiel, je n'ai fait que suivre les traces de ma mère. Elle m'a inspiré beaucoup d'amour et de foi envers ce genre de travail. Mes souvenirs remontent au temps où j'avais sept ou huit ans. La Deuxième Guerre mondiale venait de prendre fin et la ville se remplissait de réfugiés, dont beaucoup de survivants de l'Holocauste. Je me souviens que nous avons adopté une famille venue d'Europe, un projet lancé par la section Hadassah de ma mère, la section Betty Pascal. Cela signifiait que nous suivions et aidions une famille arrivée récemment pour toutes sortes de choses. Nous pouvions les conseiller et les aiguiller vers les endroits où obtenir les services requis. Et je me souviens que j'accompagnais souvent ma mère lors des visites rendues à cette famille. C'était une leçon de vie, le genre de leçon que les jeunes ne reçoivent plus souvent de

leur famille de nos jours, ce dont, selon moi, ils auraient tant besoin : leur apprendre à voir ce que d'autres doivent traverser ainsi que leur donner un sentiment d'appartenance communautaire. Les gens de notre génération connaissaient leur chance parce qu'on le leur disait et qu'on le leur montrait souvent.

Quand j'ai obtenu mon diplôme de McGill, je voulais devenir bibliothécaire. Mais, à cette époque, j'étais mariée. J'ai eu mon premier enfant, Debbie, et ce que je voulais vraiment, c'était rester chez moi avec mon bébé. Quand j'ai fini par avoir du temps pour moi – c'était un privilège alors de pouvoir engager une gardienne ; tout le monde ne pouvait se le permettre –, j'ai consacré mon temps au bénévolat dans la communauté. Ça a été ma façon à moi de sortir dans le monde. Il me semblait que je faisais quelque chose d'utile, quelque chose qui contribuait à un monde meilleur. Plus tard, j'ai souvent fait mon bénévolat avec Debbie dans sa poussette, puis avec mes autres enfants, chacun à son tour.

Et, en ce qui concerne l'action communautaire, on m'a toujours proposé des postes très agréables et, dans un certain sens, j'étais toujours mise au défi de les accepter.

Au début, Roz travailla avec zèle et de façon discrète pour des organismes comme la Fédération CJA. Pourtant, elle fut aussi, à sa manière, une pionnière. Elle fut coprésidente du projet innovateur des boîtes d'un dollar par jour, qui rappellent les boîtes bleues du Fonds national juif que les familles comme la mienne gardaient à la maison quand j'étais petit. Notre benjamine, Shawna, se souvient d'avoir livré ces boîtes, de simples boîtes à chaussures, destinées à rappeler aux familles qu'il est facile de donner et que cela peut aussi devenir une habitude, un devoir quotidien. L'idée était d'une simplicité géniale : en donnant un dollar par jour, on finissait par accumuler un montant considérable à la fin de l'année.

En 1986, il était devenu de plus en plus évident que Roz avait toutes les capacités nécessaires pour se mesurer à une tâche plus imposante. On lui offrit de présider la campagne de la Fédération pour la Division des femmes, mais elle eut une hésitation :

Je me rappelle qu'on m'a proposé ce poste à l'époque de Noël. Je me souviens aussi que cela a gâché mes vacances. Quoi qu'il en soit, j'ai demandé conseil à mes enfants. Je crois qu'ils ont compris que je cherchais une façon de me défiler. Tous en chœur, ils m'ont dit: « Maman, tu es une poltronne. Si c'était à nous de décider, tu nous dirais que c'est notre responsabilité. » Pourtant, à mon retour de ces vacances, j'étais déterminée à refuser ce poste. Mais on m'a convaincue à la dernière minute de l'accepter. Ça a été pour moi un tournant dans ma vie et un immense défi. Parce que je savais que le poste de présidente de la campagne allait m'obliger à parler en public, ce qui m'avait toujours beaucoup effrayée. Je demeurais marquée par une expérience vécue alors que j'étais étudiante à McGill. Je suivais un extraordinaire cours d'histoire. Après environ trois semaines, nous avons découvert que nous allions tous devoir faire un exposé. Nous devions parler devant toute la classe. J'étais tout à fait terrifiée. J'étais incapable de parler en public. Alors, j'ai abandonné le cours. Je m'en suis toujours voulu d'avoir fui devant la difficulté. Par la suite, quand j'ai travaillé dans la collectivité, je me suis toujours tenue à l'arrière-plan. Jamais, je n'ai recherché les feux de la rampe. Mais accepter ce poste, la présidence d'une campagne, signifiait qu'il me fallait surmonter ma peur et relever le défi. J'y suis parvenue. Petit à petit. J'ai commencé par consulter des fiches, rien que pour me souvenir de mon propre nom. Les membres de ma famille peuvent vous dire à quel point je pratiquais mes salutations, mes plaisanteries de début d'intervention devant un miroir pendant des jours et des jours. Je rédigeais tous mes propres textes et je le fais toujours. Même si ce n'est toujours pas facile pour moi de prendre la parole en public, j'ai appris à le faire. Mais je ne tiens rien pour acquis. Je n'improvise pas, mais je ne suis pas non plus obsédée par ça comme avant. Il m'arrive encore d'être anxieuse, mais seulement le jour même de l'événement, pas deux semaines à l'avance.

À mes yeux, la crainte que Roz avait de prendre la parole en public et le courage dont elle fit preuve pour apaiser cette phobie furent toujours signes de sa force de caractère. L'engagement sans la moindre réserve dont elle témoigna constamment à mon égard à titre d'épouse, de partenaire et de mère de nos enfants, elle le témoigna aussi envers sa communauté. Je déteste penser à ce que serait ma vie – et celle de la communauté de Montréal, d'ailleurs – sans sa force de caractère et son courage.

Parmi les premières contributions de Roz, on compte la présentation en 1986 à la Division des femmes de Montréal de la Fédération

CJA du concept du « Lion de Juda » – une reconnaissance symbolique accordée aux femmes qui ont brillé dans leur rôle de soutien à leur communauté locale. De surcroît, après avoir dirigé la campagne de la Division, Roz accepta de relever un autre immense défi. En 1989, alors que Dorothy Reitman était présidente du Congrès juif canadien, elle en présida la séance plénière. Au cours de son mandat à la Fédération, on lui remit le Prix du leadership exceptionnel de la Fédération. Avec Jonathan Wener et Roslyn Wolfe, elle codirigea la mission de la Fédération en participant à une rencontre avec le président d'Israël Shimon Peres en 1996. Une douzaine d'autocars chargés de Montréalais se retrouvèrent en Israël à cette occasion. Malheureusement, cette visite coïncida avec la première intifada et les participants furent forcés à composer avec l'inquiétante nouvelle de l'éclatement d'une bombe dans un autobus public israélien à seulement deux pâtés de maisons de là.

Au nombre des contributions de Roz à l'État d'Israël, ajoutons la présidence de la Division des femmes de l'Organisation des Obligations de l'État d'Israël à Montréal de même que la coprésidence de la Division du Grand Montréal en compagnie de feu Mitch Garfinkle. Nous devînmes des amis très proches de Mitch et de son épouse, Shirley. Roz eut ensuite l'occasion de coprésider avec Roslyn Wolfe l'Assemblée générale à Montréal, des communautés juives unifiées à laquelle quelque huit cents fédérations juives nord-américaines regroupant trois mille cinq cents délégués furent représentées. Tenue en 1993, cette assemblée fut mémorable. Le regretté premier ministre d'Israël Yitzhak Rabin raconta avec une émotion palpable l'expérience qu'il avait vécue deux mois plus tôt lors de la poignée de main avec Yasser Arafat sur la pelouse de la Maison-Blanche. S'adressant à un auditoire montréalais qui buvait ses paroles, le premier ministre Rabin eut ces réflexions candides : « De toutes les mains du monde, celle [d'Arafat] n'était pas la main que je souhaitais ou rêvais de toucher. Mais ce n'était pas Yitzhak Rabin qui se trouvait sur cette estrade. C'était le représentant d'une nation, l'émissaire d'une nation qui souhaite la paix. »

Un des rôles les plus importants joués par Roz pour les échanges culturels entre Israël et Montréal résida dans ses efforts pour y faire venir les Rouleaux de la mer Morte en 2003. Cela fut le fruit d'une collaboration avec le Musée d'Israël et le musée d'archéologie et d'histoire de Montréal, Pointe-à-Callière. Une fois terminée l'exposition des Rouleaux de la mer Morte (qui afficha complet pendant toute sa durée), Roz devint coprésidente avec Karys Marcus des Amis canadiens du Musée d'Israël à Montréal.

Et Roz continua à se trouver de nouveaux rôles au sein de la communauté : ainsi, elle fut cofondatrice avec Roslyn Wolfe et Elaine Goldstein du Foodfest de l'organisme Mazon, qui fut fondé par Dodo Heppner. Il s'agit d'un organisme qui concentre ses efforts sur la réaction des communautés juives à la faim dans le monde ; les fonds recueillis lors de cette activité en particulier furent distribués aux banques alimentaires dans l'ensemble de la province.

Puis, en 2005, il y eut l'exposition *Des visas pour la vie* de l'Université de Tel-Aviv, que Roz organisa avec Sue Carol Isaacson. Présentée à l'Université de Montréal et dans le parc se trouvant en face de l'Hôtel de Ville de Montréal, cette exposition rendait hommage à une centaine de diplomates en poste dans des pays occupés par les nazis au cours de la Deuxième Guerre mondiale, qui risquèrent leur carrière, et souvent leur vie, pour sauver du danger des hommes, des femmes et des enfants, dont de nombreux Juifs.

L'un des récits les plus émouvants présentés dans l'exposition était celui d'Aristides de Sousa Mendes, qui fut consul général du Portugal à Marseille pendant la guerre. Au cours de son mandat, le gouvernement portugais lui donna pour stricte directive de suivre les ordres du gouvernement français de Vichy, dominé par des sympathisants nazis et des collaborateurs. Par conséquent, les ordres reçus par Mendes étaient inhumains et manifestement antisémites. On ne lui permit de délivrer que de rares visas à des réfugiés occasionnels cherchant à aller au Portugal, un pays neutre, et aucun ne fut bien sûr offert à des réfugiés juifs. Toutefois, lorsqu'un rabbin chercha à obtenir de l'aide de Mendes, il se montra disposé à courir le risque de faire une exception et à faire délivrer des visas pour le rabbin et sa famille. Le rabbin mit toutefois une condition : « Ne vous contentez pas de m'aider, mais aidez aussi les autres qui sont en danger. Aidez-les tous », lui dit-il. Le diplomate portugais reconnut sa responsabilité envers d'autres êtres humains dans de très mauvais draps et y réagit en travaillant sans relâche avec sa femme et ses enfants pour délivrer des milliers de visas. Il sauva ainsi la vie de nombreuses personnes qui finirent par franchir les Pyrénées pour gagner l'Espagne et qui purent ensuite se rendre à Lisbonne, le seul port sur l'Atlantique qui échappait au contrôle des nazis. (J'aimerais rappeler ici que ce récit me touche de près puisque Mendes aida mon ami Thomas Hecht et sa famille à fuir les nazis et à trouver refuge au Vietnam.)

Le gouvernement portugais finit par rappeler Mendes et le dépouiller de sa fortune et de son titre. Après la guerre, il survécut grâce aux aliments fournis par une soupe populaire juive. Il mourut en 1954. En passant, son épouse et deux de leurs enfants finirent par venir s'installer au Québec. De nombreuses années allaient passer avant que l'histoire de Mendes ne soit révélée dans des expositions comme celle que Roz contribua à attirer à Montréal. Son nom apparaît aujourd'hui dans le *Yad Vashem* avec la mention « gentil vertueux » et son histoire est un exemple édifiant de la tradition juive du *tzedekah*. C'est aussi la preuve qu'il n'est pas nécessaire d'être Juif pour suivre la tradition.

Ce ne sont là que quelques exemples de plus d'un demi-siècle d'actes de dévouement et de dur labeur de la part de Roz au nom de la communauté juive de Montréal. Ma fierté à son égard ne pourrait être plus grande. Je prends aussi autant de plaisir qu'elle lorsque, au moment de passer la frontière pour nous rendre aux États-Unis, elle se fait poser la question par un douanier curieux : « Et vous, quel est votre gagne-pain ? ». Chaque fois, elle répond qu'elle est bénévole professionnelle. Et chaque fois, le douanier se contente de la fixer des yeux.

◆

L'apport de Roz à la communauté démontre bien que la philanthropie peut, de fait, représenter un travail à temps plein. Par conséquent, si j'ai toujours soutenu les efforts philanthropiques de mon épouse et ai donc assisté à plus que ma part de galas et de dîners avec poulet au menu, j'ai passé le plus clair de mon temps plongé dans mon travail, concentré, certainement au cours des trois dernières décennies, sur la croissance de Pharmascience. Et pourtant, je peux dire à quel moment précis j'en ai émergé, un jour fatidique, il y a près de dix ans. C'est le jour où le Dr Jacques Turgeon, doyen de la Faculté de pharmacie de l'Université de Montréal, mon alma mater, me surprit en me rendant visite au bureau pour me demander quelque chose. Comme nous étions tous deux des gens fort occupés, il alla droit au but.

« Morris, nous sommes à la recherche d'un commanditaire pour financer une agora à l'université. Cette structure servira de lieu de rencontre et de salle d'étude aux étudiants en pharmacie de l'Université de Montréal », m'expliqua Jacques. Il me montra ensuite des représentations de l'agora telle qu'il l'avait imaginée. Il était prévu de la construire entre le Pavillon Marcelle-Coutu qui abrite l'IRIC et l'édifice Jean-Coutu de la Faculté de pharmacie. En passant, agora en grec signifie marché et, dans le cas d'un campus, ce terme était très approprié pour désigner un véritable marché des idées. Poursuivant son intervention, Jacques m'expliqua en détail quel genre de soutien financier l'Université allait exiger de moi. Mais très honnêtement, pendant qu'il parlait, je retournais dans tous les sens dans mon esprit la demande qui m'était faite de manière aussi soudaine et inattendue, à moi, ne pouvais-je cesser de penser, et pourquoi moi.

« Pourquoi me demandes-tu ça à moi ? », finis-je par dire, toujours un peu déconcerté par la conversation irréaliste que nous avions.

« La réponse à cette question est très simple, Morris : parce que tu connais du succès, beaucoup de succès », répondit-il.

« Comment ? Tu en es sûr ? Ça ne me semble pas évident. » Avec le recul, je vois bien à quel point cette affirmation a dû paraître curieuse à Jacques. Sinon que j'étais absolument convaincu de ce que j'avançais. Je ne plaisantais pas, pas plus que je ne faisais preuve de fausse modestie. En fait, je ne crois pas que, jusqu'à ce moment précis, je m'étais aperçu de l'opinion que mes confrères du secteur pharmaceutique avaient de moi ; à quel point, comme me l'expliqua Jacques, les gens s'attendaient que je prêche d'exemple.

« Tu ne t'en rends peut-être pas compte, me dit-il, mais tes collègues observent la croissance de ton entreprise ; ils sont au courant de tout ce qui a été accompli par Pharmascience. »

Jacques m'avait fait voir une réalité dont, bizarrement, je n'avais pas conscience jusqu'alors. Peut-être à cause de tous les efforts que j'investissais pour que Pharmascience connaisse la réussite, jamais je n'avais pris le temps d'en mesurer l'ampleur. En présence de Roz, qui était dans nos bureaux par hasard ce jour-là, je dis au Dr Turgeon que j'allais devoir y penser. De retour à la maison, la réponse terre à terre de Roz fut immédiate et tout à fait conforme à ce dont je m'attendais de sa part : « Tu as l'argent, me dit-elle. Pourquoi refuserais-tu ? »

Peut-être en raison de son propre travail comme organisatrice de campagnes de financement ou, plus vraisemblablement, parce que nous étions mariés depuis longtemps, Roz saisit la complexité de ma relation avec la philanthropie. Elle comprit également que cette rencontre avec Jacques Turgeon représentait un tournant dans ma vie. Voici comment elle l'explique :

Il faut comprendre la psychologie du don de Morris. Son pire cauchemar serait de se mettre à reculer. En raison de sa mentalité de famille d'immigrants, il se refuse toujours à trop donner une année, car il serait malheureux de ne pouvoir honorer ses engagements l'année suivante. Beaucoup de nos amis vivent de manière aisée et ils font des dons importants lorsqu'ils connaissent une bonne année. Si l'année suivante est moins bonne, ils réduisent le montant de leurs dons. Ce n'est pas ainsi que Morris fonctionne. Il est déterminé à honorer ses engagements, de sorte qu'il avance prudemment. Mais cette réunion avec Jacques Turgeon était à marquer d'une pierre blanche. Dans le cas de l'agora, Morris n'a pas avancé prudemment. Il a véritablement plongé.

Roz a raison. J'ai été prudent. Je dois me souvenir de ce que le Rabbin Bender m'avait dit lorsque j'étais gamin à propos des pièces de monnaie qui sont rondes et roulent d'une personne à l'autre. Pourtant, dès que nous prîmes la décision d'acquiescer à la proposition concernant l'agora, Roz et moi fûmes persuadés d'avoir fait ce qu'il fallait. La signature de l'entente concernant l'Agora Morris et Rosalind Goodman eut lieu en février 2003 et son inauguration en 2005. Cette agora s'est révélée une immense réussite pour toutes sortes de fonctions universitaires. En fait, c'est le lieu de rencontre le plus populaire du campus. Jusqu'à ce jour-là, il s'agissait, et de loin, du don le plus important fait par notre famille.

Ce ne fut cependant pas le dernier. En 2007, Roz et moi fûmes également honorés par la Bibliothèque publique juive (BPJ) de Montréal, qui fêta son centième anniversaire en 2014, ce qui en fait la plus ancienne bibliothèque juive en Amérique du Nord. Cette fête prit la forme d'un gala animé par la personnalité du réseau de télévision de la CBC Rick Mercer. Un don de la famille Goodman à la BPJ permit la création de la Fondation de la famille Rosalind et Morris Goodman et du Centre de conservation numérique dans les archives de la BPJ.

Au fil des ans, Roz et moi-même fîmes des contributions au programme L'espoir, c'est la vie, le service de soutien aux patients cancéreux créé à l'Hôpital général juif de Montréal par Sheila Kussner, qui, ayant elle-même survécu à un cancer, est une grande source d'inspiration. En 2006, Roz accepta de coprésider un somptueux spectacle pour célébrer le vingt-cinquième anniversaire de ce programme. De manière fortuite, un an plus tard, ayant reçu un diagnostic de cancer du poumon, Roz entreprit de suivre un traitement lors duquel elle put bénéficier des services offerts par les bénévoles du programme L'espoir, c'est la vie et les apprécier. Un an plus tard, nous fûmes honorés lors du défilé de mode Fashion Fantasy XVIII de ce programme.

Au mois de décembre 2006, notre famille versa un don au pouvoir transformateur à l'Hôpital général juif dans le but de créer l'unité d'urgences neurovasculaires de l'hôpital. Les travaux réalisés au sein de cette unité se sont déjà avérés fructueux grâce à la participation de cette dernière à une étude nationale sur les résultats des urgences neurovasculaires chez les personnes de quatre-vingts ans et plus. L'équipe était alors dirigée par le chef du Département de neurologie, le Dr Calvin Melmed, le beau-père de mon fils David. L'étude porta sur près de vingt-sept mille patients ayant subi un accident ischémique transitoire. Ces patients avaient été admis dans quelque six cents hôpitaux dans tout le Canada, et, après avoir suivi ce groupe, les auteurs proposèrent des stratégies à mettre en œuvre dans le but de « faciliter une égalité d'accès à des soins spécialisés dans ce domaine pour les personnes âgées ». Une autre amélioration apportée par Calvin à l'unité d'urgences neurovasculaires grâce à notre don fut de recruter le Dr Alexander Thiel au sein du département à titre de chercheur en neurologie.

Puis, en 2008, le Dr Richard Levin, doyen de la Faculté de médecine de l'Université McGill, vint nous voir pour nous demander une autre contribution importante, cette fois en faveur de l'Université McGill elle-même, l'alma mater de Roz. Le doyen Levin nous demandait de nous impliquer dans le Centre de recherche sur le cancer. Après l'avoir écouté, nous voulûmes d'abord voir le Centre de nos propres yeux. Un jour, après être passés au centre de conditionnement physique, nous allâmes voir à l'improviste le directeur, le Dr Michel Tremblay. Il était en pleine réunion et, de toute évidence, ignorait totalement à qui il avait affaire. Une fois les présentations faites, nous lui expliquâmes que nous venions voir « ce qui se faisait ici ». Michel avoua par la suite qu'il nous croyait perdus et que nous étions entrés dans le Centre pour nous rendre aux toilettes. Après avoir visité le Centre, par contre, nous sûmes que nous allions le soutenir et verser les fonds nécessaires aux travaux de construction ainsi qu'à une chaire de recherche sur le cancer du poumon. La signature de l'entente avec l'Université McGill eut lieu en septembre 2008.

Notre don ayant aidé à opérer une transformation importante, le Centre fut rebaptisé Centre de recherche sur le cancer Rosalind et Morris Goodman (CRCG). Cette nouvelle installation Goodman abrite deux nouveaux programmes de recherche, celui du Centre de recherche sur le cancer de l'Université McGill et celui du Groupe d'oncologie moléculaire du Centre universitaire de santé McGill (CUSM). Notre centre fait également partie du Complexe des sciences de la vie Bellini de l'Université – dont la création est le résultat d'un don versé par le Dr Francesco Bellini. Ce complexe regroupe six cents chercheurs du domaine biomédical, de la biologie du développement et du cancer. Jusqu'à présent, les chercheurs de McGill ont largement participé à la lutte contre le cancer, qui commença en 1967 lorsque le Dr Phil Gold, alors âgé de vingt-neuf ans, découvrit l'antigène carcinoembryonnaire (ACE), marqueur des tumeurs du cancer du côlon. Plus récemment, on notera la découverte du gène PTP1b, qui est associé à la propagation du cancer du sein chez deux femmes atteintes de ce cancer sur cinq. Les chercheurs de l'Université McGill ont aussi identifié le gène causant la spina bifida.

Les chercheurs ne furent toutefois pas seuls à voir les choses en grand. En ce qui a trait à la philanthropie, Roz fut particulièrement efficace dans l'apport d'idées géniales. En 2010, une séance de remue-méninges amena Roz à mettre sur pied un «gala exceptionnel» pour soutenir le CRCG. Le gala inaugural – le premier du genre à être tenu à McGill – connut un immense succès, permettant de récolter deux millions et demi de dollars. En 2012, une reprise dépassa les attentes générales. Dans sa forme actuelle, le projet consiste à continuer de tenir ce gala tous les deux ans. Roz travaille pour le moment à la rédaction d'un livre de recettes qui devrait permettre de recueillir des fonds supplémentaires pour le Centre. Avec ce genre de projet, Roz s'est engagée à remédier au manque de sensibilisation du public face au centre de cancer de McGill. Elle est déterminée non seulement à imposer le Centre comme une puissance dans le monde scientifique, ce qu'il est déjà quelque peu, mais aussi une puissance jouissant d'une plus grande notoriété, qui ne manquera pas d'attirer des étudiants brillants intéressés par la recherche.

Pendant son propre combat contre le cancer du poumon, Roz fit montre d'un courage exceptionnel pour supporter le fardeau psychologique que ce genre de diagnostic peut imposer à quelqu'un. Mais jamais cela ne l'empêcha de poursuivre ses efforts de sensibilisation de la communauté, surtout en ce qui concerne le Centre de recherche sur le cancer. Tout ce que cela eut pour effet, ce fut de l'amener à redoubler d'efforts pour recueillir des fonds en faveur du Centre.

Je suis convaincu qu'avec le temps, le travail de Roz pour le Centre se révélera beaucoup plus significatif que n'importe quelle aide financière que nous ayons pu verser. D'une part, mieux faire connaître le Centre permettra de créer une infrastructure de financement afin de poursuivre l'acquisition du meilleur équipement qui soit et de continuer à attirer les meilleurs cerveaux. Roz mit également sur pied une série de conférences gratuites, accessibles au grand public, de plus en plus populaires. Pour nous, la force motrice à l'origine de la réussite de cette série de conférences vient de notre perception selon laquelle le savoir est source de pouvoir, surtout lorsque quelqu'un est confronté à de graves problèmes de santé. Nous savons que, dans un cas au moins, les connaissances acquises lors d'une série de conférences ont permis de sauver la vie d'un ami.

En 2011, McGill nous remit à Roz et à moi-même des doctorats honorifiques pour nos efforts philanthropiques. Rétrospectivement, nos principaux gestes de philanthropie au cours des dix dernières années, qu'il s'agisse de la construction de l'agora de l'Université de Montréal ou du Centre de recherche sur le cancer Rosalind et Morris Goodman à l'Université McGill, se révélèrent une chance extraordinaire de même qu'un immense privilège pour Pharmascience et, avant tout, pour ma famille et moi.

La philanthropie m'a également donné la chance de saisir l'importance d'appartenir à quelque chose de plus grand que nous et d'apporter au bien-être de la communauté. Le 18 septembre 2008, j'eus la chance de prononcer un discours à l'occasion de la consécration du Centre de recherche sur le cancer Rosalind et Morris Goodman et de réfléchir à tout ce que j'ai pu moi-même retirer de ce que j'avais donné à d'autres.

Il y a mille huit cents ans environ, au cours du premier stade de la période talmudique, les Sages du judaïsme assemblèrent un recueil de textes connu sous le titre de *L'Éthique des Pères (Pirkei Avot)*. Dans ce recueil, les rabbins tracèrent une voie menant à une existence empreinte de moralité et de justice. Les préceptes établis au cours des quelques premiers siècles de l'ère chrétienne sont devenus la base du code de morale imprégnant la société moderne. Je voudrais aujourd'hui vous en lire un passage particulier qui m'a toujours inspiré.

Ne te sépare pas de la communauté. Que ta maison soit un lieu de réunion pour les Sages ; attache-toi à la poussière de leurs pieds et bois leurs paroles avec avidité. Sans savoir, point de compréhension ; sans compréhension, point de savoir.

Rosalind, moi-même et le reste de la famille Goodman connaissons l'importance de redonner à la communauté et nous espérons que le Centre de recherche sur le cancer constituera un modèle des principes envisagés par les sages.

Dans mon allocution ce jour-là, j'insistai aussi sur le fait que la moindre contribution de ma famille au CRCG serait concrétisée par des hommes et des femmes qui persévéreraient dans la recherche de traitements efficaces et même de remèdes.

Nous savons tous qu'une maison est faite de mortier et de briques. Il faut y ajouter une famille, des valeurs éthiques et une âme pour qu'elle devienne un foyer. C'est notre vœu, à Rosalind et à moi-même, que ce centre finisse par être imprégné du savoir des enseignants, des chercheurs et des étudiants qui habiteront à l'intérieur de ses limites physiques. Grâce à votre travail, nous espérons que vous insufflerez de la vie dans ses murs et le transformerez en foyer, un foyer qui contribuera à approfondir notre savoir et nous aidera à trouver les causes, les traitements et les remèdes que le monde attend.

Enfin, il est particulièrement émouvant de voir notre centre partager des locaux avec un édifice – le Complexe des sciences de la vie Bellini – dont le nom rappelle le fameux Italo-Canadien Francesco Bellini, qui mit sur le marché le premier médicament contre le sida à la lumière de travaux de recherche effectués à l'Université McGill. Il s'agissait d'une découverte miraculeuse, qui changea l'existence d'innombrables personnes lorsqu'on s'aperçut qu'il pouvait transformer le sida, une maladie dont le diagnostic était autrefois considéré comme une sentence de mort, en ce qu'elle est souvent aujourd'hui, une maladie chronique gérable. Je conclus mon allocution par l'expression de la gratitude que j'ai ressentie toute ma vie envers mon pays en mon nom et en celui de Roz et de ma famille, et au nom du Dr Bellini : « Merci au Canada, dis-je, d'avoir permis à un immigrant, Francesco Bellini, et à un fils d'immigrant, Morris Goodman, de poser ce jalon. »

16

Se serrer les coudes

Il faut arriver à faire ce que vous vous croyez incapable de faire.
Eleanor Roosevelt

Écrire ce livre m'a permis de me rappeler à quel point une vie peut basculer en une seule journée. Prenez par exemple le jour où je suis entré dans la pharmacie de quartier de Manny Winrow pour demander un travail de livreur ou celui où j'ai décidé de me lancer en affaires, qui a marqué la création de la société Winley-Morris, ou encore le jour où j'ai vendu cette société, ou encore le jour où, il y a plus de cinquante ans, j'ai rencontré une charmante jeune femme du nom de Rosalind Druker. Chaque fois, la voie semblait toute tracée pour moi. Il arrive cependant que la voie ne soit pas aussi claire et prévisible, qu'elle soit beaucoup plus indécise et difficile à suivre. Le 17 août 2011 fut une journée comme ça.

Par un bel après-midi d'été, un mercredi vers quinze heures, je reçus un appel de Dana, l'épouse de mon fils Jonathan. Elle était en pleurs et avait de la difficulté à parler. Elle me raconta que Jonathan était parti à bicyclette dans les Laurentides avec des collègues de Paladin pour fêter la conclusion d'une affaire. C'est le genre de choses dont Jonathan avait l'habitude et auxquelles il excellait. Mais les choses avaient mal tourné cette fois ; il y avait eu un accident, un grave accident. Dana m'expliqua que l'ami de Jonathan, Mark Beaudet, qui était vice-président de Paladin, l'avait appelée pour lui dire que Jonathan avait fait une chute en vélo. Il n'y avait personne avec lui au moment de l'accident. Tout ce que nous savions est que Jonathan avait perdu connaissance.

Je m'aperçois que je dois corriger ce que je viens d'écrire au sujet d'une vie qui peut basculer en une journée. Il suffit d'un instant pour changer une vie. Avant cet appel, j'étais occupé dans mon bureau à

Pharmascience à travailler sur quelque chose qui avait certainement de l'importance à mes yeux à ce moment précis, quelque chose de pressant. Après l'appel de Dana, tout ce que je faisais avant, tout ce qui me paraissait essentiel ou nécessaire, venait subitement de perdre son importance. Plus rien ne comptait ; ma tête se vida sur-le-champ. Ma vie, celle de ma famille et, avant tout, celle de mon fils, de son épouse et de leurs enfants étaient en péril, remises en question. Et il avait suffi d'un instant, d'une fraction de seconde.

De fait, une fraction de seconde plus tard, il fallait de toute urgence prendre des décisions. Une nouvelle réalité s'était imposée. Dana voulait savoir où il faudrait diriger l'ambulance qui allait emporter Jonathan. À ma connaissance, il n'existait que deux centres de traumatologie en ville, l'Hôpital général de Montréal et l'Hôpital du Sacré-Cœur, dans le secteur nord-est de la ville. Le choix se porta sur ce dernier, car c'était le plus proche. Pendant ce temps-là, Judy Caplan, la mère de Dana, s'était rendue à toute vitesse chez Dana pour être à ses côtés et s'occuper de ses petits-enfants, Noah, Lilah et Orly. J'assurai Dana que j'arrivais immédiatement pour partir avec elle. Dans la mesure où nous avions eu le temps de prévoir quelque chose, c'était que Dana et moi allions nous rendre ensemble à l'hôpital.

Je n'ai que de vagues souvenirs de ce qui se passa ensuite. À quoi pensai-je en me rendant à la maison de mon fils ? Quelles étaient mes pensées alors que Dana et moi roulions en direction de l'hôpital ? Quelles paroles avons-nous échangées ? Je n'en ai pas la moindre idée. La chose suivante dont je me souviens est notre arrivée au Centre de traumatologie de l'Hôpital du Sacré-Cœur et le hall où nous attendîmes l'ambulance qui devait amener Jonathan. Au bout d'un certain temps, Dana et moi fûmes dirigés vers une salle, où nous vîmes Jonathan inconscient, branché à des appareils de survie et de contrôle respiratoire de toutes sortes. Dana se souvient lui avoir trouvé l'air détendu, comme s'il faisait la sieste. Mais lorsqu'un médecin finit par venir nous voir, ce fut pour nous dire que Jonathan avait subi un très grave traumatisme au cerveau. Il était dans le coma.

Les premiers jours sont bien sûr critiques. À tel point que je ne voulais pas croire combien ils l'étaient. Ma première réaction après l'accident fut d'appeler Guy Breton, le recteur de l'Université de Montréal, pour m'assurer que le meilleur médecin possible s'occuperait de Jonathan. Il se fit rassurant. L'Hôpital du Sacré-Cœur fait partie du réseau d'enseignement de l'Université de Montréal et abrite le centre de traumatologie desservant la population du nord de Montréal.

Notre famille se serra les coudes pour soutenir Jonathan. Le message que je transmis à tous était on ne peut plus simple : « Il va s'en sortir », dis-je à tout le monde et me dis-je très certainement à moi-même « et il va s'en sortir sans la moindre séquelle ».

Même si mon avis ne reposait sur aucune preuve, je m'y accrochai tant que je le pus. Avec le recul, je crois que je pensais instinctivement que, si je ne le faisais pas, j'allais sombrer dans la dépression. Mes enfants vous diront que, dans la famille, c'est moi qui suis le plus porté à me faire du souci, mais, pendant ces moments critiques, je m'efforçai de mon mieux de ne pas m'en faire. Roz, quant à elle, solide comme toujours, donna le ton à toute la famille en répétant que tant qu'il y a de la vie, il y a de l'espoir.

Dans des cas comme ça, on se raccroche bien entendu à la moindre parcelle de foi ou d'espérance et un des premiers signes d'espoir nous fut donné par Calvin Melmed, le beau-père de David. Il s'avéra que le fait d'avoir un ancien directeur de département de neurologie dans la famille présente des avantages. À l'arrivée de Jonathan au centre de traumatologie, les médecins furent d'abord inquiets de constater qu'il était incapable de remuer son côté droit. La crainte de la paralysie vint s'ajouter à toutes les autres. Selon Calvin, toutefois, Jonathan avait conservé des sensations au bout des doigts. Ayant pincé les orteils de Jonathan le soir de l'accident, Calvin put relever une réaction, petite mais extrêmement rassurante. Calvin pouvait à tout le moins affirmer ceci : il était convaincu que, quelle que fût la paralysie dont ait souffert Jonathan, il y avait une chance qu'elle ne fût pas permanente. Il avait certaines sensations. Calvin nous apporta ce premier petit rayon d'espoir ô combien important.

Tous les dimanches, Calvin venait à l'Hôpital du Sacré-Cœur, sortait sa trousse de médecin et examinait Jonathan. Nous lui serons éternellement reconnaissants de sa diligence ! Notre reconnaissance va aussi aux médecins dévoués du Sacré-Cœur qui ont soigné Jonathan, notamment à Yoan Lamarche, Yanick Beaulieu, Martin Albert, Patrick Bellemare, Soasig Leguillan et Paul Khoueir.

Calvin avait aussi communiqué avec le Dr Michael Seidel, un de ses anciens étudiants qui pratiquait à Sacré-Cœur à l'époque, et celui-ci fit de son mieux pour nous tenir autant que possible au courant. Chaque jour, il venait nous parler, même si tout ce qu'il pouvait nous dire, c'était « C'est grave ». Quand il nous donnait ces nouvelles, ou cette absence de nouvelles, son visage semblait de pierre. Mais il n'avait bien sûr nullement l'intention de dorer la pilule. Tous les médecins auxquels nous parlâmes à Sacré-Cœur faisaient preuve de la même prudence. Il y en avait aussi quelques-uns qui étaient manifestement pessimistes. Plus d'une fois, on nous affirma, aux membres de ma famille et à moi, que le rétablissement de Jonathan relèverait d'un miracle.

Le diagnostic que Jonathan reçut à notre arrivée était une « blessure axonale diffuse ». Pour simplifier les choses, cela signifie qu'aucun endroit en particulier du cerveau n'a été atteint. En fait, c'est l'ensemble du cerveau qui a bougé dans la boîte crânienne. Par conséquent, tous les neurones doivent se reconnecter d'eux-mêmes et tout ce qu'on peut faire, c'est attendre de voir si cela se produit et avec quel taux d'efficacité. Pendant les jours qui suivirent l'accident, les préoccupations quant à la pression exercée sur son cerveau étaient constantes et le neurochirurgien, le Dr Khoueir, perça des trous dans la boîte crânienne de Jonathan afin d'atténuer la pression.

Pendant ce temps, Dana expliqua à ses enfants que papa dormait à l'hôpital et qu'il avait une bonne équipe de médecins pour s'occuper de lui. Les enfants ne cessant de demander des nouvelles de leur père, Dana continua de leur donner la même explication. Ils ne revirent leur père qu'une fois que Jonathan eût repris connaissance et fût en mesure de parler.

La journée du 26 août fut particulièrement critique et pénible. Jonathan souffrit de deux graves complications toujours liées à sa chute. Il eut une thrombose dans la jambe, qui migra vers ses poumons, provoquant une fibrillation cardiaque. Autrement dit, il fit une petite crise cardiaque. Simultanément, il fut atteint d'une embolie pulmonaire.

Jonathan demeura dans le coma pendant une semaine, puis deux ; ce fut une horrible période. Je revois Dana et Shawna lui parler sans cesse, de leurs activités quotidiennes, des enfants, de magasinage, de n'importe quoi, dans l'espoir qu'il pouvait les entendre. Mia, la femme de David, lui rendait visite tous les matins à huit heures, puis téléphonait à Roz pour lui donner des nouvelles de son état de santé.

Pour Dana, il fallait que la vie continue. En dépit de toute la pression qu'elle ressentait, elle continua de s'occuper de son bébé, Orly, qui n'avait que dix mois, et prit soin de ses deux autres enfants, Lilah, qui avait quatre ans, et Noah, qui en avait six. Le soir, Dana rentrait chez elle en sortant de l'hôpital, mettait les enfants au lit puis retournait à l'hôpital. Ayant emménagé dans leur maison pendant une semaine, sa mère monta la garde chez Dana et Jonathan, et

Mark Caplan, le père de Dana, assura le rôle de chauffeur ; il insista pour conduire sa fille à l'hôpital plusieurs fois par jour.

Dana s'en faisait surtout pour Noah, qui entrait en deuxième année à l'école Akiva, et pour Lilah, qui était à la Foundation School, s'inquiétant de savoir comment allait se passer la rentrée scolaire et quelle serait l'attitude des autres enfants. La direction de l'école envoya un courriel aux parents pour leur expliquer ce qui était arrivé à Jonathan, en leur demandant de respecter l'intimité familiale. Pour Dana, ce soutien fut très apprécié. Elle reçut aussi de l'aide de Robin et Susan, les sœurs de Judy, qui se relayèrent pour apporter leur aide dans la maison de leur nièce.

Pendant le séjour de Jonathan à Sacré-Cœur, nous devînmes amis avec la famille de Jean-Marc Dupuis, qui était tombé de son balcon du premier étage et avait atterri sur la tête. Son accident s'était produit la veille de celui de Jonathan et il se trouvait lui aussi dans le coma dans la chambre voisine. Il nous fit du bien de pouvoir discuter des progrès de Jonathan avec une autre famille dont un des membres était lui aussi en danger de mort. Des liens solides se nouèrent donc entre la famille Dupuis et nous. Plus tard, lorsque Jonathan et Jean-Marc se furent tous deux rétablis, les médecins prirent en exemple ces deux miracles survenus la même semaine.

Entre-temps, la communauté d'affaires de Montréal fut saisie par la nouvelle de cet accident, car Paladin était une entreprise prospère, cotée à la Bourse de Toronto. La communauté juive était elle aussi dans tous ses états. Je me rappelle que le rabbin Shuchat, rabbin émérite de notre synagogue, la Shaar Hashomayim, m'appela pour me faire part de l'inquiétude de toute la ville à propos de Jonathan. De fait, vu le rayonnement de Paladin ainsi que celui de Pharmascience, c'est le monde entier qui semblait touché par ce surprenant accident. Des gens nous appelèrent de Jérusalem, d'autres du Vietnam. Deux amis de Jonathan, Gideon Pollack et Jeffrey Hart, vinrent à l'hôpital chaque soir pour lui faire la lecture. Un autre de ses amis, David Zeman, prit l'avion depuis Singapour pour venir le voir. Mis au courant des événements par son beau-fils, Milan Panic m'appela immédiatement après l'accident. Et il se fit un devoir de m'appeler chaque semaine tout le temps que Jonathan passa à l'hôpital. Jamais nous ne parlâmes d'affaires. Nous parlâmes plutôt de notre famille respective. Je trouvai particulièrement émouvants les efforts qu'il déploya pour se rapprocher de moi dans cette situation. Et encore davantage le fait qu'il continuât d'appeler toutes les semaines pour connaître l'évolution de la situation. C'était un geste sincère qui signifie encore beaucoup pour moi.

Après cet accident, Roz se mit à tenir un journal, dans lequel elle donne une chronique saisissante des moments éprouvants qu'elle a passés, que nous avons tous vécus. Sur la première page figurent la date du 17 août et l'effrayant titre impromptu « Le terrible accident de vélo de Jonathan ». Deux semaines plus tard, Roz écrivit : « Le moment le plus dur de la journée est celui où l'on sort du lit le matin pour affronter la journée en s'accrochant à l'espoir. »

En réalité, le journal de Roz se révéla être un registre quotidien d'espoir. Elle y inscrivit des paroles de réconfort et de consolation, comme la citation d'Eleanor Roosevelt concernant la nécessité de faire ce que l'on se sent incapable de faire. Fait révélateur, cependant, la première citation consignée dans son journal parlait de la nature de l'amitié. Elle provenait de l'actrice Marlene Dietrich, qui a déclaré : « Ce sont les amis que l'on peut appeler à quatre heures du matin qui sont importants. » Et nous avons la chance d'avoir dans notre vie beaucoup d'amis de ce genre. En réalité, à côté de nos préoccupations constantes envers les progrès de Jonathan, le journal de Roz parle de tous les gens qui soutinrent notre famille en faisant de petites choses comme préparer des repas, passer prendre des gens à l'aéroport, nous tenir compagnie, se serrer les coudes, tous les jours et toutes les nuits. Roz y raconte, par exemple, comment « le troisième jour », Abby Scheier, la fille du rabbin de la Shaar Hashomayim, Adam Scheier, organisa une réunion de femmes chez elle. Comme Roz l'écrivit dans son journal à l'époque :

> Nous nous sommes réunies pour faire cuire des challas et réciter des psaumes … Tout le monde connaissait Jonathan. C'était extraordinaire de pouvoir se parler et de ressentir l'amour et le soutien de tout le monde. Jonathan est tellement aimé + apprécié.

De mon côté, Ronald Reuben passa régulièrement à l'hôpital. Je sais que ma famille lui avait donné pour mission de venir me distraire, de me parler affaires pendant ces heures et ces journées passées dans la salle d'attente. Ronald joua bien son rôle. Il fut, pour reprendre le terme utilisé par ma fille Debbie, une véritable « bénédiction ».

Une personne ressurgie d'un passé plus lointain se manifesta également : Edward Pantzer m'appela de New York. C'est le fils de Myron Pantzer, fondateur de Panray. Myron fut l'un de mes premiers fournisseurs et l'un de mes premiers mentors quand je me lançai dans le secteur des produits pharmaceutiques au début des années 1950. À l'époque, l'association entre Winley-Morris et Panray, plus particulièrement la distribution de son traitement contre la tuberculose Parasal-INH, fut un moment décisif pour ma jeune entreprise. Et voilà qu'Edward, le fils de Myron, m'appelait parce que ses associés de New York lui avaient parlé de l'accident de Jonathan. Il proposa sur-le-champ de m'envoyer son jet privé, son hélicoptère, tout ce qu'il fallait, pour transporter Jonathan à New York.

« Il faut qu'il vienne à New York », me dit-il. Tout en appréciant son offre généreuse, je lui répondis que nous n'envisagions pas encore de transporter Jonathan. « Nous avons de bons médecins, de bons spécialistes, nous aussi », lui dis-je. Mais il insista, me disant que Robin Solomon, administratrice haut placée au Mount Sinai Hospital de New York, allait m'appeler. Robin, ajouta-t-il, avait des contacts dans toute la ville et pouvait me mettre en rapport avec les meilleurs traumatologues new-yorkais. Et elle ne tarda pas à m'appeler. Elle me dit qu'elle était prête à envisager d'amener Jonathan voir le Dr Jamshid Ghajar, médecin de grand renom et chef de la traumatologie au Brain Trauma Foundation, qui se trouve au Rockefeller Center. Il s'était passé une semaine seulement depuis l'accident, mais lorsque je parlai au Dr Ghajar, il eut la franchise de me dire qu'il ne servirait à rien de lui amener Jonathan. « Je ne peux rien faire pour votre fils à ce stade. Je n'excelle véritablement que pendant la première semaine », me dit-il. Mais il ajouta quelque chose qui allait se révéler remarquablement prémonitoire et rassurant. « M. Goodman, me dit-il, permettez-moi de vous donner un conseil : n'écoutez rien de ce que les gens vont vous dire pendant six mois. Personne ne sait ce qui va arriver. »

Cela vint renforcer ce que j'avais déjà entendu de la bouche de Calvin Melmed. Ce fut cependant important pour nous d'entendre quelqu'un le redire. Cela nous donna l'énergie de continuer à croire au rétablissement de Jonathan, en dépit du pessimisme de certains médecins. Le quinzième jour, le 31 août, d'après le journal de Roz, Jonathan ouvrit pour la première fois les yeux, quoique cela échappait totalement à son contrôle. Son regard fuyait dans toutes les directions. Très vite cependant, il devenait vide. Mais trois jours plus tard, le dix-huitième jour après l'accident, Jonathan nous reconnut. Il était partiellement sorti du coma, ce qui était un immense progrès. Pour nous, c'était suffisant pour croire qu'il avait entrepris le long processus de rétablissement, un processus rempli de moments difficiles et qui nous obligerait à nous demander encore pendant longtemps : « Dans quel état sera-t-il ? »

◆

Comme le dit aujourd'hui Shawna, ma benjamine, « cela nous apprend qu'il suffit d'un coup de fil pour apporter de mauvaises nouvelles ». Voici le souvenir qu'elle a gardé des suites de l'accident de son frère :

On s'ajuste à une nouvelle réalité. On va de l'avant. Je peux affirmer aussi que personne dans ma famille ne s'est jamais mis la tête dans le sable. Tous ont immédiatement affronté la situation. C'était aussi horrible que ça pouvait l'être, mais ils l'ont affrontée … Mon père a eu le grand mérite de bien nous signifier que nous formions une équipe. Tous, nous avons eu notre rôle à jouer dans la suite des choses. Je me souviens que je n'arrêtais pas de me répéter : « Dieu merci, je fais partie d'une famille, de cette famille-ci. » Je ne pouvais concevoir que quelqu'un puisse affronter ce genre de situation seul. Ce serait tout simplement trop dur.

Shawna est la plus jeune de la famille, le bébé, celle que tout le monde a chérie. En plus de Roz et moi, elle put compter sur ses deux frères et sa sœur pour s'occuper constamment d'elle. Étant, par l'âge, la plus proche de Jonathan – qui a quatre ans de plus qu'elle –, ils ont toujours eu une relation particulièrement étroite. Aujourd'hui encore, Jonathan aime affirmer que c'est lui qui a élevé Shawna.

Dès le départ, il fut cependant manifeste que Shawna avait sa propre personnalité, particulièrement avenante. Je me souviens encore des matins où je jetais un coup d'œil dans sa chambre avant de partir travailler et où je voyais le soleil éclairer son berceau alors qu'elle ouvrait les yeux, radieuse, toujours radieuse. Mais ce dont je me souviens surtout, c'est qu'elle chantait au réveil. Ce genre de talent pour la joie et le partage est un don que peu de gens reçoivent dans la vie. Aujourd'hui encore, une des plus grandes joies dans ma vie est de chanter avec ma benjamine, Shawna.

Le mariage de Shawna fut célébré le 20 octobre 1996. Son mari, Todd Sone, le fils de Gersh et Sheila Sone, est Torontois. Il est titulaire d'un baccalauréat ès arts de l'Université de Toronto et d'un MBA de la Wharton School of Business. Shawna et lui se rencontrèrent au camp Ramah d'Utterson, en Ontario, alors qu'ils avaient tous les deux dix-huit ans, et ils sont ensemble presque depuis lors. En fait, j'ai connu le père de Todd, Gersh, il y a quarante ans; il était pharmacien à Toronto et nous fîmes des affaires ensemble. Todd travaille aujourd'hui pour Signet, un fonds de soins de santé qui a son siège social à New York, et il fait la navette entre Montréal et New York. Ensemble, Shawna et lui ont trois merveilleux fils: Zachary, qui a treize ans, Andrew, qui en a dix, et Nathaniel, qui en a sept. Ils fréquentent tous les trois une école privée juive et sont des enfants tout à fait heureux. Ils adorent tous le sport. Shawna et Todd sont actifs au sein de la communauté juive et forment une belle équipe. Avec leurs enfants, ils mènent une existence juive traditionnelle.

Shawna demeure une personne centrée sur les gens. Elle a toujours eu le tour de les mettre à l'aise. Une des façons qu'elle a d'y parvenir est sa passion pour la cuisine et, plus particulièrement, pour l'enseignement de l'art culinaire. Après être passée par l'Institut Cordon Bleu de Paris, elle a étudié à New York pour devenir chef pâtissière. De retour à Montréal, elle a donné des cours de cuisine en public dans des endroits comme les magasins Loblaw's et dans des organismes juifs comme Hadassah et le Conseil national des femmes juives du Canada. Elle mène actuellement à bien une nouvelle entreprise: proposer une série de cours à des gouvernantes, cours qui sont payés par leurs employeurs. C'est une idée originale que sa mère et elle ont eue et qui, jusqu'à présent, connaît beaucoup de succès.

Shawna a aussi tiré profit de ses connaissances en cuisine pour compiler en 2005 le livre de recettes *Panache: Montreal's Flair for Kosher Cooking*. Lorsque cet ouvrage élégant et pragmatique parut, les critiques furent élogieuses, y compris ce commentaire louangeur de la prolifique auteure de livres de cuisine canadienne Rose Reisman:

> *Panache* renferme un éventail éclectique de recettes remarquables. En prime, elles sont toutes casher. J'ai lu presque tous les livres de recettes casher qui existent de nos jours et aucun ne se compare à *Panache* sur le plan de la créativité.

Panache fut conçu comme projet de collecte de fonds pour les Auxiliaires de l'Hôpital général juif. Il a jusqu'à présent été réimprimé à deux reprises et a permis de recueillir près de deux cent mille dollars pour l'hôpital.

Shawna hérita très tôt de la passion de sa mère pour le travail communautaire : elle commença par livrer des boîtes de chaussures pour Roz dans le cadre du programme Un dollar par jour de la Fédération CJA et poursuivit sur cette lancée jusqu'à présider la campagne de leadership des jeunes de la Fédération. Au cours de son mandat, elle fut le fer de lance de projets comme Cooking for a Cause et Soup for Shut-ins. Elle mit aussi sur pied des programmes de cuisine après l'école. Dans toutes ces entreprises, son but était de rechercher des projets tangibles à la portée de la plupart des gens, mais qui leur donnaient aussi un véritable sentiment d'accomplissement. Shawna explique sa propre passion pour la collecte de fonds par son éducation dans un foyer impliqué dans de nombreuses activités :

Chez nous, il y avait toujours un projet ou l'autre en cours. Je me souviens qu'un jour, ma mère était occupée à organiser un défilé de mode pour la synagogue et que la maison était remplie d'échantillons de parfum que nous comptions remettre aux participantes. J'ai plutôt décidé de remplir mon sac d'école d'échantillons pour aller faire du porte-à-porte et les vendre.

Pour ma part, j'aime croire que j'ai inculqué à Shawna l'importance d'une bonne éducation et du choix d'une profession qui lui plaît. Voici ce qu'elle en dit :

Trouve quelque chose que tu aimes et tu ne devras jamais travailler une seule journée de toute ta vie : voilà ce que mon père nous a toujours dit, à ma sœur, mes frères et moi. Trouve ton centre d'intérêt et tiens-t'en à cela. Pour lui, il n'était pas important de savoir quel était ce centre d'intérêt. Tout ce qui comptait, c'était que l'on s'y investisse à fond. À cause de mon père, aujourd'hui encore, je n'arrête pas de penser : « Qu'est-ce qui est important pour moi ? À quoi devrai-je m'attacher ensuite ? »

La qualité que j'admire le plus chez ma fille aînée, Debbie, est sa capacité à toujours se trouver là où l'on a besoin d'elle, et cela en dépit du fait que, de tous mes enfants, c'est celle qui opta très tôt pour aller vivre en dehors de Montréal. Après l'accident de Jonathan, Debbie revint à Montréal pour de longs séjours et, d'une certaine façon, c'était comme si elle n'était jamais partie. Au cours des longues journées et des soirées interminables qui suivirent l'accident, alors que je faisais de mon mieux pour garder mon optimisme, c'est à Debbie que je confiai à quel point c'était difficile.

Étant l'aînée, Debbie me connaît bien depuis toujours. Elle sait, par exemple, que c'est moi qui m'en fais le plus dans la famille. En fait, elle adore se remémorer l'époque, il y a sept ans, où nous étions tous en Israël pour la bat mitsva de sa fille Lizzie et où j'ai un peu déraillé. Voici sa version précise de ces événements et de mon comportement :

> Presque toute ma famille était venue pour la bat mitsva et une poignée d'entre nous a décidé de se rendre à pied jusqu'au Mur des Lamentations un soir de Sabbat. Il y avait ma mère, mon père, mon mari, son frère et l'épouse de ce dernier. Sur le chemin du retour, je crois que ma belle-sœur et moi avons été absorbées par notre conversation, de sorte que nous avons continué de marcher jusqu'à notre hôtel en pensant que tous les autres nous suivaient. Mais ce n'était pas le cas. Nous avons donc supposé qu'ils étaient rentrés à l'hôtel par leurs propres moyens, mais ils n'étaient pas là non plus. Tout de suite, je me suis fait du souci pour mon père. J'étais sûre qu'ils allaient se mettre à notre recherche et qu'il allait paniquer. Je me rappelle que ma belle-sœur n'en avait cure, mais c'est vrai qu'elle ne connaît pas mon père aussi bien que moi.
>
> J'ai découvert plus tard ce qui s'était passé. Quand mon père s'est aperçu de notre absence, il a amené tout le monde dans un poste de police. Les policiers israéliens lui ont demandé : « Depuis quand votre fille est-elle partie ? » « Dix minutes », a-t-il répondu. « Et quel âge a-t-elle ? » Quand il a répondu quarante-deux ans, ils l'ont mis à la porte.

L'accident de Jonathan eut aussi pour effet de renforcer chez Debbie, comme chez nous tous, la valeur d'une grande famille et le soutien dont elle bénéficie de son entourage. « Les médecins n'arrêtaient pas de nous dire que cela prendrait un miracle pour que l'état de Jonathan s'améliore, a dit Debbie depuis lors, mais, comme famille, nous nous en sommes tenus à cet espoir. »

Peut-être parce qu'elle est l'aînée, Debbie sentit davantage l'obligation que ses frères et sœur de tracer sa propre voie. Elle quitta la maison à l'âge de dix-sept ans, en partie parce que, comme elle me l'expliqua, elle se sentait étouffée d'avoir eu à fréquenter le même groupe d'élèves depuis la garderie jusqu'au cégep à Marianopolis. Ni Roz ni moi ne fûmes ravis de sa décision, mais nous finîmes par faire une entente avec elle. Si elle parvenait à se faire accepter dans une école de l'Ivy League aux États-Unis, elle aurait notre autorisation pour partir. Elle fut acceptée à Cornell, où elle opta pour une concentration en histoire de l'art. Manifestement, elle avait été inspirée par les musées où sa mère ne cessait de l'amener lorsqu'elle était petite. Poursuivant ses études, elle obtint une maîtrise en histoire de l'art à l'Université de Chicago.

Aujourd'hui, Debbie vit à Manhattan avec son mari, Gerald (Gerry) Davis, le fils de Mariam Davis et de feu John Davis. Debbie et Gerry se sont rencontrés à Cornell University, où il poursuivit des études en architecture. Il obtint aussi une maîtrise en immobilier de la New York University et un MBA décerné par Columbia. S'il commença par travailler comme banquier pendant un certain temps, il finit par revenir à ses premières amours et travailler comme architecte spécialisé dans l'aménagement et la construction de condominiums. Le mariage de Debbie et Gerry fut célébré le 29 août 1991. Ils forment un couple merveilleux et sont des parents dévoués envers leur fille Elizabeth (Lizzie) et leur fils Ben. Elizabeth, qui porte le nom de ma regrettée belle-mère Edythe Doner Levenson, est aujourd'hui étudiante en deuxième année à Brown University. Ben fréquente l'école secondaire Heschel de New York. Il aime les sciences, mais se passionne actuellement pour les compétitions de natation, où il excelle.

Si, étant la grande sœur, Debbie est très proche de Shawna, elles sont aussi fort différentes. Alors que Shawna est très sociable, Debbie est réservée. C'est aussi un rat de bibliothèque, l'intellectuelle de la famille. Et si elle mit un certain temps à tailler sa place dans la carrière artistique qu'elle souhaitait mener, elle y parvint au cours des six dernières années, organisant des visites de musées et de galeries et publiant un bulletin mensuel dans lequel elle analyse des œuvres d'art abordables pour ses abonnés. À l'heure actuelle, elle travaille comme conseillère artistique; elle aide des personnes à développer leur collection d'œuvres d'art. Dans la même veine, elle monte aussi une collection de photographies pour Pharmascience. Son plus récent projet est un livre pour enfants qu'elle a écrit et qui s'intitule *Speeding Down the Spiral : An Artful Adventure*. L'histoire se passe dans le fameux Musée Guggenheim de New York. Publié à l'automne 2012, son lancement eut lieu dans une galerie d'art de Chelsea.

Debbie demeure une fille merveilleuse, avec un sentiment très développé de la famille, et elle m'a aussi appris à voir le monde sous un angle différent. Je dois admettre que je ne vois pas toujours dans une œuvre d'art ce qu'elle, ou d'ailleurs sa mère, y voit, mais elle m'a tout de même appris beaucoup de choses. Mes enfants, et plus particulièrement Debbie, m'ont ouvert les yeux sur des aspects du monde nouveaux et différents.

◆

Le plus important lorsqu'on est parent, c'est peut-être d'accepter la voie que prend chacun de ses enfants, en reconnaissant à chacun d'eux son caractère unique. Pour Roz et moi, l'essentiel était que nos enfants fassent de leur mieux et qu'ils fassent ce qu'ils aiment. Alors, si jamais je n'eus la moindre hésitation quant au fait de conserver le statut d'entreprise familiale de Pharmascience, jamais non plus je ne regrettai qu'aucune de mes deux filles ne fût attirée par ce domaine. Shawna travailla pendant quelques étés pour l'entreprise pendant qu'elle fréquentait l'école et Debbie y resta plus longtemps quand ses enfants étaient petits parce que son emploi lui permettait de travailler chez elle, mais ni l'une ni l'autre ne ressentit jamais de réel attachement envers son travail. Jamais je n'en fus inquiété. Le secteur pharmaceutique n'était manifestement pas fait pour elles. De surcroît, je suis convaincu que mes sentiments auraient été les mêmes si David et Jonathan n'avaient pas manifesté d'attrait pour le secteur pharmaceutique, ce qui, bien sûr, ne fut pas le cas. Tous deux étaient destinés à venir me rejoindre dans mon domaine, ce dont je fus très vite persuadé. Je ne saurais non plus nier avoir tiré énormément de fierté et de plaisir – en yiddish, le mot *nachas* est la combinaison parfaite de ces deux sentiments – à travailler avec mes fils.

Et pourtant, la collaboration ne fut pas toujours facile entre David et Jonathan. Enfants, proches par l'âge, il leur arriva d'éprouver des difficultés à s'entendre. David est intelligent, mais il résout parfois les problèmes de manière différente de son frère. Il est plus méthodique, plus prudent et moins direct. Étant tout le contraire, Jonathan ne fut pas toujours patient avec David. Cet aspect de leur relation fut souvent exacerbé lorsqu'ils étaient tous deux employés de Pharmascience. Quand Jonathan prit la décision de fonder Paladin, David eut de la difficulté à accepter cette manœuvre surprenante de son frère. Évidemment, je me retrouvai coincé entre les deux, à observer la dynamique familiale établie depuis leur naissance. Convaincu qu'il nous était impossible de travailler tous ensemble à Pharmascience, Jonathan prit sa décision concernant Paladin en fonction de cela ; de son côté, David ne comprit pas la nécessité de changer les choses, mais fit preuve d'une grande maturité en finissant par accepter la situation.

Aussi cruelle qu'elle puisse être, la vie peut aussi être étonnamment gratifiante. Une fois Jonathan sorti de son coma, sa relation avec son frère changea totalement. Au fil de son lent rétablissement, Jonathan eut notamment des pertes de mémoire. En ce qui a trait à sa relation avec son frère, ces pertes de mémoire eurent des avantages imprévus. Comme il l'expliqua récemment :

> Une des choses qui se produit lorsqu'on perd la mémoire est qu'on oublie son petit numéro, son rôle. Dans ce cas-ci, mon rôle au sein de la famille. Il s'est passé cette chose bizarre : mes relations avec mon frère n'ont jamais été aussi bonnes. Les paroles qu'il m'adresse ne sont plus déformées par le prisme du passé. Elles ne sont plus colorées par notre relation depuis la naissance. Aujourd'hui, il lui arrive de m'appeler juste pour bavarder. Ou me proposer d'aller au cinéma. Nous n'avions jamais fait cela avant.

Avec son accident, Jonathan embarqua toute la famille dans une sorte de tour de montagnes russes émotionnelles, mais ce n'était pas la première fois. Comme je l'ai dit plus tôt, on lui diagnostiqua un cancer – la maladie de Hodgkin – alors qu'il avait vingt et un ans, soit l'année où il fréquenta la London School of Economics. Ce que j'ai omis de mentionner plus tôt cependant est l'effet que ce diagnostic eut sur notre famille. Roz est toujours convaincue que la maladie de Jonathan transforma notre famille de façon irrévocable.

Pour moi, ce fut un rappel qu'il y a des choses dont le contrôle nous échappe totalement, des problèmes que nous sommes incapables de résoudre. Pendant cette période, j'étais, comme le disait Jonathan, un paquet de nerfs. En fait, à plusieurs reprises, on me demanda de m'abstenir de lui rendre visite à l'hôpital, car j'étais plus nuisible qu'autre chose.

Le pronostic pour la maladie d'Hodgkin n'en était pas moins optimiste. Nous sûmes dès le début que, dans son cas particulier, la maladie était considérée comme guérissable. Il n'empêche que, après que
Jonathan reçut son traitement de chimiothérapie à Montréal, nous
allâmes consulter les médecins du Brigham and Women's Hospital
de Boston (qui est affilié au fameux Dana-Farber Cancer Institute),
où un interne, voyant mon air préoccupé, me dit : « Pourquoi vous en
faire ? Nous guérissons ce genre de cas. »

À l'opposé, l'accident de vélo de Jonathan, une vingtaine d'années
plus tard, était beaucoup plus grave. Il fut entre la vie et la mort dès
le début et le resta pendant ce qui nous parut une éternité. C'est
après qu'il fut sorti de son coma que la réalité concernant la gravité
de son état nous apparut clairement. Le 4 octobre, Debbie vint de
New York rendre visite à son frère, qui lui fit part des horribles
doutes qu'il entretenait quant à son rétablissement. Il lui confia
même qu'à un moment donné, il n'était pas convaincu de vouloir se
rétablir. Debbie envoya un courriel à Roz pour lui rapporter les
paroles de Jonathan :

> [Jonathan] m'a dit aujourd'hui qu'à un moment donné, il s'était
> demandé si, oui ou non, il allait se battre pour son rétablissement.
> Ce doit être au moment où il venait de sortir du coma. Il s'en fai-
> sait pour sa famille et se demandait si ce ne serait pas mieux qu'il
> meure plutôt que de rester handicapé et de devenir un fardeau
> pour elle toute sa vie. Il m'a dit que, lorsque quelqu'un meurt, on
> finit par s'en remettre et par passer à autre chose. S'il fallait qu'il
> vive comme un légume ou qu'il soit quadriplégique, ou quelque
> chose du genre, il leur compliquerait énormément la vie. Il y a
> réfléchi pendant un certain temps avant de décider de se battre
> pour se rétablir.

Et se battre et tenir bon, il le fit bel et bien. Son rétablissement,
nous en sommes tous convaincus, fut la conséquence directe de sa
détermination héroïque et sans faille. Toute la famille fut ébahie de
constater à quel point il releva la tête et se battit pour aller mieux. Il
lui fallut réapprendre les choses les plus élémentaires : parler, manger
et marcher. Il n'avait cependant pas perdu son sens de l'humour. Par
exemple, l'Hôpital du Sacré-Cœur étant à forte prédominance francophone, Jonathan fut obligé de parler français plus qu'il ne l'avait
jamais fait auparavant : « Il a fallu que je tombe sur la tête, plaisanta-
t-il, pour me mettre à parler français. »

Après sa sortie de l'Hôpital du Sacré-Cœur, Jonathan traversa une période de réadaptation à l'Institut de réadaptation Gingras-Lindsay de Montréal (IRGLM), un établissement avec lequel il s'avéra que j'avais un lien personnel. Ce lien passait par oncle Dave, le Dr David Sherman, un gérontologue qui avait épousé Anne Doner, la sœur de la mère de Roz. Au fil du temps, oncle Dave et moi étions devenus très proches. Au-delà de nos emplois quotidiens dans le monde médical, nous avions des intérêts en commun. Nous partagions les mêmes opinions sur les affaires internationales ; nous aimions tous les deux la musique de clergé et adorions chanter. Mais, d'abord et avant tout, nous étions tous deux des gens curieux souhaitant élargir nos connaissances de toutes les manières possibles.

Oncle Dave et tante Anne devinrent des grands-parents de rechange pour nos enfants et nous passâmes de nombreux vendredis soirs chez eux. En réalité, si Dana et Jonathan ont appelé leur benjamine Orly Anne, c'est à cause de tante Anne, qui fut toujours comme une deuxième mère pour Roz. Quant à oncle Dave, c'est l'un des hommes les plus humbles et bons que je connaisse, un homme respecté dans sa profession et par ses collègues.

C'est pourquoi, en 1962, quand il vint me demander de les aider, son employeur, le Dr Gustave Gingras, et lui, dans un projet qu'ils s'apprêtaient à lancer, je fus plus que ravi de lui rendre ce service. C'était peu après que le Dr Gingras, pionnier dans le domaine de la réhabilitation au Québec, eut ouvert l'IRGLM et fait d'oncle Dave son directeur scientifique et son principal chercheur en médecine.

Un des apports les plus importants du Dr Gingras fut son travail auprès des survivantes de la Thalidomide. Pendant les années 1950 et jusque dans les années 1960, on prescrivait régulièrement de la Thalidomide aux femmes enceintes pour atténuer leurs nausées. Ce médicament se révéla avoir des effets secondaires tragiques, puisqu'il provoqua des malformations congénitales dans un certain nombre de cas. Des bébés naquirent avec des membres en moins ou ayant subi de graves déformations, souvent avec des ailerons plutôt que des bras ou des jambes, ou encore les deux. Pire encore, à mesure qu'ils progressaient en âge, ces bébés étaient incapables de se servir de prothèses ordinaires. Le Dr Gingras avait cependant entendu parler d'un bras artificiel mis au point par des chercheurs allemands à Heidelberg, qu'on appelait le bras de Heidelberg, conçu spécifiquement pour les victimes de la Thalidomide. Il vaut la peine de signaler que, ces dernières années, la Thalidomide a été réhabilitée et qu'elle est devenue un excellent médicament pour le traitement de multiples myélomes. Voilà un autre exemple d'un ancien médicament qui a été un échec lamentable dans son utilisation initiale, mais qui a pu, grâce à la persistance des études scientifiques, ainsi qu'à la recherche et au développement pharmaceutiques, devenir utile dans sa deuxième incarnation.

En 1962, toutefois, le Dr Gingras et oncle Dave étaient aux prises avec les conséquences catastrophiques du traitement à la Thalidomide. Ils étaient déterminés à se rendre en Allemagne pour y examiner le bras de Heidelberg et tout aussi déterminés à le rapporter au Canada. Oncle Dave me demanda, à moi ainsi qu'à une douzaine d'autres Montréalais, de trouver des fonds pour acheter le bras en question et je versai douze mille dollars pour cette cause. En fait, comme on me le rappela lorsque je rendis visite à Jonathan à l'IRGLM, il y avait, au quatrième étage, une plaque de remerciement à ceux d'entre nous qui avaient contribué à cet effort de collecte de fonds. Et elle se trouvait là, près de cinquante années plus tard, et je me trouvai, moi, dans un hôpital de réadaptation où je n'avais jamais rêvé me rendre de nouveau, en train de rendre visite à mon fils qui s'était rétabli de son grave accident, et l'on me montra la plaque où mon nom était inscrit. Je me souvins aussi que j'avais conçu la première pharmacie de l'IRGLM à la demande du Dr Gingras. C'est vrai que c'est bizarre, la vie. Parfois, on peut même nous pardonner de penser, comme l'irrépressible Tevye le dit dans *Un violon sur le toit*, que Dieu pourrait très bien avoir son plan pour toute chose et tout le monde.

Jonathan passa de l'IRGLM au Centre de réadaptation Constance-Lethbridge à Montréal-Ouest pour poursuivre son traitement, dernièrement à titre de patient externe. Tous les membres de son équipe – l'orthophoniste Michelle Bourque, la physiothérapeute Gabrielle Gaudreault-Malépart, la neuropsychologue Hélène Cabonneau, le kinésiologue Marc Bétournay, l'ergothérapeute Amélie Labelle, la travailleuse sociale et gestionnaire de cas Andréanne Roy ainsi que la D^{re} Debrah White – ont été exceptionnels.

De fait, les soins qu'il reçut dans tous ces établissements furent toujours exceptionnels, ce qui amena Roz à écrire une lettre adressée à la section rédactionnelle du journal *The Gazette*. Coiffée du titre « Medicare : a Good Reason to Pay Taxes », sa lettre faisait l'éloge d'un système de soins de santé parfois décrié dans notre ville, notre province et notre pays. Roz expliqua, de manière assez détaillée, la qualité des soins reçus par Jonathan au sein de l'unité de traumatologie de l'Hôpital du Sacré-Cœur et dans les services, ajoutant :

On critique beaucoup notre système de santé. Il n'est pas parfait. Mais, sans l'assurance maladie, le coût de ces soins de calibre international pourrait acculer à la faillite n'importe quelle famille de la classe moyenne. Nous avons de la chance de vivre dans ce pays merveilleux. Payer des impôts est un grand privilège !

En fait, par gratitude envers l'équipe de l'Hôpital du Sacré-Cœur qui l'a soigné, Jonathan, avec son frère, ses sœurs et leur famille respective, finança l'installation d'une chambre, une chambre à coucher en fait, pour les familles des patients du centre de traumatologie, surtout celles qui proviennent de l'extérieur de la ville. Le but était de s'assurer qu'elles auraient un endroit où loger de manière à être plus près de leur être cher pendant une période souvent assez considérable.

Jonathan pensa longtemps qu'il ne pourrait jamais revenir à Paladin, l'entreprise qu'il avait bâtie et menée au succès. Au long de sa convalescence, il fut dur envers lui-même. Au départ, il était convaincu qu'il ne pouvait rêver d'y retourner un jour. Comme il l'expliqua il y a peu : « Je dirigeais une société. J'ai le cerveau endommagé. Je ne crois pas pouvoir y arriver. »

Au début, il se contenta de conduire son fils Noah à pied jusqu'à l'école tous les jours et de se tenir occupé, un peu trop peut-être, à échafauder des plans pour maintenir ses activités caritatives, surtout dans le domaine de l'enseignement pour les Juifs. Mais, comme nous l'avons appris depuis le jour de l'accident, nous avions tort de le sous-estimer. De fait, il devient de plus en plus évident chaque jour à quel point son rétablissement est remarquable. Il a encore beaucoup de chemin à parcourir et beaucoup d'obstacles à franchir, mais je ne doute nullement qu'il peut y parvenir. Ce qui s'avéra la dernière note dans le journal de sa mère, en date du 12 janvier 2012, soit cinq mois après l'accident, donne une description précise de ce que lui et notre famille avons traversé :

Il suffit d'une journée pour que tout ce qui nous est familier s'efface et qu'une nouvelle réalité prenne corps. Quand j'y repense aujourd'hui, je comprends que le miracle qui a eu lieu pour nous résulte ... des prières qui ont été récitées dans le monde entier en pensant à Jonathan. Quand une communauté s'unit pour atteindre un objectif, il se réalise tout simplement. Nous nous sommes aperçus de notre chance d'avoir toute la communauté derrière nous.

Pendant les seize premiers jours, les médecins avaient perdu tout espoir, mais pas nous … À ce stade de son rétablissement, Jonathan est un miracle vivant !

◆

Ce chapitre fut difficile à écrire et c'est un chapitre que je ne m'attendais pas à devoir écrire. Au moment où s'est produit l'accident de Jonathan, j'étais en train de raconter l'histoire d'une vie qui a été, pour l'essentiel, sans heurts ; à de nombreux égards, nous avons eu énormément de chance. Mais le chemin pénible vers le rétablissement de mon fils, aussi pénible fut-il pour nous, et surtout pour lui, a servi à resserrer les liens familiaux comme jamais auparavant. Cela m'a aussi rappelé les paroles que le premier ministre d'Israël, David Ben-Gurion, a prononcées un jour : « Il n'est pas réaliste celui qui ne croit pas aux miracles. »

Épilogue

Tout ce qui compte, c'est que la vie ait un sens.
Margaret Thatcher, extrait de *La dame de fer*

J'ai trimé dur et j'ai eu de la chance. Ces deux faits dans ma vie ont toujours été inextricablement liés l'un à l'autre. Et cela m'est apparu plus clairement que jamais en écrivant ce livre. En même temps que j'ai eu la chance de toujours travailler dans un domaine que j'adore, je me suis constamment efforcé de trouver l'équilibre entre mon travail et mon attachement envers ma famille et ma communauté.

La rédaction de *Cultiver la différence* m'a aussi offert une occasion qui ne se présente que rarement: réfléchir sur une existence longue et heureuse, remplie de difficultés, certes – avec toutes ces «côtes à monter» –, mais aussi d'une bonne part de réussite. Pourtant, je demeure très conscient de ne jamais avoir été naturellement porté à regarder en arrière. Comme le prouve cet ouvrage, je suis un homme qui a toujours eu tendance à regarder en avant. Le moment est enfin venu de me tourner vers le passé.

Les entreprises que j'ai lancées ou dont j'ai fait partie intégrante pendant les soixante années que j'ai passées dans le secteur pharmaceutique – depuis Winley-Morris jusqu'à Pharmascience en passant par ICN Canada – ont toujours été imprégnées du même thème: l'amélioration. Dès le début, je me suis attaché à mettre au point des médicaments et des traitements plus facilement accessibles, meilleur marché et meilleurs tout court. Un des principes omniprésents dans ma décision de vendre des produits pharmaceutiques a été d'améliorer des vies.

Je retire aussi beaucoup de fierté du fait que Pharmascience soit une sorte de Nations Unies en miniature, employant des gens venus des quatre coins du monde.

Un autre principe que je me suis efforcé de maintenir a été le sta-tut d'entreprise privée et familiale de Pharmascience. Ça n'a pas toujours été facile et je ne me fais aucune illusion quant au fait que cela demeurera difficile à l'avenir. Et même si je sais qu'il y a en Europe des sociétés commerciales appartenant à des familles – quoique leur équipe de direction soit souvent constituée de profes-sionnels – depuis plus de quatre cents ans, je sais également que les entreprises de ce genre peuvent détruire des familles. J'ai donc l'es-poir que Pharmascience contribuera à maintenir la cohésion de notre famille. Toutefois, si les choses prennent une tournure diffé-rente, j'espère qu'elle sera vendue. Jamais je ne voudrais qu'elle soit une cause de tracas ou de division dans la vie de mes petits-enfants et de leurs propres enfants.

Et bien que *Cultiver la différence* ait été écrit avec une foi immuable en l'avenir de ma famille, il a aussi été écrit avec une certaine inquié-tude quant à ce que l'avenir nous réserve. Roz et moi sommes convaincus que nos enfants, Deborah, David, Jonathan et Shawna, ont intégré les enseignements de compassion et de bienveillance que nous avons entrepris de leur transmettre. Comment pourrait-il en être autrement ? Après tout, nous les avons vus mettre ces enseigne-ments en pratique dans leur existence quotidienne. Nous les avons vus bâtir de solides familles avec de bons partenaires ; nous les avons vus laisser une marque indélébile dans leur communauté respective. De surcroît, j'ai assisté avec fierté à la recherche de chacun d'entre eux pour trouver et pratiquer une carrière intéressante et gratifiante.

Mais écrire *Cultiver la différence* m'a également servi à me rap-peler que le monde actuel est bien différent de celui où j'ai moi-même vécu et au sein duquel mes enfants ont grandi et sont arrivés à maturité. Par conséquent, les lecteurs que je suis le plus impatient de rejoindre avec cet ouvrage sont mes petits-enfants et leurs propres enfants.

J'ai aussi écrit ce livre en étant parfaitement conscient que cet auditoire sera peut-être difficile à rejoindre. Je ne peux que supposer que les futures générations des familles Goodman, Sone et Davis, et, espérons-le, d'autres familles aussi, auront à la fois l'occasion et le désir de lire *Cultiver la différence*. Je dois aussi reconnaître qu'il s'agit d'une supposition assez simpliste et optimiste à notre époque remplie de distractions, de haute vitesse, d'Internet, de téléphones intelligents, de tablettes et de Facebook. Pour ce que j'en sais, la lec-ture sera dépassée dans un avenir pas si lointain.

En ce qui a trait aux défis auxquels les prochaines générations seront confrontées – les côtes qu'il leur faudra la force de grimper –, j'espère que ce livre, si et quand elles tomberont dessus, servira à leur transmettre l'idée que les enseignements que j'ai tirés dans ma vie resteront vraisemblablement valables en dépit des nouvelles technologies et des nouvelles tendances.

Je suis optimiste de nature. Je crois en la capacité de rendre le monde meilleur et de nous rendre meilleurs nous-mêmes. Et je suis surtout profondément convaincu que, au vu des exemples fournis dans cet ouvrage et de ceux qui ont été donnés par leurs parents, mes petits-enfants, leurs enfants et toutes les générations futures s'apercevront que les choses importantes – la famille, la communauté, un emploi intéressant et le désir d'aider les autres – ne passeront jamais de mode. J'espère sincèrement que, quelle que soit l'indépendance économique qu'ils auront la chance de connaître, cela ne les dissuadera pas de trouver des défis à leur créativité qui enrichiront leur vie et les aideront à trouver le même sentiment d'accomplissement que moi.

En fin de compte, nous sommes les gardiens des générations à venir. Nous avons l'obligation de protéger nos ressources, nos idéaux et nos valeurs afin de bâtir un monde meilleur pour nos petits-enfants, puis leurs enfants. Je garde toujours la même conviction que l'idéal est de prêcher par l'exemple, par nos erreurs ainsi que par nos réussites. Ce livre est une chronique des unes comme des autres. C'est un témoignage portant sur les moments, les personnes et les événements les plus importants dans ma vie. Mais il doit aussi servir un dessein plus large – c'est un défi lancé à chacun de continuer à cultiver la différence.

Remerciements

En écrivant *Cultiver la différence,* j'ai appris qu'un livre, même le plus personnel, est le fruit d'une collaboration. Mes remerciements s'adressent donc à tout le personnel de McGill-Queen's University Press, qui m'a conseillé dans la préparation du manuscrit en vue de sa publication. Mes remerciements s'adressent aussi au regretté Joe King, loyal chroniqueur du Montréal juif, pour son aide aux premiers stades de l'écriture. Je suis particulièrement redevable envers Sam Altman, Robin Mader, Gary Munden et Stanley Plotnick pour les conseils et l'attention diligente qu'ils ont apportés aux premières versions du manuscrit, ainsi qu'envers Isabelle Ahmad, Maria Angelini et Muriel Ide pour la version française.

Bien que, dans *Cultiver la différence,* je me concentre sur les gens qui ont contribué aux tout premiers pas de Pharmascience, il serait négligent de ma part de ne pas faire mention de l'apport des employés de Pharmel, notre premier lieu de production, à la réussite de Pharmascience. Cela comprenait Maurice Meloche, président de Pharmel, duquel j'ai racheté l'entreprise, Jacques Beaulieu, directeur de la production de Pharmel, Nancy Handfield, responsable du conditionnement, et Wolfgang Ritter, chargé du contrôle de la qualité.

Je remercie pour leur loyauté les pharmaciens et les chaînes de pharmacies qui, année après année, ont augmenté leurs achats. Je suis également redevable envers tous nos partenaires dans le monde qui ont eu un apport considérable à notre réussite.

Il est bien entendu impossible de mentionner tous les employés de Pharmascience – ils sont actuellement environ mille trois cents –, qui sont un élément essentiel de l'évolution de l'entreprise. Si les récits qui parsèment cet ouvrage soulignent des événements spéciaux dans la croissance de Pharmascience, je suis profondément reconnaissant pour la façon dont notre équipe de recherche-développement, sous la houlette du directeur scientifique, le Dr Len Neirink, a créé autant de produits génériques. Ces produits ont ensuite été lancés sur le marché canadien de manière experte par les équipes dirigées par Debby Ship et Sam Galet.

D'autres employés de longue date ont eu un apport inestimable à la réussite que connaît aujourd'hui Pharmascience. Il s'agit, entre autres, de Marc Beaulieu, Carole Béchard, Lucie Bélanger, Robert Bérubé, Claudette Blais-Beck, Daniel Bouchard, Guy Boucher, Janet Boys, Mario Brochu, Yves Chaput, Mercella Colquhoun, Dale Conway, Michael Cooke, Jocelyne Couture, Loida David, Rolando Deblois, Eric Delisle, Jacqueline Digenova, Shelley Donnelly, Suzanne Dubé, Denis Ducap, Claudette Dulude, Aladino Feniza, Wendy Flynn, Guylaine Fortin, Hélène Fournier, Rihab Francis, Barry Gagné, Gaetano Gallo, Claude Garceau, Neil Goodbrand, Claude Girard, Lise Girard, Yves Grenier, Nathalie Guay, Michel Guillemette, Leocardy Joseph, Yasmine Kadri, Edouard Karib, Catherine Kelly-Hoefman, Sylvie Labelle, Claudette Labrecque, Marc Lacasse, Nicole Langlois, Guillaume Laporte, Suzanne Laporte, Daniel Lavoie, Yvonne Layne, Louise Lortie, Ginette Major, Nicole Marchand, Christopher Melrose, Nicole McLean, Joseph David Meaney, Carole Mercier, Kharoonah Mohit, Claire Montgomery, Jo'Anne Myre, Alain Nelson, Nicole Neveu, Kenny New, Thai Nhu Nguyen, Françoise Ouellet, Ginette Paquet, Anne-Marie Paquette, Chhibu Patel, Keith Paul, Francine Pépin, Florence Poulin, Dominique Pouliot, Louise Proulx, Claudette Proulx-Beck, Alain Provost, Céline Racine, Mala M. Ratnadurai, Sylvain Richer, Juliette Rivest, Serge Roch, Robert Roussin, Crisanto M. Salazar, Gilda Shahin-Abdulezer, Margot Swan, Jocelyne Tessier, Claudette Thomas, Barbara Touchette, Diane Trudeau, Carole Vézina, Jean Roger Victor, Steven A. Williams, Jocelyne Wolff et Nader Zibazadeh.